1+X 职业资格系列丛书

新能源汽车动力电池技术

主　编　刘春雨
副主编　丁大勇　刘蜀黔　朱祖贵　罗　浪　吴承祥
　　　　姚　瑶　冯光才　兰少位　李德舟
参　编　陈　坤　方　照　戴昆宗　冷国常
主　审　王　蓉

西南交通大学出版社
·成都·

图书在版编目（CIP）数据

新能源汽车动力电池技术 / 刘春雨主编. —成都：西南交通大学出版社，2023.7
ISBN 978-7-5643-9407-3

Ⅰ.①新… Ⅱ.①刘… Ⅲ.①新能源－汽车－蓄电池－职业教育－教材 Ⅳ.①U469.703

中国国家版本馆 CIP 数据核字（2023）第 140725 号

Xinnengyuan Qiche Dongli Dianchi Jishu
新能源汽车动力电池技术

主编／刘春雨　　责任编辑／赵永铭
　　　　　　　　封面设计／GT 工作室

西南交通大学出版社出版发行
（四川省成都市金牛区二环路北一段 111 号西南交通大学创新大厦 21 楼　610031）
发行部电话：028-87600564　　028-87600533
网址：http://www.xnjdcbs.com
印刷：四川煤田地质制图印务有限责任公司

成品尺寸　185 mm×260 mm
印张　12.5　　字数　303 千
版次　2023 年 7 月第 1 版　　印次　2023 年 7 月第 1 次

书号　ISBN 978-7-5643-9407-3
定价　48.00 元

课件咨询电话　028-81435775
图书如有印装质量问题　本社负责退换
版权所有　盗版必究　举报电话：028-87600562

前言 Preface

随着我国经济水平的提高，我国汽车产量的逐年增长，汽车带来的环境污染、能源短缺等问题日益凸显，因此加快发展新能源汽车已成为全世界的共同呼声。近年来，各国提高汽车节能技术和汽车尾气排放标准，加快培育和发展节能汽车与新能源汽车的进度。在国内，新能源汽车产业得到了国家政策及资金的大力支持，新能源汽车市场也因此迅猛发展，但新能源汽车的需求缺口巨大。为满足新能源汽车市场对新能源汽车人才的需求及职业院校新能源汽车专业的教学要求，编者编写了本书。

本书依照国家标准，基于工作过程的方法进行组织编写。在进行企业充分调研的基础上，本书突出了项目化教学过程，按照新能源汽车维修岗位应掌握的技能和知识，分为新能源汽车概述与高压作业安全基础知识、动力电池的结构原理与检修、动力电池管理器结构原理与检修、充电系统结构原理与检修、DC/DC 转换器结构原理与检修以及其他动力电池结构原理共六个项目。每个项目下面还包含若干个学习任务，每个学习任务以实际的故障维修任务为导入，包括任务描述、学习目标、相关知识、任务实施、巩固提升等五个部分。本书内容翔实，维修案例丰富，图文并茂，内容深入浅出，可读性强，根据学生的学习规律，循序渐进，提高学习效果。

本书由仁怀市中等职业学校刘春雨担任主编；仁怀市中等职业学校丁大勇、朱祖贵、罗浪、吴承祥、姚瑶，赤水市中等职业学校刘蜀黔，桐梓县中等职业学校冯光才，平顶山学院兰少位，仁怀市梦成汽车服务中心李德舟担任副主编；仁怀市中等职业学校陈坤、方照、戴昆宗和播州区中等职业学校冷国常担任参编；仁怀市中等职业学校王蓉担任主审。其中，刘春雨负责编写项目一、项目二、项目三和项目四的任务一和任务三，丁大勇、朱祖贵负责编写项目四的任务二，罗浪、吴承祥负责编写项目五的任务二，姚瑶、冯光才负责编写项目五的任务三和项目六的任务四，兰少位负责编写项目五的任务一，刘蜀黔负责编写项目六的任务一和任务二，李德舟责编写项目六的任务三。另外，本书在编写过程中，还得到了上海景格科技股份有限公司的大力支持，在此表示真诚的感谢。

由于新能源汽车领域技术日新月异，同时编者水平有限，书中难免存在不当之处，恳请广大读者批评指正。

编　者
2023 年 6 月

资源目录

序号	名称	类型	页码
1	新能源汽车高压部件识别	视频	18
2	动力电池发展历史及优缺点	视频	32
3	动力电池认知	视频	34
4	普通铅酸蓄电池结构与特点	视频	35
5	认识镍氢电池	视频	35
6	认识三元锂电池	视频	36
7	新能源汽车动力电池性能参数认知	视频	41
8	动力电池模组认知	视频	43
9	动力电池系统结构	视频	43
10	锂电子电池工作原理	视频	44
11	动力电池冷却系统工作原理	视频	50
12	电池管理系统安全管理功能演示	视频	67
13	电池管理系统均衡管理功能展示	视频	67
14	电池管理系统热管理功能	视频	68
15	分布式电池管理系统组成	视频	71
16	电池管理系统工作原理	视频	72
17	卷绕式超级电容器组成	视频	165
18	燃料电池组结构	视频	175
19	质子燃料电池工作原理	视频	177
20	锌空气电池工作原理	视频	190

目　录

Contents

项目一　新能源汽车概述与高压作业安全基础知识 …………………………1
- 任务一　新能源汽车概述………………………………………………………2
- 任务二　新能源汽车高压作业安全基础知识…………………………………15

项目二　动力电池的结构原理与检修 ……………………………………………31
- 任务一　动力电池结构与原理…………………………………………………32
- 任务二　动力电池检查与更换…………………………………………………47
- 任务三　比亚迪汽车动力电池故障诊断与排除………………………………59

项目三　动力电池管理器结构原理与检修 ……………………………………65
- 任务一　动力电池管理器结构与原理…………………………………………66
- 任务二　动力电池管理器检查与更换…………………………………………74
- 任务三　比亚迪汽车动力电池管理器故障诊断与排除………………………80

项目四　充电系统结构原理与检修 ……………………………………………89
- 任务一　慢充（交流）充电系统结构与原理…………………………………90
- 任务二　快充（直流）充电系统结构与原理…………………………………106
- 任务三　吉利汽车充电系统故障诊断与排除…………………………………120

项目五　DC/DC 转换器结构原理与检修 ………………………………………135
- 任务一　DC/DC 转换器结构原理………………………………………………136
- 任务二　DC/DC 电路……………………………………………………………141
- 任务三　比亚迪汽车 DC/DC 转换器故障诊断与排除…………………………154

项目六　其他动力电池结构原理 ······ 161

任务一　超级电容器结构原理 ······ 162

任务二　燃料电池结构原理 ······ 170

任务三　飞轮电池结构原理 ······ 181

任务四　锌空气电池结构原理 ······ 187

参考文献 ······ 192

项目一

新能源汽车概述与高压作业安全基础知识

项目描述

本项目共两个学习任务,分别是:

任务一　新能源汽车概述

任务二　新能源汽车高压作业安全基础知识

通过以上两个任务的学习,熟悉新能源汽车分类;熟悉新能源汽车高压触电危害;熟悉新能源汽车高压作业安全防护;会进行新能源汽车高压触电急救。

任务一　新能源汽车概述

【任务描述】

客户王先生驾驶一辆 2018 款比亚迪 E5 轿车，早晨起动车辆时，发现仪表"REDAY"指示灯无法点亮，并且动力电池故障指示灯常亮。经过维修技师检查，初步判断动力电池内部可能存在故障。为了确定具体故障原因，需对动力电池做进一步检查。假如你接到此任务，你知道动力电池如何检修吗？

【学习目标】

◇ 知识目标
1. 能够说出新能源汽车的分类。
2. 能够描述新能源汽车的发展历程。
3. 能够描述新能源汽车的发展前景。

◇ 技能目标

能够辨别新能源汽车的类型。

◇ 素养目标
1. 遵守职业道德，树立正确的价值观。
2. 引导崇尚劳动精神，逐步提升服务社会的意识。
3. 弘扬工匠精神，塑造精益求精的品质。
4. 培养协同合作的团队精神，自觉维护组织纪律。

【知识准备】

一、新能源汽车定义与分类

1. 新能源汽车定义

根据我国工业和信息化部 2016 年 10 月 20 日颁布的《新能源汽车生产企业及产品准入管理规定》，新能源汽车（New Energy Vehicles，NEV）是指采用新型动力系统，完全或者主要依靠新型能源驱动的汽车，包括插电式混合动力（含增程式）汽车、纯电动汽车和燃料电池汽车等。

2. 新能源汽车分类

根据以上新能源汽车的定义，目前新能源汽车主要有插电式混合动力（含增程式）汽车、纯电动汽车和燃料电池汽车。

（1）插电式混合动力（含增程式）汽车。

插电式混合动力汽车（Plug in Hybrid Electric Vehicle，PHEV）是一种可以外接充电的新型混合动力汽车，如图 1-1-1 所示。传统混合动力汽车是指采用传统燃料，同时配以电动机/发动机来改善低速动力输出和燃油消耗的车型。而插电式混合动力汽车是在传统混合动力汽车基础上派生而来，并兼有传统混合动力汽车与纯电动汽车的基本功能特征。区别于传统使用汽油发电、电力辅助汽油的混合动力汽车，插电式混合动力汽车具有一块大的动力电池，可以通过电源为其充电，日常可以完全使用电力驱动，所以其使用成本远远低于传统混合动力汽车。

图 1-1-1　插电式混合动力汽车

插电式混合动力汽车可以分为增程式混合动力汽车、并联式插电混合动力汽车和混联式插电混合动力汽车。

① 增程式混合动力汽车。

增程式混合动力汽车是在纯电动汽车的基础上开发的电动汽车，之所以称为增程式混合动力汽车是因为车辆追加了增程器（传统发动机加上发电机），而为车辆追加增程器的目的是进一步提升纯电动汽车的续驶里程，使其能够尽量避免频繁地停车充电。在日常使用过程中，将增程式混合动力汽车当作一台纯电动车来使用，只要单次使用不超过电池可提供的续航里程，就可以做到零排放和零油耗。增程模块可以在电量快用完时带动发电机发电，再以发出的电驱动主电动机，优点是发动机可以一直工作在最佳工况，因此在其低速时经济性很好；但在其高速工况时，发动机本身处在最佳工况，发电会增加损耗，经济性反而不及汽油车。

② 并联式插电混合动力汽车。

并联式插电混合动力汽车是在汽油车的基础上，加上电池和电机组成的。日常使用可以作为电动车，长途混合动力模式电机同时负责发电和驱动的任务，这类车的优点是结构简单，动力极其强大（由于电机和发动机可以同时加速），同时具有不错的节能效果；缺点是无法完全隔绝发动机的不良工况，在电量过小时完全变成汽油车。

③ 混联式插电混合动力汽车。

混联式插电混合动力汽车可以看作是增程式混合动力系统和并联式混合动力系统的结合，拥有以上两者的所有优点，既可以在电池耗尽后获得很好的燃油经济性，又可以获得发动机和电机叠加的动力，缺点是结构及控制系统复杂。

（2）纯电动汽车。

纯电动汽车顾名思义就是由车载可充电动力电池或其他能量储存装置提供电能，由电机驱动的汽车，如图1-1-2所示。有一部分纯电动汽车把电机装在前机舱内，也有一部分纯电动汽车直接以车轮作为四台电机的转子。

图1-1-2　纯电动汽车

纯电动汽车是完全由可充电电池（如铅酸电池、镍镉电池、镍氢电池或锂离子电池）提供动力源的汽车，电力可以从多种能源获得，如煤、核能、水力、风力、光、热等，解除了人们对石油资源日渐枯竭的担心。纯电动汽车还可以充分利用夜晚用电低谷时富余的电力充电，使发电设备日夜都能充分利用。有关研究表明，同样的原油经过粗炼，送至电厂发电，经充入电池，再由电池驱动汽车，其能量利用效率比经过精炼变为汽油，再经汽油机驱动汽车高，因此发展纯电动汽车有利于节约能源和减少二氧化碳的排放。

（3）燃料电池汽车。

燃料电池汽车是指以氢气、甲醇等为燃料，通过化学反应产生电流，依靠电机驱动的汽车，如图1-1-3所示。燃料电池汽车的工作原理是使作为燃料的氢气在汽车搭载的燃料电池中，与大气中的氧气发生化学反应，产生出电能带动电机，由电机带动汽车中的机械传动结构，进而带动汽车的前后万向轴和后桥等行走机械结构，转动车轮驱动汽车。核心部件燃料电池采用的能源间接来源是甲醇、天然气和汽油等烃类化学物质，通过相关的燃料重整器发生化学反应间接地提取氢元素；直接来源就是石化裂解反应提取的纯液化氢。由于燃料电池的能量是通过氢气和氧气的化学作用，而不是经过燃烧直接变成电能获得，燃料电池的化学反应过程不会产生有害产物，因此燃料电池车辆是无污染汽车，燃料电池的能量转换效率比内燃机要高2~3倍，因此从能源的利用和环境保护方面，燃料电池汽车是一种理想的绿色新型环保汽车。

图 1-1-3　燃料电池汽车

二、新能源汽车发展历程

1. 混合动力汽车的发展历程

混合动力汽车由来已久，已经有了上百年的历史。大名鼎鼎的费迪南德·保时捷在 19 世纪末就为一家名为"Jacob Lohner"的公司开发出一款油电混合动力汽车，甚至造出了四驱版本。

20 世纪 90 年代以来，混合动力汽车才引起世界各大汽车公司的重视，日本、美国和欧洲各大汽车公司纷纷开始研制混合动力汽车。

在混合动力汽车的开发和市场化方面，日本公司走在最前沿。丰田汽车公司是世界上最早开始进行混合动力汽车研究的汽车公司之一。1997 年推出了第一代普锐斯混合动力电动汽车，该汽车最高速度可达 140 km/h，在日本测试工况下燃油经济性为 3.57 L/100 km，CO、HC 和 NO_x 的排放水平相当于日本法规的 1/10，如图 1-1-4 所示。2012 年 2 月丰田汽车公司在中国正式推出了第三代普锐斯，此次上市共三款车型。最大功率可以达到 134 kW，百公里综合油耗仅有 4.7 L，如图 1-1-5 所示。

欧洲的汽车公司也在混合动力汽车方面积极跟进。2005 年 9 月法兰克福车展上，奥迪已经展示了 Q5 混合动力汽车，如图 1-1-6 所示，该车已于 2012 年作为奥迪的首款混合动力车型上市。

随着石油资源的逐渐枯竭、人们环保意识的提高，纯电动汽车和混合动力汽车将成为 21 世纪前几十年汽车发展的主流，而混合动力是目前至石油资源完全枯竭之前的理想过渡新能源汽车。

我国也非常重视混合动力电动汽车的研究与开发，有关工作开始于 20 世纪 90 年代。在"十五"期间，科技部组织北京理工大学、清华大学、东风汽车公司等国内多家高校、企业和科研机构进行联合攻关，确定了以燃料电池汽车、混合动力汽车（HEV）、纯电动汽车车型为"三纵"，能源动力总成控制系统、驱动电机及其控制系统、动力电池及其管理系统三种共性技术为"三横"的"三纵三横"的研发布局。

图 1-1-4　第一代普锐斯

图 1-1-5　第三代普锐斯

图 1-1-6　奥迪 Q5 混合动力汽车

在国内自主品牌中，比亚迪混合动力汽车是发展较快的。比亚迪科技有限公司成立于1995年，以生产早期手机用镍镉充电电池起家，2003年收购陕西秦川汽车有限责任公司开始进入汽车领域。2008年12月15日，在深圳推出了全球第一款不依赖专业充电站的混合动力汽车——比亚迪F3DM，自此拉开了比亚迪混合动力汽车的序幕。先后推出了比亚迪"王朝系列"的秦、汉、唐、宋、元等车型，目前国内混合动力汽车市场比亚迪占有很大优势。

2. 纯电动汽车的发展历程

第一辆真正具有实际意义的电动车是由苏格兰人德文博特（T.Davenport）于1834年发明的，当时这辆电动车采用的能源是不可充电的简单玻璃封装动力电池。而具有里程碑意义的是法国人特鲁夫（G.Trouve）于1881年第一次将直流电机和可充电的电池用于私人车辆，在同年巴黎举办的国际电器展览会上，特鲁夫展出了一辆能实际操作使用的电动三轮车，如图1-1-7所示。

图1-1-7 法国人特鲁夫的电动三轮车

19世纪80年代，美国每年销售的4 200辆汽车中有38%是电动汽车，22%是燃油汽车，40%是蒸汽机汽车。当时，电动汽车是金融巨头的代步工具及财富象征。1906年，美国参议员坐电动车出游，100多年前华盛顿的权贵阶层更喜欢电动车，如图1-1-8所示。

但是1908年，福特T型车在底特律首次下线，流水线的生产方式改变了整个汽车行业。福特T型车使燃油汽车价格从1909年的850美元降到1925年的260美元，加速了电动汽车的消失。

20世纪80年代，由于人们日益关注空气质量和温室效应所产生的影响，电动汽车的发展再次获得生机。20世纪90年代初，一些国家和城市开始实行更严格的排放法规。1990年，美国加利福尼亚州大气资源管理局规定，从1998年起在加州出售的汽车中2%必须是零排放车辆（ZEV），到2003年零排放车辆应达到10%。受加利福尼亚州法规的影响，电动汽车迅速发展。

图 1-1-8　美国参议员坐电动车出游

汽车制造商在不断推动电动汽车技术的发展，并开始将电动汽车商业化。在世界范围内，尤其在美国、日本和欧洲一些国家许多汽车生产商开始生产电动汽车或者涉及电动汽车领域。

通用汽车公司 1997 年开发具有先进动力系统的双座 EV1。在转速为 7 000～14 000 r/min 时输出恒功率为 102 kW，EV1 的最高车速为 128 km/h，由 0 加速至 96 km/h 的加速时间不到 9 s，如图 1-1-9 所示。1997 尼桑四座 ALTRA EV 最高车速为 120 km/h，市区工况续航里程为 192 km，如图 1-1-10 所示。

我国也在大力发展纯电动汽车，比亚迪、奇瑞和北汽等公司都在积极开展研制，并制造出自主品牌的产品。其中以北汽的纯电动乘用车发展最快。

2010—2013 年，北汽新能源公司陆续推出了基于萨博 9-3 整车技术的 B 级纯电动车 Q60FB、A0 级两厢 C30DB、微型客车 M30RB、A 级两厢 EI50EV 等车型。但由于初期技术积累和消费观念等因素的限制，市场反应不是很好。直到 2015 年推出了 EV200 才奠定北汽在纯电动汽车领域的领先地位，如图 1-1-11 所示。

图 1-1-9　通用双座 EV1

图 1-1-10 尼桑四座 ALTRA EV

图 1-1-11 北汽 EV200

3. 燃料电池汽车的发展历程

燃料电池在大规模产业化之前，已经有很长的发展历史。1839 年格罗夫（Willian Grove）发明了第一个燃料电池，是把封有铂电极的玻璃管浸在稀硫酸中，先由电解产生氢和氧，接着连接外部负载，这样氢气和氧气就发生电池反应，产生电流，如图 1-1-12 所示。格罗夫当时就预见到，如果氢气可以被煤、木材和其他易燃材料所替代，燃料电池就可以作为一种商业化的电源。

但直到 19 世纪 30 年代末，培根（F. T. Bacon）研究的培根电池才使燃料电池由实验走向实用，并在 19 世纪 60 年代早期第一个应用于太空计划，其改进后被作为阿波罗登月计划的宇宙飞船用电池。

近几十年，随着环境、能源问题的日趋严重以及制氢技术的进步，燃料电池又获得了重视。2002 年美国总统布什制定《自由汽车计划（Freedom CAR）》，研究应用燃料电池汽车产业化问题，为燃料电池汽车的不断探索留下不少经验和教训；2003 年美国提议成立《氢能经济国际合作伙伴（IPHE）》，美国和西欧等 15 个国家都参与了，中国也在其中；2004 年 5 月第二届 IPHE 指导委员会议就是在北京的人民大会堂召开的；2007 年美国通用汽车公司和加拿大知名的巴拉德燃料电池公司，在雪佛兰 Equinox 轿车装上燃料电池进行试运行，至今还在继续改进试验中；同年欧盟提出《欧洲清洁都市交通计划（CUTE）》，拟在阿姆斯特丹、汉堡、伦敦、卢森堡、马德里、斯德哥尔摩等城市开展燃料电池公共汽车示范运行；2011 年德国戴姆勒·奔驰汽车公司开展了 FCEV 全球巡展演示；欧盟在 2014 年发布《地平线 2020 年计划》，指出到 2020 年，燃料电池各种车辆应用要达到 20 万辆，加氢站 1 000 座，氢气来源 50%以上来自非石化能源生成的，成本要下降 90%；2016 年 5 月《亚洲氢能与燃料电池大会》在上海召开，并举办展示，特别关注的是制氢和燃料电池的装备，对发展 FCEV 起到很好助推作用。

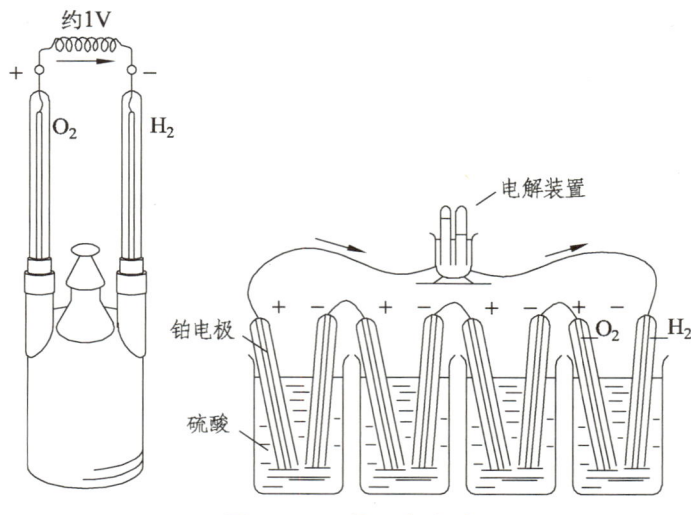

图 1-1-12　格罗夫电池

国际汽车界人士认为 2015 年是 FCEV 的元年，这主要以日本丰田的"未来"（Mirai）正式进入初期的商业化运作为标志而提出的，Mirai 功率 113 kW，输出转矩 335 N·m，相当于 2.0 L 发动机轿车水平，续航 500 km，如图 1-1-13 所示。与此同时，本田、三菱、马自达、大发等公司也都推出具有自己特色的 FCEV，本田的 Clarity FCEV 续航里程已达 589 km。日本通产省公布《燃料电池汽车战略路线图和氢能社会白皮书》提到，2025 年实现 200 万辆的目标，2030 年加氢站达 1 800 座，相应对质量、成本和配套工程设施都要很好改善，形成规模化能力走向市场。

中国也是十分重视和积极发展 FCEV 的国家。2012 年 1 月，中国燃料电池汽车技术创新战略联盟在上海成立，同济大学、清华大学、武汉理工大学、重庆大学、一汽、东风、上汽、长安、奇瑞等院校及汽车企业参与其中，目的是加紧实行产、学、研联合，更好地攻克核心技术，加强 FCEV 产业更好更快发展。2017 年 4 月，国家关于《汽车产业中长期发展规划》中，对 FCEV 的战略地位进一步加强，提出三个时间节点要求：2020 年在特定地区的公共服务车辆领域进行小规模示范应用；2025 年私人用车和公共服务用车领域批量应用，不低于 1 万辆；到 2030 年在私人乘用车、大型商用车领域进行规模化推广，不低于 10 万辆，这将极大地推动燃料电池技术的开发和应用。

图 1-1-13　丰田 Mirai

在企业层面,我国第一辆 FCEV 于 1999 年 12 月在清华大学试验成功。2001 年 12 月美国通用汽车公司和上汽集团合资的泛亚技术中心,研制出"凤凰"FCEV。2014 年上海荣威 950 第四代 FCEV 产出,续航里程 400 km,如图 1-1-14 所示。宇通客车公司是首家推出燃料电池客车的企业,宇通第四代燃料电池客车,续航里程 600 km,成本下降 50%,加氢 10 min。北汽福田汽车公司推出"欧辉"牌燃料电池客车,计划 28 辆,送广州和佛山地区进行示范运行。东风汽车公司第一款 EQ5080 型燃料电池厢式运输车已问世,续航里程 305 km。

图 1-1-14　荣威 950 FCEV

2020 年,由清华大学支持培育的北京亿华通科技股份有限公司在上交所科创板上市,成为科创板"氢能第一股"。亿华通获得全球首个百台级燃料电池发动机订单,并与行业完成多个"首辆"燃料电池汽车开发,支撑京津冀地区率先在全球范围开展燃料电池汽车常态化示范运营。

2022 年北京冬奥会示范运行超 1 000 辆燃料电池汽车,全国燃料电池汽车保有量超 10 000 辆。当前我国燃料电池汽车的核心技术不断突破,氢能产业链逐步完善,国内燃料电池汽车交付、投运迎来密集期,但我国的氢能产业尚处于起步阶段,还需从基础设施建设等多方面发力。

三、我国新能源汽车发展现状和前景

1. 我国新能源汽车发展现状

进入21世纪以来,我国汽车产业高速发展,已经成为世界汽车生产和销售大国。新能源汽车方面,通过自主研制,开发出混合动力、插电式混合动力、纯电动和燃料电池汽车等各类整车产品,形成了多品种、全系列的各类整车和零部件生产及配套体系,产业集中度不断提高,产品技术水平明显提升,初步掌握了电动汽车整车设计、系统集成等关键技术。但总体的技术水平与国外相比尚存在较大差距,特别是产品工程化能力亟待加强。

20世纪80年代伊始,我国就已经对新能源汽车开展了研究工作,主要是对压缩天然气、液化石油气和甲醇等方面开展部分研究,并成功研制利用菜籽油、大豆油和废煎炸油等为原料生产生物柴油的工艺。1999年,国家有关部门基于能源、环保、汽车工业及社会可持续发展等多方面的综合考虑,决定实施"清洁汽车行动",从此开始了较大规模的替代燃料发展计划。

2004年,科技部又启动了"十五"国家科技攻关计划"生物燃料油技术开发"项目。目前,这项技术在我国已经取得了预期的成果,有些已在大规模地推广应用,并实现了商业化和产业化,有些尚在研发阶段。另外,在"十一五"期间,科技部还组织了国家"863"节能与新能源汽车重大专项。

2009年12月底,由南方电网投资建设的国内最大电动汽车充电站在深圳启用,首批投入使用了两座电动汽车充电站和134个充电桩。之后,南方电网又相继在杭州、上海等地建立充电站试点。2011年3月建立的杭州—金华的电动汽车充换电网是目前国内首个跨城际的充、换电网络。

据权威机构预计,到2030年世界将全面进入新能源汽车发展阶段。

从我国国家产业政策规划来看,新能源汽车产业已成为我国未来经济发展中大力支持的战略性新兴产业。2012年7月9日,《节能与新能源汽车产业发展规划(2012—2020年)》(以下简称《规划》)出台。规划提出,到2020年,纯电动汽车和插电式混合动力汽车生产能力达200万辆,累计产销量超过500万辆,燃料电池汽车、车用氢能源产业与国际同步发展。

《规划》提出的主要目标还包括:新能源汽车、动力电池及关键零部件技术整体上达到国际先进水平,形成一批具有较强竞争力的节能与新能源汽车企业等。这标志着在国家层面直接支持新能源汽车产业的政策框架浮出水面。

国家对新能源汽车的主推和鼓励政策,极大促进了我国新能源汽车的销量的增长,自2015年以来,无论是销量、增速还是全球市场份额,我国连续三年位居全球第一。其中,2017年,我国新能源乘用车销售57.8万台,占新能源汽车总销量的74%。新能源客车销售8.7万台、新能源专用车销售15.2万辆。

截至2017年年底,全国充电桩数量达45万个,公共充电桩21万个,同比增长了51%。按172万辆的新能源汽车保有量计算,新能源汽车的车桩比约为3.8∶1,充电基础设施仍然是新能源汽车发展的短板。

2018年,我国宣布取消汽车制造行业的外资限制,尤其是新能源制造领域。生产电动汽车的国外公司无须和中国建立合资企业,可以直接在中国建厂生产。新规发布1个月后,特斯拉即宣布在上海临港自由贸易区建设超级工厂。此外，大众也计划到2028年将其全球产量400万的一半在中国投产。国外新能源汽车入华，一方面能够刺激本土传统车企或是造车新势力，另一方面能带动整个新能源汽车产业链的发展。

而我国电动汽车初创企业在这时也开始涌现和蓬勃发展。2018年，蔚来成为我国第一家在纽交所上市的电动汽车企业。全球每一次产业浪潮都会带来巨大的时代红利，目前，全球汽车市值前十的公司里有3家是中国车厂，其中比亚迪第4，蔚来第5，小鹏汽车第10。

2020年9月，我国新能源汽车生产累计突破500万辆，2022年2月突破1 000万辆。我国新能源汽车产业已经进入规模化、高质量的快速发展新阶段。

2. 我国新能源汽车发展背景

新能源汽车是中国汽车工业跨越发展的难得机遇。新能源汽车产业承载着我国汽车工业"弯道超车"的历史使命，不管是各级政府，还是业界对于该产业的发展都非常重视。此外，新能源汽车的产业竞争力也对其发展起着至关重要的作用。

我国幅员辽阔，劳动力充足。新能源汽车产业的发展离不开稀土、锂、镁和石墨等自然资源，而我国充足的自然资源储备能充分满足新能源汽车产业的发展。而且，我国的现代通信、信息和交通等基础设施近年来不断更新换代，许多大城市的基础设施已达到国际先进水平。通过与外资汽车企业合资办厂，学习到了先进的技术和管理理念，积累了宝贵经验，培养了许多高端科研人才。

从国家需求的角度来看，我国早已成为世界最大汽车市场。然而汽车拥有量的几何式增长不仅使城市拥堵，并且令城市空气质量恶化。此外，汽车拥有量的迅速增加使得我国燃油供求矛盾更加突出。从个人需求的角度来看，汽车已成为现代生活必不可少的一部分。消费者购买汽车首先考虑汽车的购置费，其次考虑的是汽车的使用成本。在使用成本中，汽油价格是消费者考虑的首要因素。近年来汽油价格一直维持在高位波动，而新能源汽车与传统汽车相比的一个最大特点就是其使用清洁能源，大幅减少对汽油的依赖，降低了消费者的使用成本。

新能源汽车产业有三大核心技术，分别是电池、电机和系统控制策略。其中，动力电池技术最为关键，是新能源汽车发展的核心支持产业，它直接决定新能源汽车发展的步伐，是新能源汽车实现大规模生产并商业化的瓶颈所在。

21世纪初，我国动力锂离子电池产业凭借低廉的制造成本，充足的原材料供应，世界最大的消费市场及相对完整的产业链，得到了快速的发展。但是，在以动力锂电池所用隔离膜为代表的关键技术上，我国仍需要继续进行研发，实现进一步突破，降低锂电池生产成本，扩大规模化效益，提高锂电池产业的竞争力。

目前在新能源汽车领域，美国、欧洲各国和日本无论在技术研发还是市场销量方面都处于领先地位。近年来，我国的汽车企业也都加大对新能源汽车的研发力度，根据自身情况和国情制定了新能源汽车的发展战略，力图在这一领域赶超发达国家。但是，与发达国家的新能源汽车企业相比，我国企业还未能完全掌握汽车节能的关键技术，诸多核心零部件仍需从外国进口，导致产品造价高，难以实现产业化和市场化。

综上所述，我国新能源汽车许多关键技术仍有待突破，社会配套体系仍有待完善，产品成本仍有待降低，消费者信心仍有待提高，市场占有率仍有待进一步扩大。但是，我国新能源汽车产业的发展拥有充足的自然资源和丰富的劳动力支持，现代通信、信息和交通网络等基础设施相对完善，企业自主研发能力不断提高，在动力电池、电机、电子控制和系统集成等关键技术取得重大进步，所以新能源汽车在我国有着广阔的发展前景。

【巩固提升】

一、判断题

1. 目前新能源汽车主要有插电式混合动力（含增程式）汽车、纯电动汽车和燃料电池汽车。（ √ ）
2. 插电式混合动力汽车可以分为增程式混合动力汽车和混联式插电混合动力汽车。（ × ）
3. 燃料电池汽车是无污染汽车。（ √ ）
4. 纯电动汽车是由车载可充电动力电池或其他能量储存装置提供电能，由电机驱动的汽车。（ √ ）
5. 传统混合动力汽车是指采用传统燃料，同时配以电动机/发动机来改善低速动力输出和燃油消耗的车型。（ √ ）

二、选择题

1. 新能源汽车简称（ C ）。
   A. FCEV　　　　B. HCEV　　　　C. NEV　　　　D. HEV
2. 插电式混合动力汽车简称（ C ）。
   A. EV　　　　　B. HEV　　　　 C. PHEV　　　　D. REEV
3. 下列不属于三纵战略布局的新能源汽车是（ D ）。
   A. 燃料电池汽车　　　　　　　B. 混合动力汽车
   C. 纯电动汽车　　　　　　　　D. 燃气汽车
4. 第一个燃料电池是由（ C ）发明。
   A. 伏打　　　　B. 富兰克林　　　C. 格罗夫　　　D. 迈克尔·法拉
5. 下列不属于"三横"关键技术的是（ D ）。
   A. 动力总成控制系统　　　　　B. 驱动电机及其控制系统
   C. 动力电池及其管理系统　　　D. 辅助系统

项目一　新能源汽车概述与高压作业安全基础知识

任务二　新能源汽车高压作业安全基础知识

【任务描述】

维修技师罗师傅在维修一辆 2019 款比亚迪秦 EV 轿车时，由于意外导致触电事故，需要立即进行救援。若你作为维修技师罗师傅的同事，如何应对此类突发情况？

【学习目标】

◇ 知识目标
1. 能够描述新能源汽车上各个高压部件名称。
2. 能够掌握新能源汽车高压作业安全防护方法。
3. 能够掌握新能源汽车高压触电急救方法。

◇ 技能目标
1. 能够辨别车辆上高压部件类型。
2. 能够熟练应用高压急救方法。
3. 能够正确辨别触电事故的种类和触电的方式。

◇ 素养目标
1. 遵守职业道德，树立正确的价值观。
2. 引导崇尚劳动精神，逐步提升服务社会的意识。
3. 弘扬工匠精神，塑造精益求精的品质。
4. 培养协同合作的团队精神，自觉维护组织纪律。

【知识准备】

一、新能源汽车高压触电危害

高压电对人体会造成很多危害，其中最常见的有三种，即：触电、电击损伤、电磁场损伤。

1. 触　电

触电会对身体的外部和内部组织产生一定的伤害。如果人体直接接收到电流，电流会通过人体的组织和器官，从而对人体造成伤害。和其他损伤不同，这种损伤是没有任何征兆的。这种损伤通常是在一瞬间造成的，并且在受到电击之后，身体的防御功能会快速下降。

触电根据伤害程度不同可分为电击和电伤两种，如图 1-2-1 和 1-2-2 所示。

（1）电击。

电击是指电流接触到身体，对内脏造成伤害，是所有触电事件中最危险的一种。电击后，轻则引起肌肉抽搐，有触电感，重则引起呼吸困难、心脏瘫痪，引起死亡。由于电力系统中的带电体与人类在生产、生活中经常会接触，因此，在 220 V 以下的电力系统中，通常会出现电击现象。

（2）电伤。

电伤是因为电流的热效应、化学效应、机械效应以及在电流的作用下融化或蒸发的金属微粒等进入到人体的皮肤中，造成皮肤局部变红、起泡、烧焦或组织破坏，如果情况严重的话，还会威胁到生命。电伤多见于1 000 V或1 000 V以上的高电压带电物体，其危险性虽然没有电击那么大，但是也不可小觑。

图1-2-1　电击

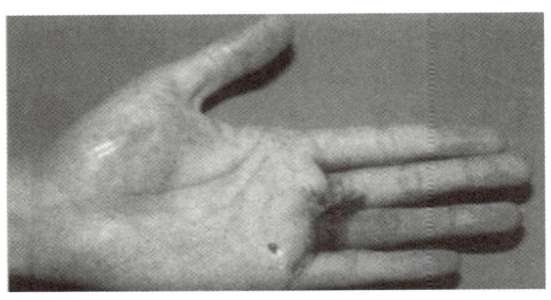

图1-2-2　电伤

2. 电击损伤

通过人体的电流大小、频率、持续时间、通过人体的路径以及人体的电阻大小都会对人体造成一定的危害。

（1）电流大小。

较大的电流流经身体，会使身体产生较大的生理反应，产生较强的感觉，并使其产生较快的室颤时间和较高的致死率。就工频交流电而言，根据流经身体的电流大小及身体的状况，可将其大致划分为以下三类：

①感官电流，即产生人类感官所需的最低限度的电流。试验显示，在一个成年男子中，平均感应电流是1.1 mA，而在一个成年女子中，大约是0.7 mA。感应电流对人体无危害，但当感应电流强度增加时，会引起人体的反应，从而引起跌落等间接意外。

②脱出电流，当人体被电击时，能够自动脱出电力供应的最大电流。试验显示，在成年男子中，平均释放电流是16 mA，而在成年女子中，则是10 mA。

③死亡电流，它可以在很短的时间里对生命造成威胁。试验显示，超过50 mA的电流流过身体，就会使心脏停止，甚至致死。

（2）电流频率。

一般认为交流电对人体最危险。随着频率的增高，危险性将降低。高频电流不仅不伤害人体，还能治病。

（3）通电时间。

通电时间越长，电流使人体发热和人体组织的电解液成分增加，从而导致人体电阻降低，致使通过人体的电流增加，触电的危险亦随之增加。

（4）电流路径。

电流穿过大脑会导致昏迷；穿过脊椎可引起麻痹；流经心脏时会引起心跳骤停，血流受阻；可透过呼吸系统引起窒息。最危险的通路是从左手至胸口，其次是从手掌至手掌和手部至足部。从足部至足部为不太危险的电流通路，如图1-2-3所示。

电流路径	电流路径
手－手 手－脚	1 000 Ω
手－脚	750 Ω
手－脚	500 Ω
手－胸	450 Ω
手－胸	230 Ω
手－臀部	300 Ω

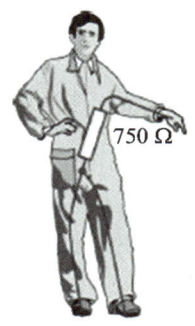

图1-2-3　电流路径

3. 电磁场损伤

人在高频磁场中会吸收电磁场的能量而受到伤害，会出现头晕、乏力、记忆力减退、失眠和多梦等神经系统的症状即电磁场损伤。

4. 常见触电方式

（1）生活中常见触电方式。

新能源汽车触电方式和生活中触电方式虽有不同，但是产生的危害相同。

① 单相触电。

单相触电是常见的触电方式。人体的某一部分接触带电体的同时，另一部分又与大地或中性线相接，电流从带电体流经人体到大地或中性线，形成回路，如图1-2-4所示。

② 两相触电。

人体的不同部分同时接触两相电源时造成的触电，如图1-2-5所示。对于这种情况，无论电网中性点是否接地，人体所承受的线电压都比单相触电时高，危险更大。

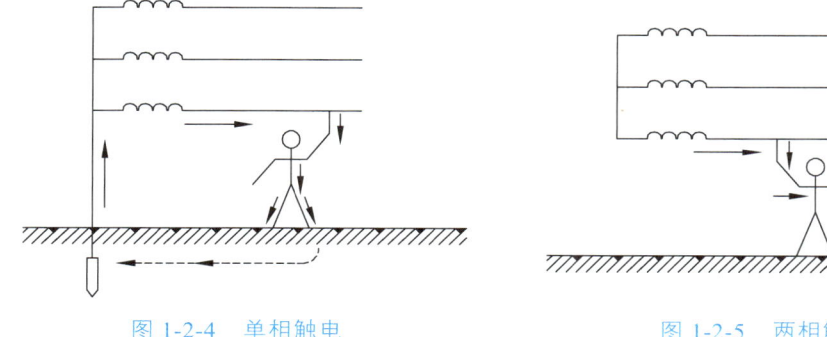

图1-2-4　单相触电　　　　　　　　图1-2-5　两相触电

③ 跨步电压触电。

如果人或牲畜站在距离电线落地点 10 m 以内，就可能发生触电事故，这种触电就是跨步电压触电，如图 1-2-6 所示。人受到跨步电压时，电流虽然是沿着人的下身，从脚经腿、胯部又到脚与大地形成通路，没有经过人体的重要器官，好像比较安全。但是实际并非如此，因为人受到较高的跨步电压作用时，双脚会抽筋，使身体倒在地上。这不仅使作用于身体上的电流增加，而且使电流经过人体的路径改变，完全可能流经人体重要器官，如从头到手或脚。经验证明，人倒地后电流在体内持续作用 2 s，这种触电就会致命。

跨步电压触电一般发生在高压电线落地时，但对低压电线落地也不可麻痹大意。根据试验，当牛站在水田里，如果前后跨之间的跨步电压达到 10 V 左右，牛就会倒下，电流常常会流经它的心脏，触电时间长了，牛会死亡。

一个人当发觉跨步电压威胁时，应赶快把双脚并在一起，或尽快用一条腿或两条腿跳着离开危险区。

④ 接触电压触电。

接触电压是指人站在发生接地短路故障设备旁边，距设备水平距离 0.8 m，这时人手触及设备外壳（距地面 1.8 m 的高处），手与脚两点之间呈现的电位差，叫作接触电压，如图 1-2-7 所示。

图 1-2-6　跨步电压触电

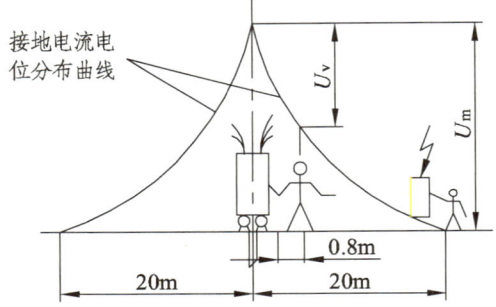

图 1-2-7　接触电压触电

二、新能源汽车高压部件识别

新能源汽车的高压部件主要集中在驱动系统、空调与加热系统、充电系统、电源系统等部位，也包括高压部件之间的线路。下面将以比亚迪秦 EV 为例，介绍新能源汽车上的高压电路。

新能源汽车高压部件识别

1. 新能源汽车上的高压部件及电路

（1）动力电池包。

动力电池包安装位置在底盘下方中间位置，功用是为车辆提供电能，如图 1-2-8 所示。它由动力电池模组、动力电池串联线、动力电池采样线、电池信息采集器、接触器、保险、电池包护板、安装支架等组成。

项目一　新能源汽车概述与高压作业安全基础知识

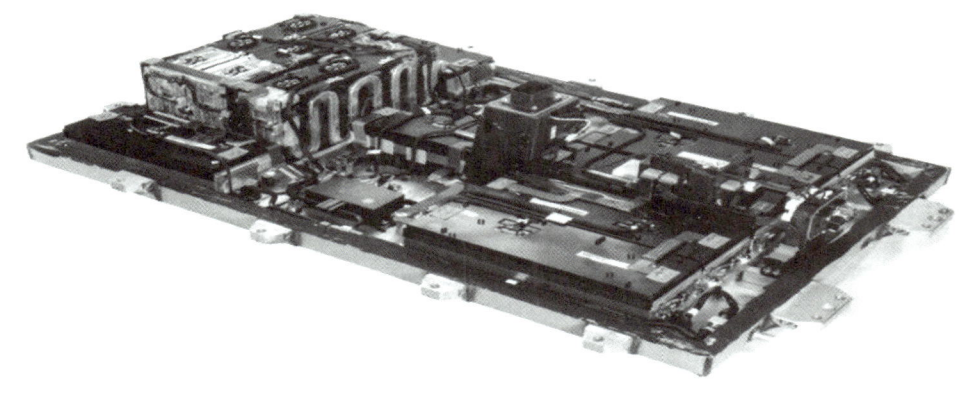

图 1-2-8　动力电池包

（2）电池包线束。

电池包线束主要由高压线束和采样线束构成。如图 1-2-9 所示，其中高压线束又由电池包正极线、电池包负极线和电池包串联线组成。高压线束的颜色通常为橙色。

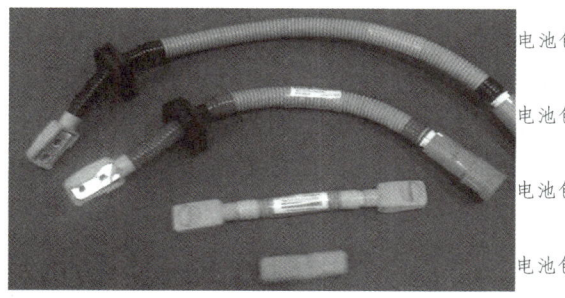

图 1-2-9　高压线束

（3）其他高压线束。

新能源汽车充配电总成周围高压线束，如图 1-2-10 所示。

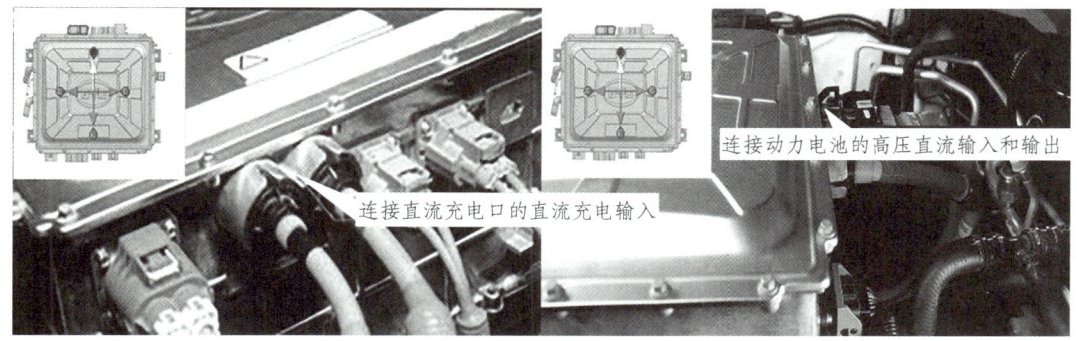

图 1-2-10　充配电总成四周高压线束（部分）

2. 新能源汽车维修开关

维修开关总成安装位置位于动力电池包总成上方的左上角（新款比亚迪秦 EV 取消了维修

开关），通过动力电池的一个正极和一个负极相连；它的功用是在车辆维修时直接断开高压回路，从而保证操作人员的安全。维修开关如图 1-2-11 所示。

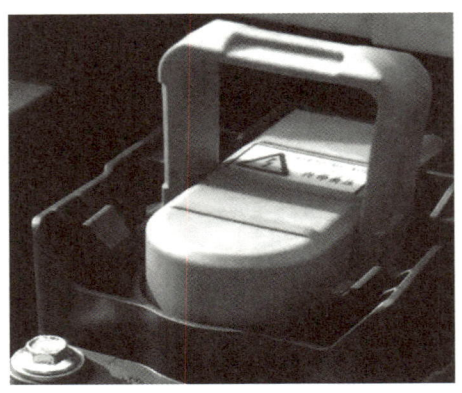

图 1-2-11　维修开关

3. 新能源汽车的熔断器

熔断器是根据电流超过规定值一段时间后，以其自身产生的热量使熔体熔化，从而使电路断开的一种电流保护器。熔断器是新能源汽车高压配电中的重要元件，担任了隔离和消除电动汽车高压电路的短路故障之重任。熔断器要求兼具低压熔断器的高分断能力和汽车熔断器的高可靠性。新能源汽车的熔断器实物如图 1-2-12 所示。

熔断器主要由熔体、外壳和支座三部分组成，其中熔体是控制熔断特性的关键元件。熔断器熔体的熔断时间与熔断电流的大小有关，具有反时延特性，当过载电流小时，熔断时间长；过载电流大时，熔断时间短。因此，在一定过载电流范围内至电流恢复正常，熔断器的熔体不会熔断，可以继续使用。熔断器有各种不同的熔断特性曲线，可以适用于不同类型保护对象的需要。

在选择熔断器时，应注意熔断器的额定电压、分断能力、抗浪涌能力、可靠性要求等参数。

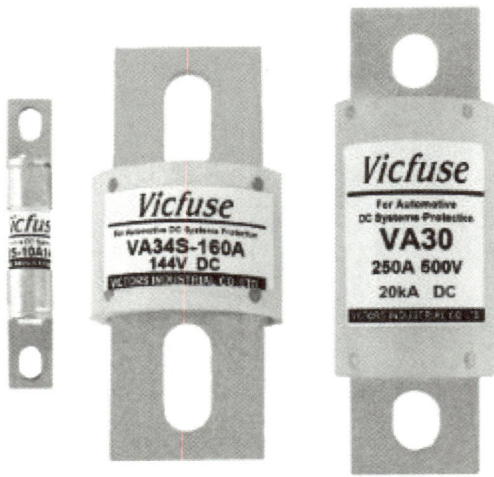

图 1-2-12　熔断器实物图

4. 新能源汽车漏电传感器

漏电传感器主要用于对电动汽车直流动力电源母线与其外壳、车身底盘之间的绝缘阻抗检测，通常检测与动力电池输出相连接的负极母线与车身底盘之间的绝缘电阻，来判断动力电池包的漏电程度。图 1-2-13 所示为新能源汽车漏电传感器总成。

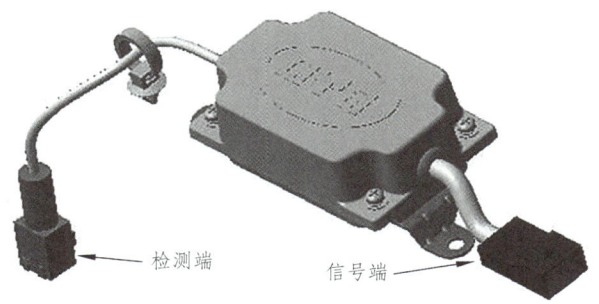

图 1-2-13　漏电传感器总成

5. 新能源汽车充配电器总成

充配电器总成位于机舱盖下方，如图 1-2-14 所示。

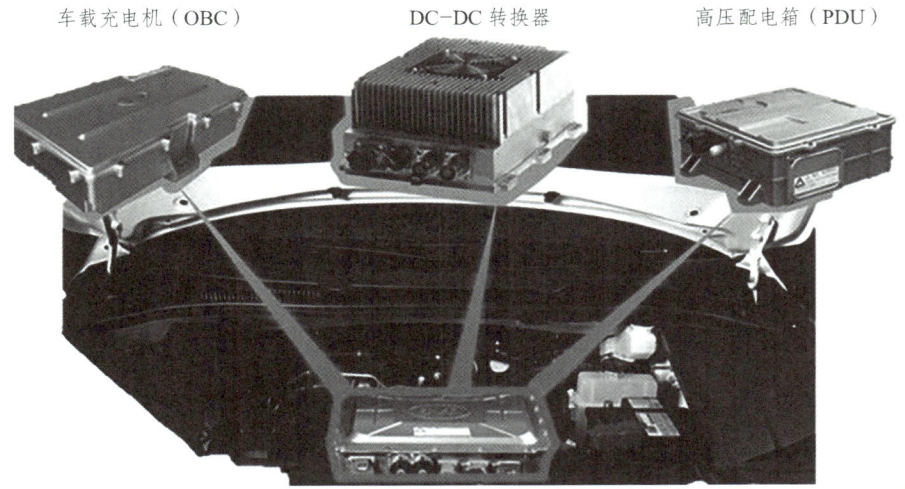

图 1-2-14　充配电器总成

三、新能源汽车高压作业安全防护

1. 电动汽车的触电防护

触电防护应包含防止人员与任何带电部件的直接接触和在带电部件的基本绝缘故障的情况下的触电防护。对于 A 级电压的电路不要求提供触电防护。对于任何 B 级电压电路的带电部件，都应为人员提供危险接触的防护。直接接触防护应由带电部件的基本绝缘提供或由遮挡/外壳，或两者结合来提供。

所有的防护及规定都是从安全的角度出发，防止人体及电气设备因触电或短路发生故障、造成事故。

2. 高压防护用品

在维护新能源汽车高电压系统时，需要使用高压防护用品对个人的安全进行防护。个人防护用品主要包括绝缘手套、护目镜、绝缘靴以及绝缘垫等。

（1）绝缘手套。

图 1-2-15 所示为绝缘手套。用于新能源车辆维修用的绝缘手套通常有两种独立的性能，即一是在进行任何有关高压组件或线路的操作时，需要使用橡胶制成的电工绝缘手套，并能够承受 1 000 V 以上的工作电压；二是具备抗碱性，当工作中接触来自高压动力电池组的钾氢氧化物等化学物质时，防止这些物质对人的组织伤害。

图 1-2-15　绝缘手套

绝缘手套在使用前需先检查外观是否破损并确保在使用有效期内。每次使用前必须自行进行是否泄漏检查。检查的方法是向手套内卷入一定的空气，观察手套是否有漏气的风险，图 1-2-16 所示为绝缘手套的气密性检查。

图 1-2-16　绝缘手套气密性检查

绝缘手套的使用规范：

① 每次使用前，应检查绝缘手套是否在有效预防性试验周期内，外观是否完好。
② 绝缘手套使用前先进行外观检查，外表应无磨损、破漏、划痕等，漏气裂纹的禁止使用。
③ 将衣袖袖口套入手套筒口内；同时注意防止尖锐物体刺破手套。
④ 如一双手套中的一只可能不安全，则这双手套不能使用。
⑤ 使用最佳温度范围为 -25 ~ +55 ℃。
⑥ 绝缘手套使用后应进行清洁，擦净、晾干，并应检查外表良好。

⑦手套被弄脏时应用肥皂和水清洗，彻底干燥后涂上滑石粉，避免粘连，及时存放在工具室。

⑧绝缘手套应架在支架上或悬挂起来，且不得贴墙放置。

⑨绝缘手套应每月进行一次外观检查，做好检查和使用记录。

（2）护目镜。

戴上合适眼部的护目镜，以防止电池液的飞溅对眼睛造成伤害。高压电车辆维修用的护目镜应该具有侧面防护功能，防止维修过程中产生的电火花对眼睛的伤害。图1-2-17所示为护目镜。

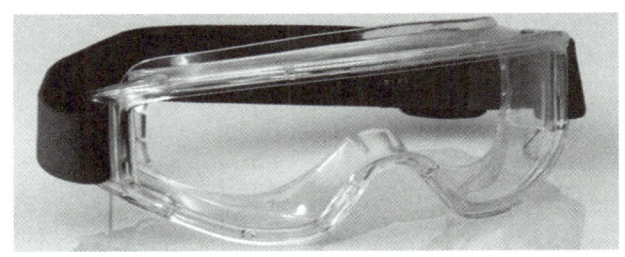

图1-2-17　护目镜

护目镜的使用规范：

①所选择的护目镜产品需要经过国家级检测并达到其标准才能使用。

②所选用的护目镜大小及型号要尽量适合使用者的脸型。

③护目镜镜片使用时要注意专人专用，禁止交换使用，防止因护目镜大小而产生意外情况。

④护目镜使用时间过长或使用不当，会造成镜片粗糙及损坏，留下刮痕后的镜片会影响佩戴者的视线，达不到佩戴安全标准需要及时进行调换。

⑤护目镜禁止重压，在保存时尽量远离坚固物体，防止对镜片造成损坏。

⑥在清洗护目镜时，需要使用柔软的专业擦拭布进行清理，并放于眼镜盒或安全的地方。

（3）绝缘安全鞋。

绝缘安全鞋（靴）的作用是使人体与地面绝缘，防止电流通过人体与大地之间构成通路，对人体造成电击伤害，把触电时的危险降低到最小程度，因为触电时电流是经接触点通过人体流入地面的，所以电气作业时不仅要戴绝缘手套，还要穿绝缘鞋。图1-2-18所示为绝缘安全鞋。

图1-2-18　绝缘安全鞋

绝缘安全鞋的使用规范：
① 每次使用前应检查电绝缘鞋（靴）在有效预防性试验周期内，外观完好。
② 穿用电绝缘皮鞋和电绝缘布面胶鞋时，其工作环境应保持鞋面干燥。
③ 穿用任何电绝缘鞋时，都应避免接触锐器、高温、腐蚀性和酸碱油类物质，防止绝缘鞋受到损伤，从而影响绝缘鞋的绝缘性能。
④ 在潮湿，有蒸汽、冷凝液体或导电灰尘等容易发生危险的场所，尤其应注意配备合适的电绝缘鞋，应按标准规定的使用范围正确使用，不得随意乱用。

（4）绝缘垫。
绝缘垫一般应用于变电站、发电厂、配电房、试验室以及野外带电作业等使用，主要采用胶类或泡沫绝缘材料制作。

四、新能源汽车高压触电急救

触电事故具有行业性、季节性、高死亡率等特点。据不完全统计，每年有近万人死于触电事故。对触电者，进行迅速、准确急救，可以极大地降低触电事故的伤亡。触电急救的要领是：抢救迅速和救护得当。当发现有人触电时，我们首先应该使触电者脱离电源，再对触电者的状态进行判定实施现场救护。

1. 触电者脱离电源的方法

人触电以后，可能由于痉挛或失去知觉等原因而紧抓带电体不能自行摆脱电源。这时，使触电者尽快脱离电源是救活触电者的首要因素。

（1）低压触电事故采用下列方法使触电者脱离电源：
① 触电地点附近有电源开关或插头，可立即断开开关或拔掉电源插头，切断电源。
② 电源开关远离触电地点，可用有绝缘柄的电工钳或干燥木柄的斧头分相切断电线，断开电源，或用干木板等绝缘物插入触电者身下，以隔断电流。
③ 电线搭落在触电者身上或被压在身下时，可用干燥的衣服、手套、绳索、木板、木棒等绝缘物作为工具，拉开触电者或挑开电线，使触电者脱离电源，如图1-2-19所示。

图1-2-19 脱离电源方式

（2）对于高压触电事故采用下列方法使触电者脱离电源：
① 立即通知有关部门停电。
② 戴上绝缘手套，穿上绝缘靴，用相应电压等级的绝缘工具断开开关。
（3）在脱离电源时，要注意以下事项：
① 救护人员不可以直接用手或其他金属及潮湿的物件作为救护工具，而必须采用适当的绝缘工具且单手操作，以防止自身触电。
② 防止触电者脱离电源后可能造成的摔伤。
③ 如果触电事故发生在夜间，应当迅速解决临时照明问题，以利于抢救，并避免扩大事故。

2. 现场急救方法

当触电者脱离电源后，应当根据触电者的具体情况，迅速地对症进行救护。现场应用的主要救护方法是人工呼吸法和胸外心脏挤压法。

（1）对症进行救护。

当触电者脱离电源后，我们应该对触电者的状态进行判断。通过看、试、听的方法对触电者的状况进行判断，如图 1-2-20 所示。看是指看触电者胸口是否有起伏；试是用两手指试颈动脉有无脉搏；听是用耳朵贴近触电者的口鼻处，听触电者口鼻处有无呼吸声。大体上急救方式按照以下三种情况分别处理。

如果触电者伤势不重，神志清醒，但是有些心慌、四肢发麻、全身无力或者触电者在触电的过程中曾经一度昏迷，但已经恢复清醒。在这种情况下，应当使触电者安静休息，不要走动，严密观察，并请医生前来诊治或送往医院。

如果触电者伤势比较严重，已经失去知觉，但仍有心跳和呼吸，这时应当使触电者舒适、安静地平卧，保持空气流通。同时揭开他的衣服，以利于呼吸，如果天气寒冷，要注意保温，并立即请医生诊治或送往医院。

如果触电者伤势严重，呼吸停止或心脏停止跳动或两者都已停止时，则应立即进行人工呼吸和胸外挤压，并迅速请医生诊治或送往医院。应当注意，急救要尽快地进行，不能等候医生的到来，在送往医院的途中，也不能中止急救。

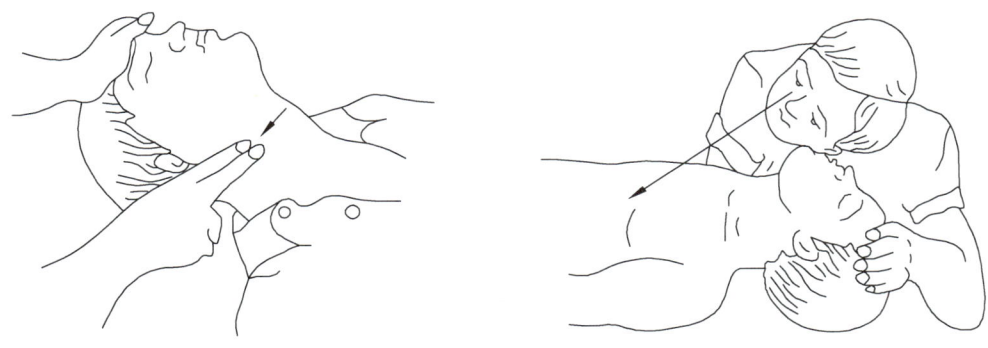

图 1-2-20　对触电者生命状态的判断

（2）心肺复苏。

当触电造成伤者停止呼吸、心跳时，要马上拨打急救电话，并及时对伤者实施心肺复苏抢救，这样就有可能维持伤者的生命。心跳、呼吸骤停的急救，简称心肺复苏，通常采用人工胸外挤压和口对口人工呼吸方法。单人徒手的具体救护步骤如下：

① 判断意识。

先在伤者耳边大声呼唤"喂！您怎么啦？"再轻轻拍伤者的肩部，如伤者对呼唤和轻拍没反应，可判断伤者无意识。

② 呼救求援。

当判断伤者无意识时，应立刻求助他人帮忙，并拨打急救电话。

③ 调整体位。

对于意识不清者，让伤者仰卧位，放在坚硬的平面上（如水泥地面等）。

④ 通畅气道。

使触电者平躺在地面，解开触电者的衣物和腰带。将触电者的头向一侧倾斜，清除口中异物，其中包括义齿、血块等。迅速用一个手指交叉从口角处插入，取出异物。防止将异物推到喉咙深处。采用仰头抬额法通畅气道。先向触电者口中大口吹气一次，观察触电者气道是否通畅，若吹气时发现气流受阻，说明触电者气道尚未打开，需重新操作。仰头抬额法如图 1-2-21 所示。无论采取哪种方法通畅气道，均应使伤者耳垂与下颌角的连线和伤者仰卧的平面垂直，气道方可开放。在复苏操作过程中，应使触电者气道始终处于打开状态。

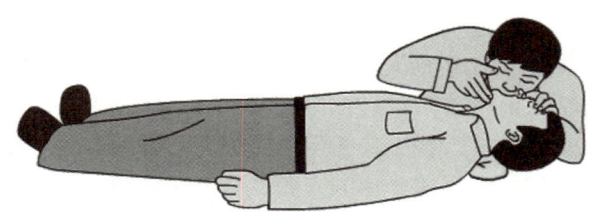

图 1-2-21　仰头抬额法

⑤ 判断呼吸。

一看、二听、三感觉。所谓看，就是看伤者胸部有无起伏；听，就是耳朵贴在伤者口鼻处听有无喘息；感觉，就将脸靠近伤者面部感觉有无微弱的鼻息。同时心中默数：1001，1002，1003，1004，1005，如果 5 s 以内没有呼吸，就可以判断为呼吸停止。

⑥ 口对口人工呼吸。

先使触电者仰卧，解开衣领、围巾、紧身衣服等，除去口腔中的黏液、血液、食物、义齿等杂物。

将触电者头部尽量后仰，鼻孔朝天，颈部伸直。救护人员一只手捏紧触电者的鼻孔，另一只手掰开触电者的嘴巴。救护人员深吸气后，紧贴着触电者的嘴巴大口吹气，使其胸部膨胀；之后救护人员换气，放松触电者的嘴鼻，使其自动呼气。如此反复进行，吹气 2 s，放松 3 s，大约 5 s 一个循环。

吹气时要捏紧鼻孔，紧贴嘴巴，不使漏气，放松时应能使触电者自动呼气。

如触电者牙关紧闭，无法撬开，可采取口对鼻吹气的方法。

对体弱者和儿童吹气时用力应稍轻，以免肺泡破裂。

对触电者大口吹气，刺激触电者起搏，频率为 1.5 s/次。起搏后转入正常的口对口人工呼吸。

起搏后，正常的人工呼吸要求频率为 12 次/min。在人工呼吸的过程中随时关注触电者生命复苏迹象。触电者恢复自行呼吸后停止对触电者进行人工呼吸。对儿童进行人工呼吸时，吹气量不宜过大以免把儿童吹成胃胀，如图 1-2-22 所示。

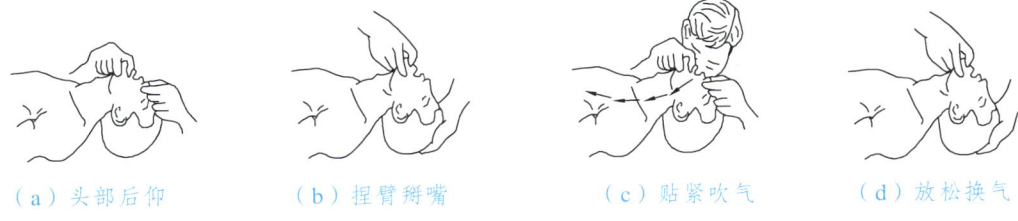

（a）头部后仰　　　（b）捏鼻辦嘴　　　（c）贴紧吹气　　　（d）放松换气

图 1-2-22　口对口人工呼吸

⑦ 判断有无颈动脉搏动。

对于非专业人员在进行心肺复苏时，不再要求通过检查颈动脉是否搏动来决定是否需要进行胸外心脏按压或电除颤，而要求检查其他体征，包括有无自发性呼吸、咳嗽及身体的自主运动等；但对于专业人员仍要求检查脉搏，以确定循环状态。检查脉搏应用食、中指触摸颈动脉（位于胸锁乳突肌内侧缘），而绝不可选择桡动脉。检查时间不得超过 10 s。如不能确定循环是否停止，应立即进行胸外心脏按压。

⑧ 胸外按压法。

当触电者有呼吸但无心跳时，我们采用胸外按压的方法对触电者进行现场救护。胸外按压法是借助人力对触电者恢复心脏跳动的一种方法。

胸外心脏按压的按压原理是通过按压胸骨，使胸腔内压力增高，促使心脏排血。放松时，胸腔内压力降低，且低于静脉压，从而使静脉血回流于右心，即"胸泵原理"。另外，心脏在受到间接挤压时，会产生排血；放松时，心腔自然回弹，从而使静脉血回流于右心室，即"心泵原理"。

正确的按压位置为肋骨和胸骨结合处的中点。按压位置与姿势如图 1-3-23 和图 1-3-24 所示。按压频率为 80 次/min。

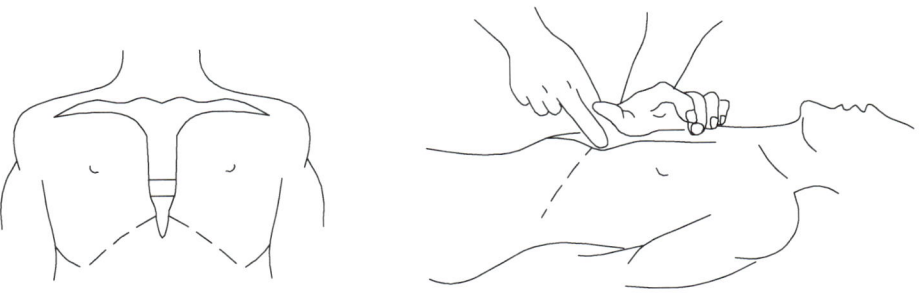

图 1-2-23　正确的按压位置

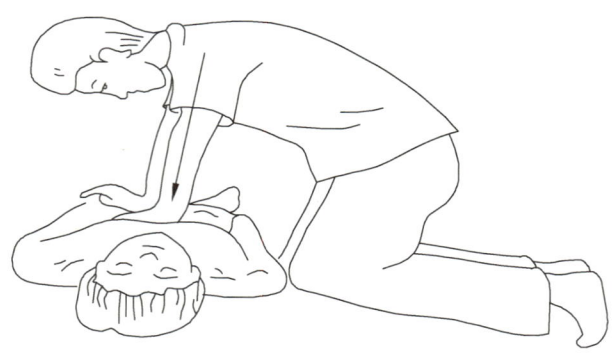

图 1-2-24　正确的按压姿势

具体操作步骤为：

a. 解开触电人的衣裤，清除口腔内异物，使其胸部能自由扩张。

b. 始终保持触电人处于仰卧状态（姿势与口对口吹气法相同），背部着地处的地面必须牢固。

c. 救护人员位于触电者一边，最好是跨跪在触电者的腰部，将一只手的掌根放在心窝稍高一点的地方（掌根放在胸骨下三分之一部位），中指指尖对准锁骨间凹陷处边缘，如图 1-2-25 所示，另一只手压在那只手上，呈两手交叠状（对儿童可用一只手）。

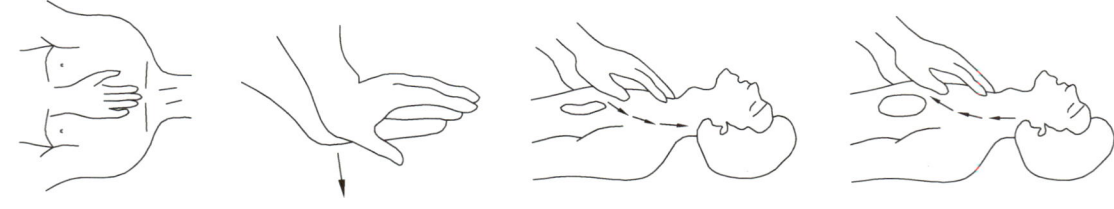

图 1-2-25　按压手形、方法

d. 救护人员找到触电者的正确压点，自上而下，垂直均衡地用力挤压。压出心脏里面的血液，注意用力适当。按压深度一般要求按压深度达到 4～5 cm（婴幼儿下陷 1～2 cm），可根据伤者体型大小灵活掌握，按压时可触到颈动脉搏动即可。

e. 按压后，掌根迅速放松（但手掌不要离开胸部），使触电者胸部自动复原，心脏扩张，血液又回到心脏。

记忆的口诀是：掌根下压不冲击，突然放松手不离；手腕略弯压一寸，一秒一次较适宜。

按压注意事项：确保正确的按压部位，既是保证按压效果的重要条件，又可避免和减少肋骨骨折的发生以及心、肺、肝脏等重要脏器的损伤；双手重叠，应与胸骨垂直。如果双手不重叠放置，则使按压力量不能集中在胸骨上，容易造成肋骨骨折；按压应稳定地、有规律地进行。不要忽快忽慢、忽轻忽重，不要间断，以免影响心排血量；不要冲击式地猛压猛放，以免造成胸骨、肋骨骨折或重要脏器的损伤；放松时要完全，使胸部充分回弹扩张，否则会使回心血量减少。但手掌根部不要离开胸壁，以保证按压位置的准确；下压与放松的时间要相等，以使心脏能够充分排血和充分充盈；下压用力要垂直向下，身体不要前后晃动。正确的身体姿势既是保证按压效果的条件之一，又可节省体力；最初做口对口吹气与胸外心脏按压 4~5 个循环后，检查一次生命体征；以后每隔 4~5 min 检查一次生命体征，每次检查时间不得超过 10 s。

【巩固提升】

一、判断题

1. 钳形电流表测电流时无须断开电源和线路即可直接测量。（ √ ）
2. 绝缘电阻表的电压等级应低于被测物的绝缘电压等级。（ × ）
3. 如误入跨步电压触电危险区域，应快速跑离危险区，以免发生触电事故。（ √ ）
4. 在使触电者脱离电源的过程中，救护人员最好用两手一起操作。（ √ ）
5. 护目镜可以交换使用。（ × ）

二、选择题

1. 高压电对人体会造成很多危害，其中最常见的有三种，即：触电、（ B ）、电磁场损伤。
   A. 电击　　　　C. 电弧损伤　　　　B. 电击损伤　　　　D. 电弧
2. 当电压高到一定值以后，会有相应的电流流过人体。当大约（ B ）mA 的电流通过人体时，会产生肌肉收缩和疼痛感。
   A. 1 mA　　　　B. 5~10 mA　　　　C. 80 mA　　　　D. 100 mA
3. 触电后，人体的血液和细胞液成为电解液并被电解，结果会发生严重的中毒，称为（ C ）。
   A. 电击效应　　　B. 热效应　　　　C. 化学效应　　　　D. 电弧伤害
4. 高压触电以后，会短时间让人体心脏骤停，恰当的、第一时间心肺复苏可以成功挽救（ D ）以上的触电人员生命。
   A. 50%　　　　B. 15%　　　　C. 90%　　　　D. 80%
5. 进行胸外按压时，以下做法错误的是（ C ）。
   A. 患者仰卧位于硬质平面上
   B. 按压部位在胸骨中下 1/3 交界处或双乳头与前正中线交界处
   C. 按压时，按压速度越快越好
   D. 每 2 min 更换按压者，每次更换尽量在 5 s 内完成

项目二 动力电池的结构原理与检修

Project 2

项目描述

本项目共三个学习任务,分别是:
任务一 动力电池结构与原理
任务二 动力电池检查与更换
任务三 比亚迪汽车动力电池故障诊断与排除

通过以上三个任务的学习,熟悉动力电池的结构与原理;能进行动力电池的外观检查以及更换;掌握比亚迪汽车动力电池故障诊断与排除方法。

任务一　动力电池结构与原理

【任务描述】

客户张先生驾驶一辆 2018 款比亚迪秦 EV 轿车，早晨起动车辆后，发现车辆无法挂挡行驶，仪表提示动力电池温度过高。经过维修技师初步检查分析，认为动力电池管理器和连接线束可能存在问题。为了确定具体故障原因，还需对动力电池系统做进一步检查。假如你接到此任务，针对此类故障如何进行后续处理呢？

【学习目标】

◇ 知识目标

1. 能够掌握动力电池的定义与分类。
2. 能够掌握动力电池的结构与原理。
3. 了解动力电池布局特点。

◇ 技能目标

1. 能够辨别动力电池类型。
2. 能够识别不同车型动力电池的布置位置。

◇ 素养目标

1. 遵守职业道德，树立正确的价值观。
2. 引导崇尚劳动精神，逐步提升服务社会的意识。
3. 弘扬工匠精神，塑造精益求精的品质。
4. 培养协同合作的团队精神，自觉维护组织纪律。

【知识准备】

一、动力电池概述

1. 动力电池的发展史

动力电池发展历史及优缺点

动力电池就是为工具提供动力来源的电源，根据动力电池的使用特点、要求以及应用领域的不同，目前，电动汽车用动力电池已经经过了三代的发展。

第一代电动汽车用电池都是铅酸电池，由于铅酸电池的质量能量和质量功率不能满足电动汽车动力性能的要求，所以就进一步发展了阀控铅酸电池等，使得铅酸电池的比能量有所提高，仍能够满足作为电动汽车电源的使用要求。

第二代动力电池有镍镉电池、镍氢电池、钠硫电池、锂离子电池等。第二代动力电池的质量功率和质量能量都要比铅酸电池高很多，大大提高了电动汽车的动力性和续航里程。但是第二代动力电池现在依然是在电能—化学能—电能的化学反应过程中储存和供给电能，有一些特殊使用条件和一定的局限性，其中有些高能电池还需要复杂的电池管理系统和温度控制系统，各种电池对充电技术还有不同的要求。而且第二代电池在使用一定的次数后会出现老化甚至报废的情况，几乎或者完全丧失充放电能力，并且会造成污染。这无疑又增加了电动汽车的使用成本。

第三代电池是以燃料电池为主的电池，燃料电池直接将燃料的化学能转化为电能，能量转化的效率高，质量能量和质量功率高。并且燃料电池能量转化过程可以连续进行，反应过程能够有效控制，是比较理想的电动汽车用电池。但是燃料电池的燃料往往有毒、有害，而且价格昂贵，需要对车辆进行额外的设计，增加了设计和制造成本。

除此以外，飞轮电池、超级电容器也是常见的电动汽车车载动力源。飞轮电池是电能—机械能—电能转换装置，可以瞬间输出很高的功率。而超级电容器具备电能—电位能—电能转换的能力，而且其充放电时间比起传统电池来说短很多。

以上各种装置都有自己的优缺点，但是综合现有技术条件以及相关技术的成本，现代电动汽车普遍使用先进的高能电池作为其动力源。

动力电池组一般供给直流电，然后经过变频器或逆变器转换成频率和电压幅值可调的交流电，供给驱动电机来驱动车辆行驶。纯电动汽车所采用的动力电池组，要求有较大的比能量，而混合动力汽车所采用的动力电池组，则要求有较大的比功率，两种电池在性能方面各有侧重。现在的动力电池都是高能动力电池，使电动汽车的动力性能不断提高，一次充电后的续驶里程也不断增加。

为了解决燃油作为汽车动力带给环境的污染问题，以电池作为动力的电动车和电油混合的电动车已成为世界各国的研究热点，而动力电池的开发和性能的改善是研究工作成败的关键。

2. 电池的定义与分类

（1）电池的定义。

动力电池（Power Battery）是指盛有电解质溶液和金属电极以产生电流的杯、槽或其他容器或复合容器的部分空间，它能将化学能转化成电能。

（2）电池的记忆效应和消除方法。

有些电池（如镍镉电池），如果长期不彻底充、放电，就会在电池内留下痕迹，降低电池容量，这种现象被称为电池记忆效应。消除记忆的方法是把电池完全放电，然后重新充满。放电可利用放电器或具有放电功能的充电器进行，然后，要确保电池能重新充满，应依照说明书的指示来控制充电时间，重复充、放电 2~3 次，即可清除电池的记忆效应。

动力电池作为电动汽车的三大件（电池、电机、电控）之一，是整个车辆系统的动力来源，一直以来被视为电动汽车发展的标志性技术，其性能好坏直接关系到车辆续航里程的长短，重要性不言而喻。

（3）电池的分类。

电池从广义上主要可分为化学电池、物理电池和生物电池三类，如图 2-1-1 所示。电池的具体分类有不同的方法，其分类方法大体上可分为三类。

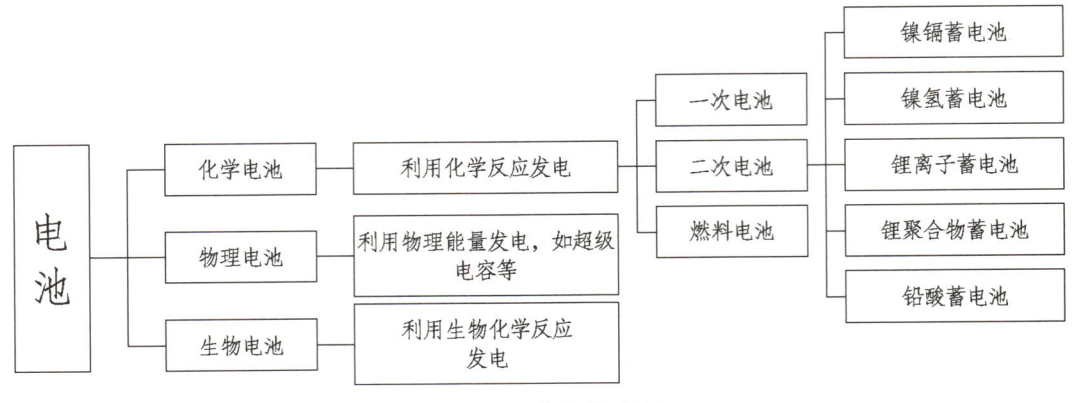

图 2-1-1　电池的分类

① 按电解液种类分类。

碱性电池是指电解质主要以氢氧化钾溶液为主的电池，如碱性锌锰电池（俗称碱锰电池或碱性电池）、镍镉电池、镍氢电池等。酸性电池主要以硫酸水溶液为介质，如锌锰干电池（也称之为酸性电池）、海水电池等。有机电解液电池主要是以有机溶液为介质的电池，如锂电池、锂离子电池。

② 按工作性质分类。

一次电池，又称为原电池，即不能再充电的电池，如锌锰干电池，锂原电池等；二次电池，即可充电电池，如镍氢蓄电池、锂离子蓄电池、镍镉蓄电池等；不可充电的电池称为一次性电池，它只能将化学能一次性地转化为电能，不能将电能还原回化学能，或者还原性能极差。

③ 按储存方式分类。

蓄电池也称为可充电的二次性电池。它能将电能转化成化学能储存起来，使用时再将化学能转换成电能，能量转换是可逆的。燃料电池，即活性材料在电池工作时才连续不断地从外部加入电池，如氢氧燃料电池等；储备电池，即电池储存时不直接接触电解液，直到电池使用时，才加入电解液，如镁化银电池（又称海水电池）等。

④ 按电池所用正、负极材料分类。

按电池所用正、负极材料不同可分为锌系列（如锌锰电池、锌银电池等）、镍系列（如镍镉电池、镍氢电池等）、铅系列（如铅酸电池等）、锂离子、锂锰、二氧化锰系列电池（如锌锰电池、碱锰电池等）、空气（氧气）系列电池（如锌空气电池等）。

3. 动力电池介绍与选择

目前，在电动汽车上使用的蓄电池主要是铅酸电池、镍氢电池（MH-Ni）和锂离子电池，如图 2-1-2 所示，如克莱斯勒 ESX2 采用铅酸电池，丰田的普锐斯和本田的 Insight 均采用的是镍氢电池，日产 Tinos 采用的是锂离子电池。

动力电池认知

（1）铅酸电池。

铅酸电池可分为两类：注水式铅酸电池和阀控式铅酸电池。前者廉价，需要经常维护；

后者可通过安全控制阀自动调节密封电池体内充电或工作异常产生的多余气体，免维护。铅酸电池作为纯电动汽车动力电源，在质量能量、深放电循环寿命、快速充电等方面均比镍氢电池、锂离子电池差，不适合用于电动轿车。但由于其价格低廉，一般用于汽车的低压用电电源，绝大部分汽车蓄电池都是铅酸电池，其正极为二氧化铅（PbO_2），负极为纯铅，电解质为硫酸水溶液。对于蓄电池为什么会选择铅酸，而不是使用主流的锂电池替代？主要原因有：技术成本、安全程度及电池寿命，但最主要的还是铅酸电池的低温性能，相比于锂电池，铅酸电池的低温性能更佳，在低温下锂离子电池的放电性能处于衰减性递减，一般在零下10 ℃就会迅速没电，而铅酸电池在零下50 ℃依然能正常使用，如图2-1-3所示。

普通铅酸蓄电池
结构与特点

（a）铅酸蓄电池

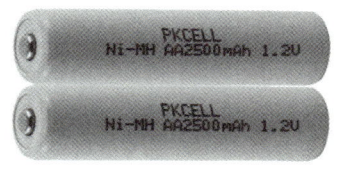
（b）镍氢电池

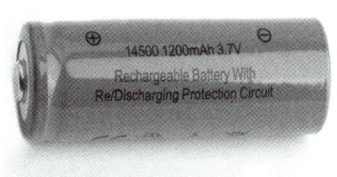
（c）锂离子电池

图2-1-2　新能源汽车常用动力电池

图2-1-3　铅酸电池

汽车动力电池以"电"的汉语拼音"D"表示，阀控密封式铅酸电池以"M"表示，免维护铅酸电池以"W"表示。如6DM55，表示单体电池为6只、额定容量为55A·h的电动车辆用阀控密封式铅酸电池。

（2）镍氢电池。

镍氢电池是20世纪90年代发展起来的一种新型电池。它的正极活性物质主要由镍化学材料制成，负极活性物质主要由储氢合金制成，是一种碱性电池。

认识镍氢电池

镍氢电池具有高质量能量、高功率、适合大电流放电、可循环充放电、无污染、耐过充过放、无记忆效应、使用温度范围宽、安全可靠等特点，被誉为"绿色电源"。

目前镍氢电池主要应用于混合电动汽车。2011年，HEV市场占56%，世界镍氢电池主要由中国和日本的企业生产，占全球产量的95%以上。全球镍氢电池70%以上在中国生产，中国镍氢电池企业主要包括超霸、豪鹏、比亚迪、环宇、科力远、力可兴、三普、迪生、三捷、量能、格瑞普等。日本企业松下、汤浅、三洋已将小型镍氢电池生产转移到中国。HEV采用的大型镍氢电池主要在日本生产，生产企业主要为Primearth电动车能源公司（PEVE）和三洋电机，由于松下和三洋合并，而松下的湘南工厂被中国科力远收购，所以大型镍氢电池已主要由松下生产。

大功率的镍氢电池也使用在油电混合动力车辆中，最佳的例子就是丰田的普锐斯，如图2-1-4所示。该车使用了特别的充放电程序，使电池充放电寿命可足够车辆使用10年，具有高质量功率（单位质量的输出功率）和质量小、寿命长等特点，无须利用外界电源进行充电，也无须定期交换。

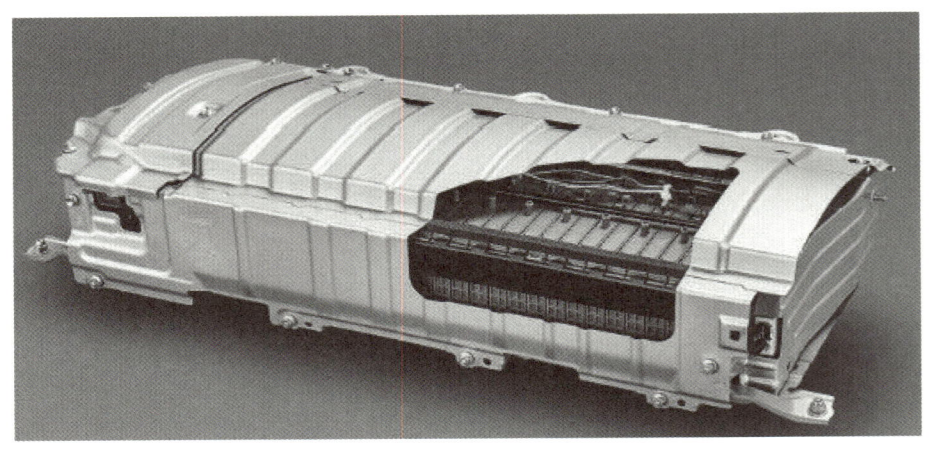

图2-1-4　丰田普锐斯镍氢蓄电池

全新设计了以往的电极材料及单电池（单个镍氢电池）之间的连接结构，减少了镍氢电池的内部电阻，因此安装在普锐斯上的电池单元实现了约540 W/kg的质量功率，居世界最高水平。另外，还使用车辆加速时的放电、减速时的再生制动器以及用发动机行驶时产生的剩余能量来进行充电，从而累积充电放电电流，使充电状态保持稳定，不会出现放电过多或多余充电等现象，使用寿命非常长。

其他使用镍氢电池的混合动力车辆包括福特汽车的FordEscape、雪佛兰的ChevroletMalibu、本田的HondaCivicHybrid等。

从目前车用电池的发展来看，镍氢电池已经规模化生产，性能稳定，其质量功率、体积功率、电池寿命和重复充放电次数方面均已达到USABC（美国先进电池联合会）性能指标。从产品规模化、生产程度和发展前景看，其容量大、体积质量小的优点正符合现代电动汽车的要求。

（3）锂离子电池。

锂离子电池是1990年由日本索尼公司首先推向市场的新型高能电池，是目前世界最新一代的充电电池。锂离子电池是当今各国能量存

认识三元锂电池

储技术研究的热点。

锂离子电池具有工作电压高、质量能量高、充放电寿命长、无记忆效应、无污染、快速充电、自放电率低、工作温度范围宽、安全可靠和能够制造成任意形状等优点，突出表现在大容量、长寿命和安全性三个方面。

我国已成为仅次于日本的锂离子电池生产大国，未来几年会在材料、技术、工艺和装备等方面取得突破性进展，"汽车级"的锂离子电池将批量进入市场，服务于正在快速发展的电动车行业。发展电动汽车是降低汽车石油消耗和减少车辆尾气排放的最佳途径，正处在快速发展阶段的锂离子电池即将为电动汽车产业的发展做好准备，我国自主开发的锂离子电池，如图 2-1-5 所示。锂离子电池的负极是储锂材料，正极是含锂的过渡金属化合物 $LiCoO_2$、$LiMn_2O_4$、$LiFePO$ 等，电解质是锂盐的有机溶液或聚合物。

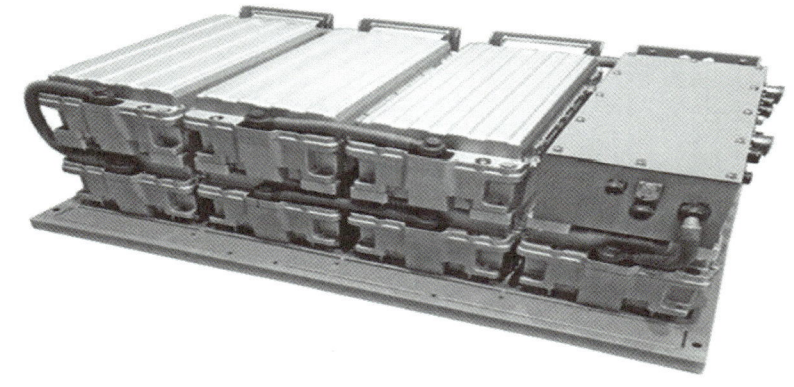

图 2-1-5　我国自主研发的锂离子电池

目前市面上电动汽车基本上都采用的是锂离子电池（简称锂电池），锂电池是一种具备高能量密度（Energy Density）的电池。高能量密度（Energy Density）是指在一定的空间或质量物质中储存能量的大小。电池的能量密度一般有两种，即体积能量密度（能量与体积的比值）和质量能量密度（能量与质量的比值），如图 2-1-6 所示。

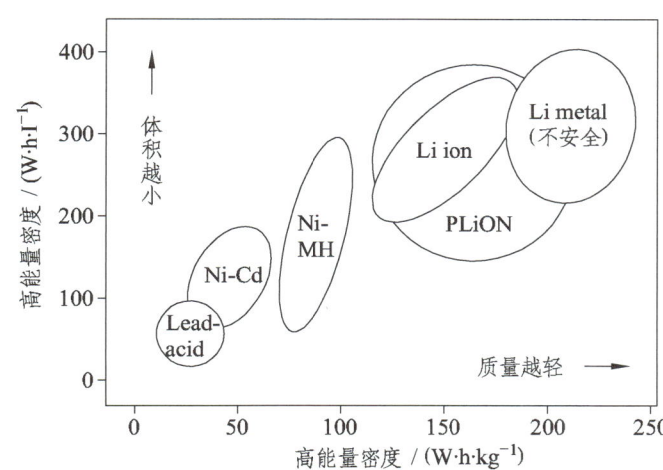

图 2-1-6　二次电池的能量密度

从图 2-1-6 我们可以看出,锂离子电池无论在体积能量密度还是质量能量密度上都具有很大的优势,且相对于锂金属电池更加安全。这也是锂电池得以脱颖而出的一个重要原因。此外,相对于其他二次电池,锂电池具有更优的寿命及环保表现。

(4)刀片电池。

刀片电池是一种全新的设计理念,在采用长电芯的同时,省去了中间模组环节,直接把电芯装到电池系统里面。这样质量和成本都有效下降,这一点和宁德时代的 CTP 有相似的地方。同时比亚迪电池结构设计借鉴了蜂窝铝板的原理,通过结构胶把电芯固定在两层铝板之间,让电芯本身充当结构件,来增加整个系统的强度。刀片电池因其长而薄的形状酷似刀片,因此得名刀片电池,如图 2-1-7 所示。

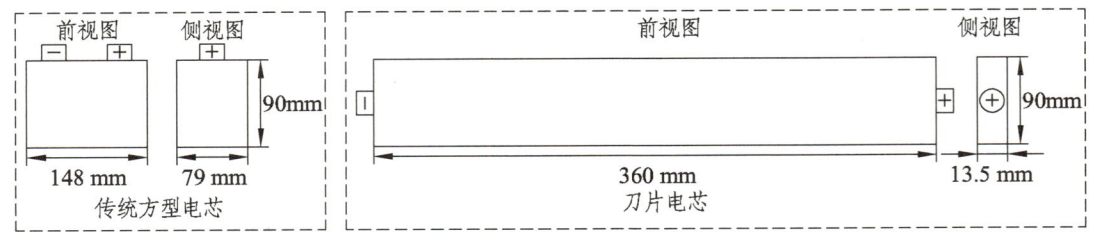

图 2-1-7 刀片电池

刀片电池一般很少应用在电动汽车上,主要原因:

① 在低温状态下,性能无法得到的提升。

刀片电池是一种磷酸铁锂电池,当处于低温时,它的性能会受到很大的影响(在-20 ℃的时候,它的效率只有 80%),比亚迪通过它的热管理,可以将它的温度保持在一个良好的范围内,但效率很低,在冬天,它的续航能力不如三元锂电池。

② 电池维护难度大,维护成本高。

刀片电池是一种 CTP 技术,所以它的核心部分并不是直接安装在电池上,而是用特殊的黏合剂固定在一起。这种用于固定电池的胶水,能够将电池与电池紧密地结合在一起,并具有导热、阻燃、缓冲等作用,相反,电池一旦被黏合在了一起,想要将其分离出来就比较困难。

这也就意味着,一旦电池发生了故障,或者发生了碰撞,想要修复电池是一个巨大难题,唯一的办法是用极低的温度来破坏电池中的胶水,然后将电池中的刀片电芯取出来,但这种修复技术的实施难度很大,对环境的要求也很高,所以目前还没有大规模的应用。

二、动力电池布局特点

电动汽车所增加的动力电池,由于体积大,质量重,很难在整车上找到非常完美的安装空间,在电池包的布置上,有以下几种布局特点。

1. 纯电动汽车(BEV)动力电池特点

(1)比亚迪 EV 动力电池布置特点。

一般纯电动车的电池组都布置在底盘,如图 2-1-8 所示。这是最不影响车内空间的形式,代表车型有比亚迪 EV。比亚迪的电池组安放在前后轴之间的底盘下方,质量达到 500 kg,因此促成了底盘重心较低，拥有更好的高速稳定性。电池组几乎占据底盘的全部，而且电池组有加强筋和受力框架保护，也没有作为承受力的主体，有效降低碰撞时，发生短路自燃的概率。

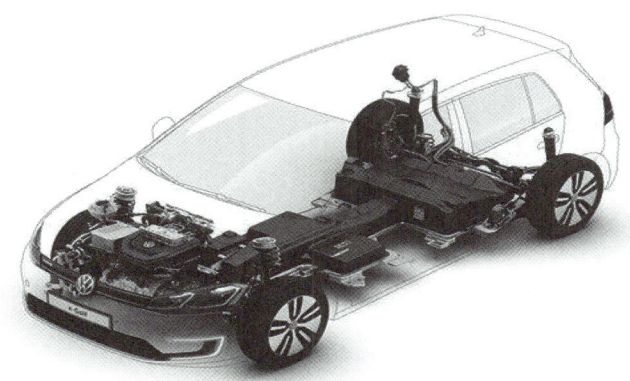

图 2-1-8　动力电池的布置形式

（2）上汽魔方动力电池布置特点。

上汽的魔方电池的特点是躺平布置，如图 2-1-9 所示，一般位于底盘下方。目前，在市面上大多数品牌的电池都采用了铝壳方形电芯，而它们大部分都采用传统的立式布局，但魔方电池相比它们而言，则采用了全新的躺式布局。简单来说，就是将电芯横着平铺在电池包里。

这种躺式布局的好处就是可以带来更好的集成化优势，这也是魔方能够自由排列组合的一个重要原因。由于采用了躺式电芯结构布局电池绝大部分空间都可以用来容纳有效的电化学材料，因此相比竞品而言上汽魔方电池在各个容量电池包的体积效率转换和质量效率转换都更为出色。

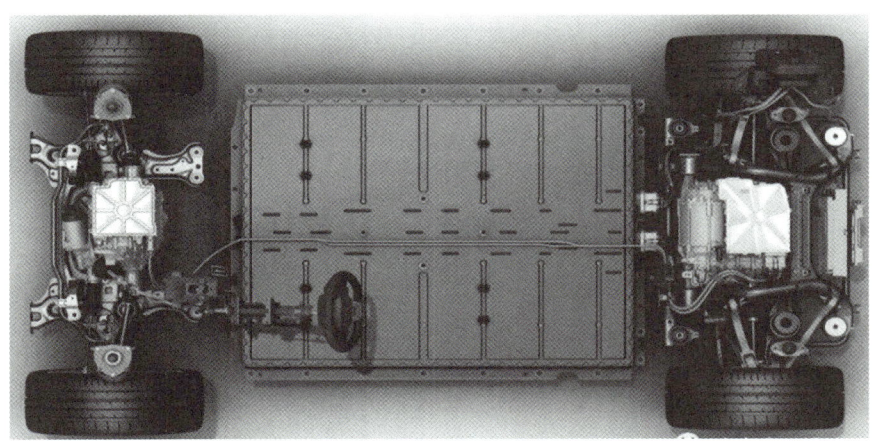

图 2-1-9　魔方躺式布置形式

2. 插电混合动力汽车（PHEV），动力电池布置特点

（1）比亚迪唐 DM 动力电池布置特点。

比亚迪唐 DM 动力电池布置在底盘中央位置，如图 2-1-10 所示，对车内空间布局影响较小。比亚迪唐 DM 将电池组布置在底盘的下方，与纯电动车型布置的方式相同。这样几乎不会对车内空间造成影响。

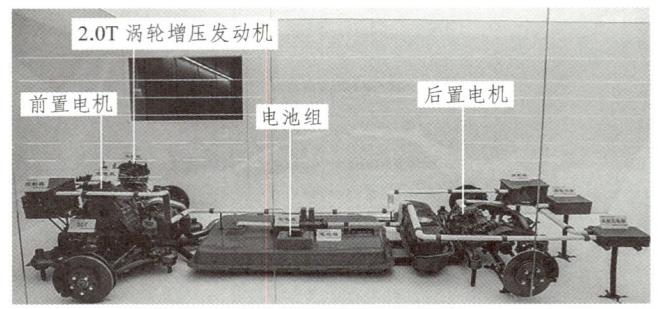

图 2-1-10　底盘中央布置形式

（2）别克（VELITE5）动力电池布置特点。

别克 VELITE5 的电池组采用"T"型布局如图 2-1-11 所示，布置在底盘下方，这样的方式对后备箱空间没有太大影响。而同样采用"T"字型布局的车型还有沃尔沃和领克。

图 2-1-11　"T"型布置形式

（3）宝马 530Le 动力电池布置特点。

宝马 530Le 动力电池布置在第二排座椅下方，如图 2-1-12 所示，侵占油箱空间，整体影响不大。同为插电式混合动力车型的宝马 530Le，在电池布置位置上，有所不同。工程师们将动力电池放置在后排座椅下方，对后备箱的储物空间有影响，同时还对油箱有所侵占，但整体还算出色。

由于动力电池布置位置比较特殊，再加上零件与零件之间要保留 5 mm 以上的工程安全间隙。插电式混动版的宝马 5 系和普通版 5 系，在后备箱的储物大小方面，要略小一些，但影响不大；至于后排座椅，由于它是豪华行政级轿车，为了保证后座的舒适性，它的后排座椅并不支持放倒。

图 2-1-12　第二排座椅下方布置形式

（4）福特蒙迪欧动力电池布置特点。

蒙迪欧动力电池布置在后备箱下方，出现"梯田"格局，影响较大与宝马 530Le 的电池布局不同，蒙迪欧插电式混动版把动力电池放在了第二排座椅的后方。

（5）比亚迪秦动力电池布置特点。

比亚迪秦动力电池布置在后二排后方。

（6）日产楼兰动力电池布置特点。

日产楼兰动力电池布置在前排中央扶手位置，较为特殊。

通过几种不同结构的布置形式，我们可以看出，纯电动车型的电池布置形式最为简单，直接放在了底盘下方，这也是最不占用空间的形式之一。

对于混合动力车型，无论是插电混动还是混合动力车型，电池布置的形式多种多样，不同类型的新能源汽车因其所需的电池容量及具体功能的不同，电池组布局形式也将有所差异，不同品牌不同车型之间也会有些差异。

3. 动力电池主要性能指标

电动汽车的电池常被称为动力蓄电池（简称动力电池），是电动汽车的储能装置，要评定动力电池的实际效应，主要看其性能指标。动力电池的性能指标主要有能量密度、功率密度、寿命等，动力电池种类不同，性能指标也有差异。下面列举常用的性能指标。

（1）质量能量（比能量）：单位质量的电能储存装置所能输出的能量，单位为 J/kg、W·h/kg、kw·h/kg。质量能量越高，汽车一次充电能行驶的距离越长。

（2）能量密度：单位体积电能储存装置所能输出的能量，单位为 W·h/L、kW·h/L。能量密度越高，汽车的电池体积越小。

（3）质量功率（比功率）：单位质量电能储存装置所具有电能的功率，单位为 W/kg、kW/kg。质量功率越大，汽车加速、爬坡性能越好，最高车速越高。

（4）功率密度：单位体积电能储存装置所具有电能的功率，单位为 WL、kW/L。功率密度越大，汽车的载量和车内空间越大。

（5）寿命：使用时间的长短、放电循环次数的多少，单位为年、小时或循环次数。

新能源汽车动力电池性能参数认知

(6) 充放电效率:充入/输出电能储存装置的电能占充电/放电时消耗电能的百分比。

(7) 荷电状态（SOC）:是指蓄电池在一定放电倍率下,剩余容量与相同条件下额定容量的比值,反映蓄电池容量变化的特性。随着蓄电池的放电,蓄电池的电荷逐渐减少,此时蓄电池的充电状态可以用 SOC 值的百分数的相对量来表示电池中电荷的变化状态。一般蓄电池的放电高效率区为 50%~80%SOC。对 SOC 的估算,已成为蓄电池管理的重要环节。

(8) 自放电率:是指电池在存放期间,在没有负荷的条件下由于自身放电使电池容量损失的速度。自放电率用单位时间（月/年）内电池容量下降的百分数来表示。它表示蓄电池搁置后容量变化的特性。

按一定标准规律放电,当电池的容量降到某一个规定值以前,就要停止继续放电,然后需要充电才能继续使用。锂离子动力电池充放电控制在 40%~70%。随着充放电次数的增加,电池中的化学活性物质会发生老化变质,逐渐削弱其化学功能,使得电池的充电和放电效率逐渐降低,最后电池丧失全部功能而报废。蓄电池充电和放电的循环次数与电池的充电和放电形式、电池的温度和放电深度有关。放电深度"浅"时,有利于延长电池的寿命。

(9) 使用寿命:电池在规定的条件下的有效寿命期限。电池内部发生短路或损坏而不能使用,以及容量达不到规定要求时电池使用失效,这时电池的使用寿命终止。

三、动力电池的结构与原理

1. 动力电池的构造

电动汽车的动力电池一般由电芯、模组以及电池包组成。

（1）电芯（Cell）

电芯是可以完成充放电电池的基本单位,包含了正负极、隔膜及电解液,是电池氧化还原反应的进行空间。根据电芯封装形式不同,可以分为圆柱电芯、方形电芯及软包电芯,如表 2-1-1 所示。

表 2-1-1 不同的电芯封装形式

电芯	圆柱电芯	方形电芯	软包电芯
基本原理	正负极片、隔膜圆柱卷绕	正负极片、隔膜方形卷绕	正负极片、隔膜方形层叠
封装图示			
主要优点	尺寸小,成组灵活/成本低/工艺成熟/一致性好	散热好/可靠性/安全性好	质量轻/尺寸变化灵活
主要缺点	散热差/质量重	尺寸较固定/成本高	工艺不成熟/成本高

① 圆柱电芯。

典型的圆柱电芯结构包括正极极片、负极极片、隔膜、电解液、外壳、盖帽/正极帽、垫片、安全阀等。圆柱电芯一般以盖帽为电池正极，以外壳为电池负极。

圆柱电芯标准化程度较高，常见的型号有：14650、14500（5号电池）、18650、21700等。型号的前两位数字代表圆柱电芯的直径（单位 mm），第3、4位代表圆柱电芯的高度（单位 mm），0指的是圆柱。特斯拉现在用的圆柱电池是18650和21700，未来还有4680（一款腰更粗个子更高的电池）将投入批量应用。

② 方形电芯。

方形电芯壳体采用铝合金、不锈钢等材料，结构强度高，承受机械载荷能力好。成组结构简单，系统能量密度相对较高。但如果采用钢架构，会导致电芯偏重，影响能量密度。且方形电芯的制作工艺比较复杂，良品率和一致性比不上圆柱形锂电池。

③ 软包电芯。

软包电芯常用铝塑膜作为外壳，尺寸变化灵活，成本低，单电芯的能量密度比圆柱/方形电芯都要高。但是因为是软包，所以机械强度较弱，封口工艺较难，特别是成组困难，后期成组散热设计也复杂，防爆装置也很难加在电芯上。所以现阶段的软包动力电池的安全性真的值得考量。

（2）模组（Module）。

模组是保护电芯免于受到外部热、振动等冲击，将一定数量的电芯连接在一起，放在一个框架中组成电池的组件。动力电池模组由10组电池模块串联而成，如图2-1-13所示，每一块电池模块由一组串联的电池单体组合而成。

动力电池模组认知

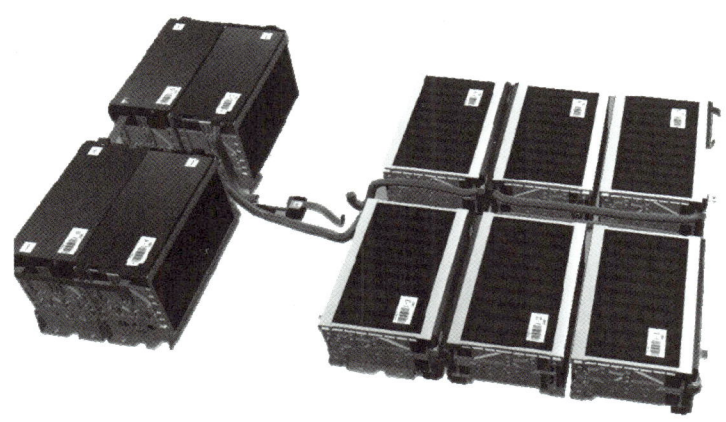

图 2-1-13　电池模组

2. 电池包（Pack）

电池包是装入电动汽车中电池的最终形态，在模组的基础上装配电池管理系统（BMS）、电池冷却系统、线束、支架等零部件，如图2-1-14所示。

动力电池系统结构

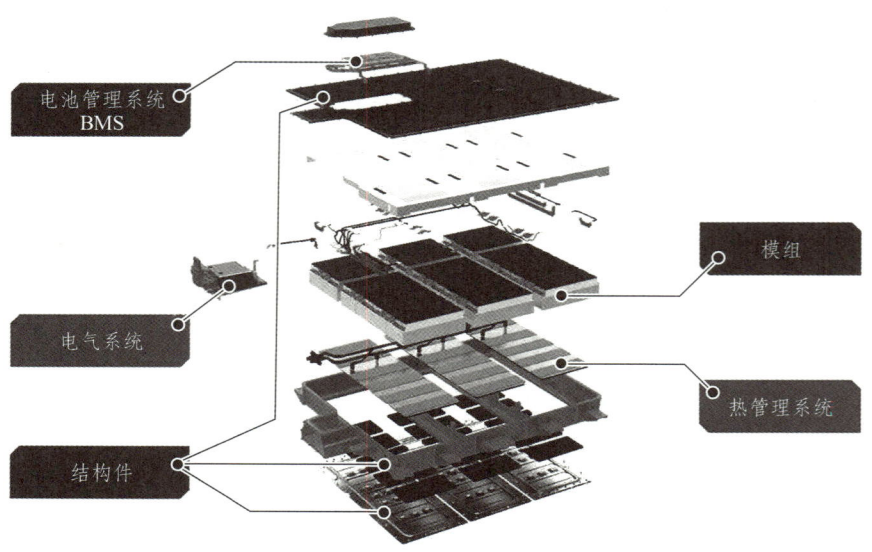

图 2-1-14 电池包组成

三者的关系：多个电芯组成模组，多个模组组成电池包，然后再总成装配至电动汽车上。

3. 动力电池工作原理

（1）动力电池的工作原理。

汽车动力电池一般为锂离子电池，使用锂合金金属氧化物为正极材料、石墨为负极材料、非水电解质的一种二次电池。主要工作原理是靠锂离子在正极和负极之间的迁移实现充电和放电。锂电池在充电时，锂离子从正极脱嵌，向负极移动，嵌入负极；锂离子放电时，锂离子从负极脱嵌，向正极移动，嵌入正极，如图 2-1-15 所示。

锂电子电池工作原理

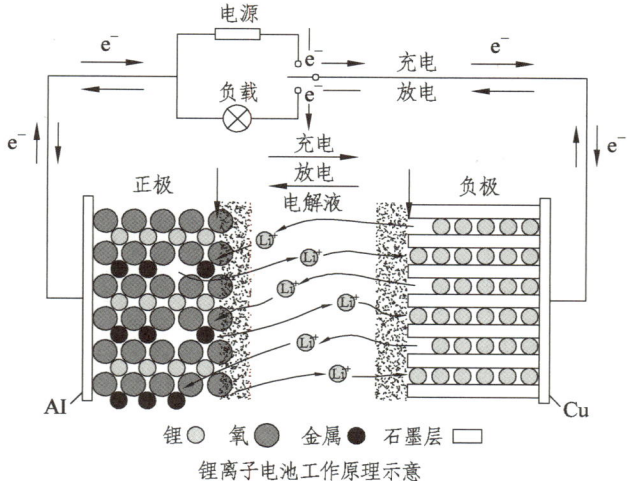

锂离子电池工作原理示意

正极： $LiMO_2 \rightleftharpoons Li_{1+x}MO_2 + xLi^+ + xe$
负极： $6C + xLi^+ + xe \rightleftharpoons Li_xC_6$
电池反应： $6C + LiMO_2 \rightleftharpoons Li_{1+x}MO_2 + Li_xC_6$

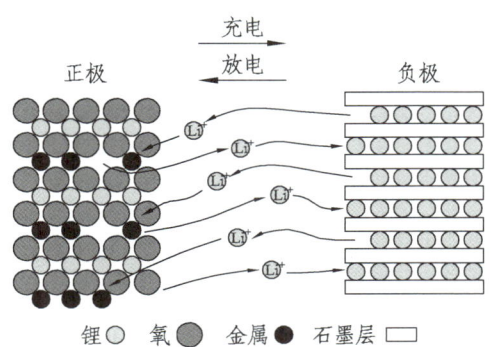

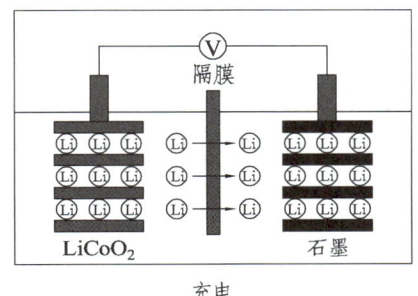 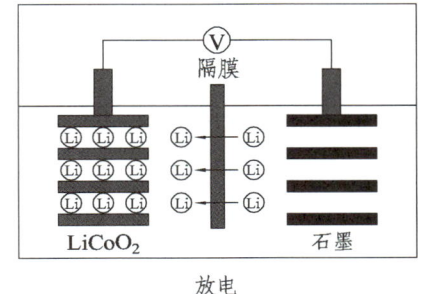

正极：$LiCoO_2 = Li(1-x)CoO_2 + xLi^+ + xe^-$（电子）　　正极：$Li(1-x)CoO_2 + xLi^+ + xe$(电子)$= LiCoO_2$

负极：$6C + xLi^+ + xe^- = Li_xC_6$　　负极：$Li_xC_6 = 6C + xLi^+ + xe^-$

图 2-1-15　锂离子电池工作原理示意图

（2）锂电池的分类。

锂电池按正极材料的不同，可以分为磷酸铁锂、锰酸锂、钴酸锂及三元材料。

磷酸铁锂（简称 LFP），安全性能好，循环寿命长，原材料资源丰富，但其能量密度低，低温性能差。

锰酸锂，资源丰富，成本相对较低，但其高温循环性能及电化学稳定性差。

钴酸锂，是最早实现商业化的锂电池正极材料，但其缺点是比容量太低、安全性差，成本也较高。

三元材料，分为镍钴锰（NCM，以蔚来为代表）和镍钴铝（NCA，以特斯拉为代表）两种，其中钴是三元锂必不可少的材料，因为钴本身是有毒性的，因此"少钴化"也是目前三元电池领域研究的一个课题。

从成本、安全、性能等综合因素考量，目前市面上的动力电池主要以磷酸铁锂及三元锂电池为主。

【巩固提升】

一、判断题

1. 电池管理的核心问题就是 SOC 的预估问题。　　　　　　　　　　　　（ √ ）
2. 电动汽车常用的电池一般有锂离子电池、铅酸电池、刀片电池、镍氢电池。（ × ）
3. 相对于铅酸电池，锂离子电池是真正意义上的绿色电池。　　　　　　（ √ ）
4. 铅酸蓄电池的比能量要比锂电池高很多。　　　　　　　　　　　　　（ × ）
5. 比亚迪 EV 动力电池布置方式为"T"形布置，位于底盘下方。　　　　（ × ）

二、选择题

1. 下列电池中哪些电池不属于二次电池（ C ）。
   A. 铅酸电池　　　　B. 锂离子电池　　　　C. 锌锰干电池　　　　D. 镍金属电池
2. 电池的 SOC 与电池（ D ）有关。
   A. 充放电电流　　　B. 品质　　　　　　　C. 充放电历史　　　　D. 包装形式
3. $LiFePO_4$ 新型锂离子动力电池以其独特的优势成为奥运会绿色能源的新宠。已知该电池放电时的电极反应式为：正极 $FePO_4+Li^++e^- = LiFePO_4$，负极 $Li-e^-=Li^+$ 下列说法中正确的是（ B ）。
   A. 充电时电池反应为 $FePO_4+Li = LiFePO_4$
   B. 充电时动力电池上标注"+"的电极应与外接电源的正极相连
   C. 放电时电池内部 Li^+ 向负极移动
   D. 放电时，在正极上是 Li^+ 得电子发生氧化反应
4. 镍镉电池的记忆效应和消除方法（ B ）。
   A. 重复充、放电 1~3 次　　　　　　　B. 重复充、放电 2~3 次
   C. 重复充、放电 2~4 次　　　　　　　D. 重复充、放电 1~4 次
5. 比亚迪唐 DM 动力电池布置在（ C ）。
   A. 底盘下方　　　　　　　　　　　　B. 第二排座椅下方
   C. 底盘中央位置　　　　　　　　　　D. 前排中央扶手位置

项目二　动力电池的结构原理与检修

任务二　动力电池检查与更换

【任务描述】

客户张先生驾驶一辆比亚迪秦 EV 轿车，早晨上班行驶途中发现车辆电量消耗很快。经过维修技师初步分析，认为动力电池已经达到使用寿命上限。为了确定具体故障原因，还需对动力电池做进一步检查。若你作为汽车维修技师，针对此类故障现象如何处理？

【学习目标】

◇　知识目标
1. 能够说出动力电池的结构。
2. 能够描述动力电池冷却系统的组成及作用。
3. 能够描述单体电池的工作原理。
4. 能够描述动力电池冷却系统的工作原理。

◇　技能目标
1. 能根据任务要求，列举所需工具和材料清单，准备工具，领取材料。
2. 严格遵守作业规范进行动力电池的拆卸与更换。
3. 能够正确更换动力电池冷却液。

◇　素养目标
1. 遵守职业道德，树立正确的价值观。
2. 引导崇尚劳动精神，逐步提升服务社会的意识。
3. 弘扬工匠精神，塑造精益求精的品质。
4. 培养协同合作的团队精神，自觉维护组织纪律。

【知识准备】

一、单体电池结构与原理

1. 单体电池的组成

电池单体是构成动力电池模组的最小单元，一般由正极、负极、电解质（或电解液）和隔膜等组成，如图 2-2-1 所示。

（1）负极。

在放电时发生氧化反应，应用较多的负极材料是锂离子嵌入碳化合物，常用的有石油焦（PC）、中间相碳微球（MCMB）、碳纤维（CF）和石墨以及钛酸锂等。

（2）正极。

放电时发生还原反应，采用较多的是过渡金属氧化物，如 $LiCoO_2$。

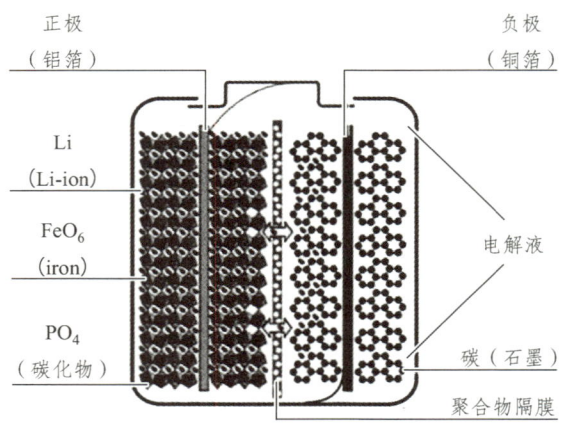

图 2-2-1　电池单体结构

（3）电解液。

电解质是含锂盐的有机溶液，为离子运动提供运输介质，一般用 LiPF6 和 EC、DEC 等混合溶液。

（4）隔膜。

隔膜为正、负极提供电子隔离，隔膜通常使用微孔聚丙烯和微孔聚乙烯或者二者的复合膜。

2. 工作原理

磷酸铁锂动力电池的充放电原理是在 LiFePO$_4$ 和 FePO$_4$ 两者之间进行的，如图 2-2-2 所示。当对动力电池进行充电时，电池的正极上有锂离子脱出，脱出的锂离子经过电解质运动到负极。因负极的碳呈层状结构，有很多微孔，到达负极的锂离子就会嵌入到碳层的微孔中，嵌入的锂离子越多，充电容量就会越高，即

$$LiFePO_4 - xLi^+ - xe^- \longrightarrow (1-x)LiFePO_4 + xFePO_4$$

而放电时则正好相反：锂离子从负极脱出嵌入到正极，使得负极处于富锂状态，即

$$FePO_4 + xLi^+ + xe^- \longrightarrow xLiFePO_4 + (1-x)FePO_4$$

需要注意的是磷酸铁锂电池在工作过程中既不能过充也不能过放，否则会影响电池的使用寿命。

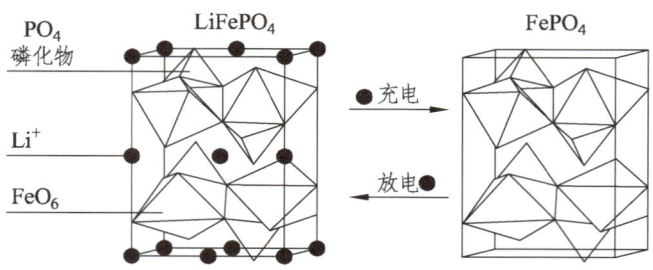

图 2-2-2　磷酸铁锂电池充放电原理

二、动力电池冷却系统组成及控制原理

1. 动力电池冷却液定义

动力电池冷却液又称电池冷却剂,指在新能源汽车冷却管道中循环流动,通过热交换等过程带走动力电池产生热量的液体。

2. 动力电池冷却系统组成

动力电池冷却系统如图 2-2-3 所示。是当前动力电池热管理的热门研究方向,利用冷却液热容量大且通过循环可以带走电池系统多余热量的性能,实现电池包的最佳工作温度条件。

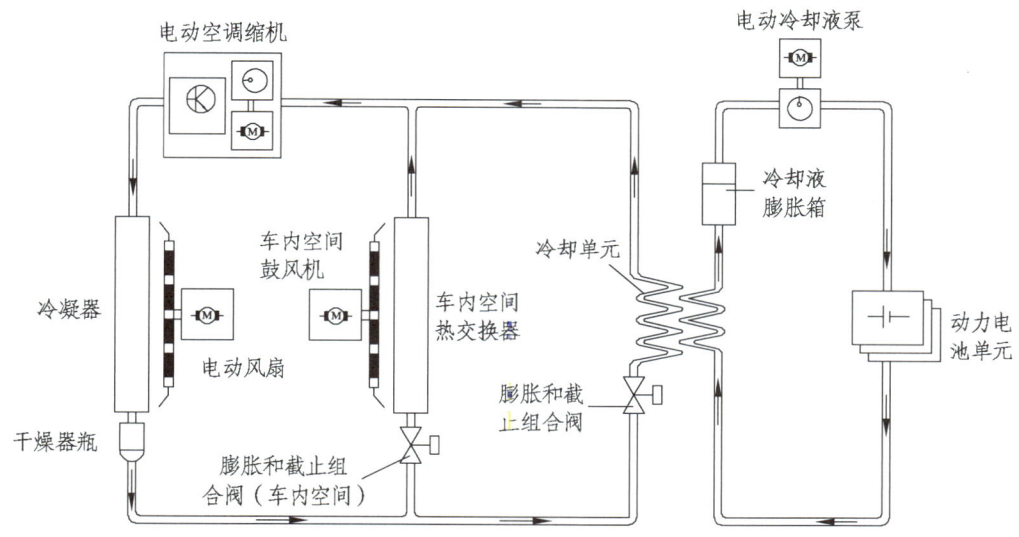

图 2-2-3 电池冷却液循环系统

在电动汽车中,冷却系统主要分为两部分:一是对动力系统的驱动电机、车辆控制器和 DC/DC 等部件冷却,二是对供电系统的动力电池和车载充电器冷却。动力电池的冷却性能的好坏直接影响电池的效率,同时也会影响到电池寿命和使用安全。由于充放电过程中电池本身会产生一定热量,从而导致温度上升,而温度升高会影响电池的很多特性参数,如内阻、电压 SOC、可用容量、充放电效率和电池寿命。为了使动力电池发挥最佳性能和寿命,需要优化电池组的结构,对它进行热管理,增加散热设施,控制电池运行的温度环境。国内外电动汽车电池组的冷却方式主要有空气冷却、液体冷却、热管冷却等几种。

冷却系统由膨胀水壶、电动水泵、电芯散热器(间接冷却)、温度传感器、空调系统(压缩机,冷凝器,蒸发器)、冷却风扇、加热器、液热交换器、三通电磁阀、电池液冷管等部件组成。以比亚迪为例,比亚迪 E5 电池组冷却系统采用的是液体冷却的方式,其结构主要由电池膨胀水箱、热交换器、PTC 加热器、电池冷却管路组成。

（1）冷却液泵。

冷却液泵的作用是对整个电池组的冷却系统中的冷却液进行强制循环。

（2）热交换器。

热交换器是冷却液的散热装置，当冷却液温度过高时，热交换器内冷却装置工作，吸收冷却液的热量，使冷却液降温。

（3）PTC加热器。

PTC加热器在冷却系统冷却液温度过低时，用来加热冷却液，电池管理器通过PTC加热器对电池组进行热管理。

3. 动力电池冷却系统控制原理

当我们打开前机舱时会发现，存在几个装有粉红色液体的膨胀水壶，分别是电控、电驱系统和动力电池冷却液，电池冷却液储液罐安装位置如图2-2-4所示。

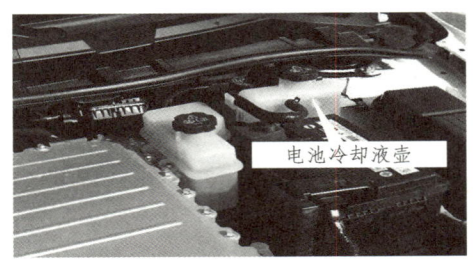

图 2-2-4　电池冷却液储液罐安装位置　　动力电池冷却系统工作原理

当车辆需要进行冷却时，膨胀水壶内的冷却液通过管道进入到车辆前部的散热器，然后通过撞风带走散热器内部冷却液温度，使温度进一步降低。接着冷却液进入到电子水泵，通过车辆CAN线控制水泵所需转速，进一步控制冷却效率。从电子水泵加压后的冷却液又进入到电控和电驱系统进行热交换，由电控系统出来的冷却液经由三通电池阀控制，可以流向动力电池包或回流到散热器。

当动力电池包不需要进行冷却时，车辆冷却系统进行小循环冷却，即为电控和电驱系统进行冷却。当BMS检测到动力电池温度超过阈值时，三通电磁阀打开流向动力电池的水道，此时车辆进行大循环冷却，冷却液会流向动力电池包内部，经由围绕电池组的冷却水道进行热交换，带走多余的热量使电池包内部达到理想的工作温度。此时的冷却液可以确保整个电池包内部温度均衡，并将冷却液通过出水口流向冷凝器进行下一步循环，如图2-2-5所示。

相较于一般车型采用的传统风冷散热系统，动力电池液冷技术优势更加明显，散热效率更高，散热均衡性也会更好。当然，因工艺要求更高，相应的制造成本也会更高。

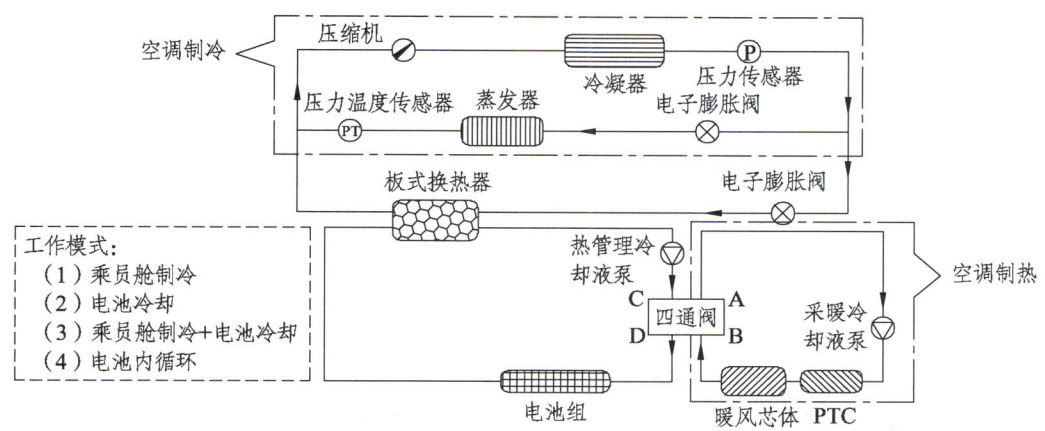

图 2-2-5 动力电池液冷流动路径

【任务实施】

一、比亚迪秦 EV 纯电动汽车动力电池冷却液的检查与更换

◇ **任务准备**

1. 工具

（1）专用工具：冷却水软管夹钳。

（2）常用工具：世达 150 件工具套装、量杯、水管钳。

2. 设备

2018 款比亚迪秦 EV、举升机。

3. 防护用品

人员防护套装、车内外防护三件套。

◇ **实施步骤**

（1）使用举升机举升车辆至合适高度，使用冷却水软管夹钳夹紧冷却水箱出水口软管，如图 2-2-6 所示。

（2）使用水管钳取下冷却水软管连接头卡箍，如图 2-2-7 所示。

（3）使用合适的液体容器接住的冷却液，如图 2-2-8 所示。

（4）连接冷却水管，放下车辆。

（5）加注新的冷却液，如图 2-2-9 所示。

（6）检查电池冷却液储液罐液位，是否处于上限（MAX）与下限（MIN）刻度线之间，如低于下限刻度线，则应添加冷却液，使液位上升到上限（MAX）与下限（MIN）刻度线之间。

（7）检查冷却系统有无泄漏现象，更换结束。

图 2-2-6　冷却水软管夹钳夹

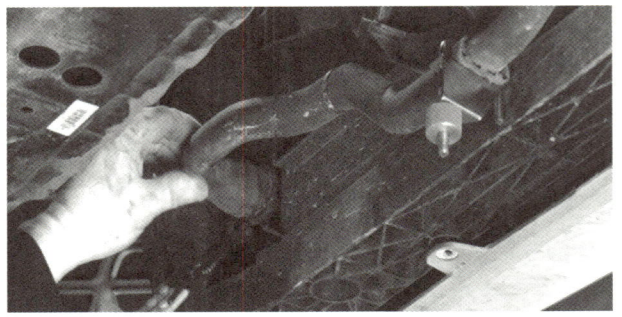

图 2-2-7　冷却水软接头卡箍

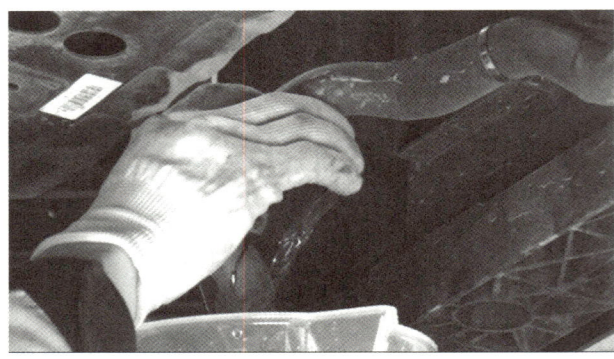

图 2-2-8　使用液体容器接冷却水

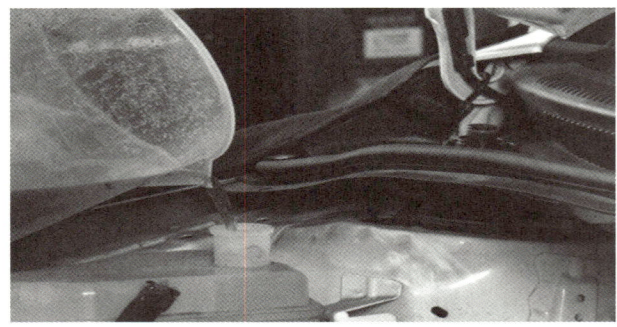

图 2-2-9　加注冷却液

二、吉利帝豪 EV450 纯电动汽车动力电池的检查与更换

◇ **任务准备**

1. **工具**

常用工具：世达 150 件工具套装、万用表、绝缘测试仪。

2. **设备**

2018 款吉利帝豪 EV450、举升机、废液回收器。

3. **防护用品**

人员防护套装、车内外防护三件套。

◇ **实施步骤**

1. **动力电池基本检查**

（1）关闭车辆电源开关，打开前机舱盖。

（2）断开蓄电池负极电缆。

（3）举升车辆至合适位置，并锁止举升机，如图 2-2-10 所示。

图 2-2-10　举升车辆

（4）目视检查动力电池表面是否存在冷却液泄漏以及表面是否存在损伤。

（5）目视检查动力电池上方高低压线束接插器连接是否可靠以及是否存在进水现象。

（6）使用预置式扭力扳手依次紧固动力电池 12 颗固定螺栓至 78N·m，如图 2-2-11 所示。

图 2-2-11　紧固动力电池固定螺栓

2. 动力电池直流母线绝缘检测

（1）佩戴高压绝缘手套。

（2）断开动力电池高低压线束接插器。

（3）打开万用表，调至电阻挡（200 Ω），校准万用表。

（4）将万用表调至直流电压挡（1 000 V）。

（5）将万用表红表笔连接动力电池正极输出端，黑表笔连接动力电池负极输出端，此时万用表显示电压值为 0 V，标准电压值为 0 V，即动力电池没有高压电输出，可对高压系统做进一步检测。

（6）打开绝缘电阻表，并调至 250 V 测试挡，校准绝缘电阻表。

（7）将绝缘电阻表调至 1 000 V 测试挡。

（8）将绝缘电阻表红表笔连接动力电池正极输出端，黑表笔连接动力电池壳体，按下测试按钮，绝缘电阻表显示电阻值为无穷大，标准电阻值应大于 20 MΩ，如图 2-2-12 所示。注意事项：若测量数值低于标准数值，则说明动力电池存在绝缘故障。

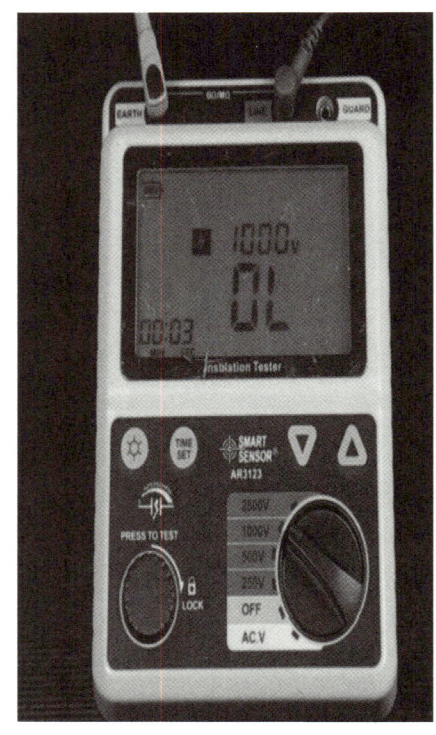

图 2-2-12　测量动力电池正极与动力电池壳体之间绝缘电阻

（9）将绝缘电阻表红表笔连接动力电池负极输出端，黑表笔连接车身搭铁，按下测试按钮，绝缘电阻表显示电阻值为无穷大，标准电阻值应大于 20 MΩ。

注意事项：若测量数值低于标准数值，则说明动力电池存在绝缘故障。

（10）安装动力电池高低压线束接插器。

（11）降下车辆使车轮着地。

3. 更换动力电池

（1）关闭车辆电源开关，打开前机舱盖。

（2）断开蓄电池负极电缆。

（3）举升车辆至合适位置，并锁止举升机，如图2-2-13所示。

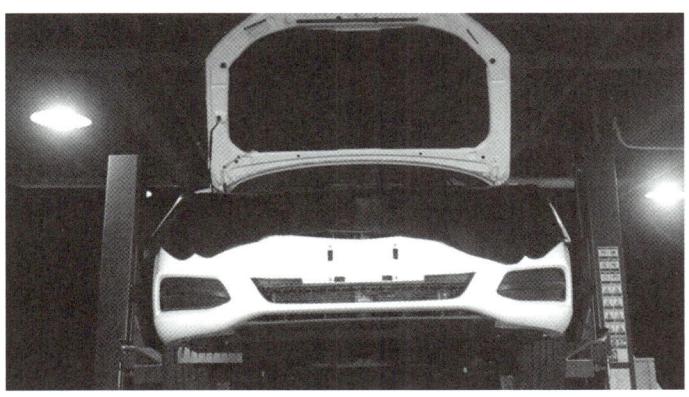

图2-2-13　举升车辆

（4）将废液回收器放置动力电池冷却液管路下方位置。

（5）使用一字螺丝刀打开动力电池冷却液管路保险，拆卸动力电池冷却液管路，排放冷却液，如图2-2-14所示。

图2-2-14　打开动力电池冷却液管路保险

（6）佩戴高压绝缘手套。

（7）断开动力电池高低压线束接插器。

（8）打开万用表，调至电阻挡（200Ω），校准万用表。

（9）将万用表调至直流电压挡（1 000 V）。

（10）将万用表红表笔连接动力电池正极输出端，黑表笔连接动力电池负极输出端，此时万用表显示电压值为0 V，标准电压值为0 V。

（11）将万用表红表笔连接动力电池高压插头正极输入端，黑表笔连接动力电池高压插头负极输入端，此时万用表显示电压值为0 V，标准电压值为0 V，即高压分线盒内部没有残余电量，可对高压系统进行下一步操作，如图2-2-15所示。

图 2-2-15　测量动力电池高压插头输入正极与输入负极之间电压

（12）拆下动力电池上方搭铁线固定螺栓，如图 2-2-16 所示。

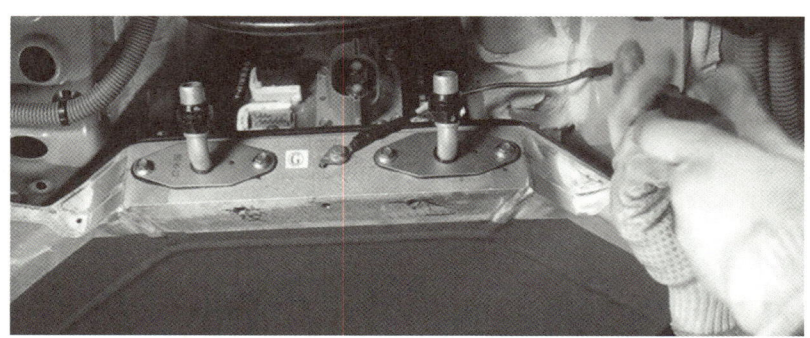

图 2-2-16　拆下动力电池上方搭铁线固定螺栓

（13）将动力电池升降平台推至动力电池正中下方位置，并升起平台支撑动力电池。
（14）拆下动力电池防撞梁固定螺栓，并取下防撞梁。
（15）依次拆下动力电池后部、前部、左侧、右侧固定螺栓。
（16）操作动力电池升降平台泄压把手，缓慢降下动力电池。

注意事项：动力电池下降过程当中升降平台需要缓慢向前移动，避免动力电池与后面悬架部件相互干扰。

（17）缓慢升起平台，并调整平台位置使动力电池的安装孔与车身的安装孔对齐。

注意事项：动力电池上升过程当中升降平台需要缓慢向后移动，避免动力电池与后面悬架部件相互干扰。

（18）依次安装动力电池后部、前部、左侧、右侧固定螺栓。
（19）降下平台，并推离车辆底部。
（20）安装动力电池上方搭铁线。
（21）安装动力电池高低压线束接插器。
（22）安装动力电池冷却液管路，如图 2-2-17 所示。

图 2-2-17　安装动力电池冷却液管路

（23）降下车辆使车轮着地。

（24）添加冷却液，如图 2-2-18 所示。

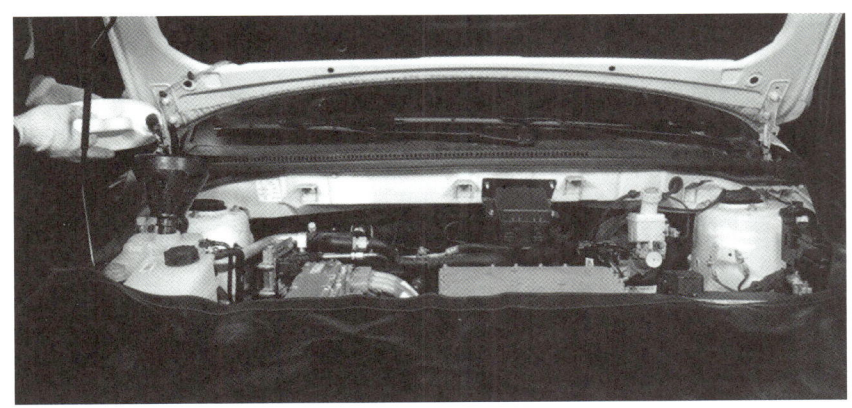

图 2-2-18　添加冷却液

（25）安装蓄电池负极电缆。

【巩固提升】

一、判断题

1. 电池单体是构成动力电池模组的最大单元，一般由正极、负极、电解质（或电解液）和隔膜等组成。　　　　　　　　　　　　　　　　　　　　　　　　　　　　　　　　（ × ）

2. 电解质是含锂盐的有机溶液，为离子运动提供运输介质，一般用 $LiPF_6$ 和 EC、DEC 等混合溶液。　　　　　　　　　　　　　　　　　　　　　　　　　　　　　　　　（ √ ）

3. 比亚迪 E5 电池组冷却系统采用的是液体冷却的方式，其结构主要由电池膨胀水箱、热交换器、冷凝器、PTC 加热器、电池冷却管路组成。　　　　　　　　　　　　　　（ × ）

4. 检查电池包液罐内冷却液的液位，主要确认却液的液位是否处于上限（MAX）与下限（MIN）刻度线之间。　　　　　　　　　　　　　　　　　　　　　　　　　　　（ √ ）

5. 在检查与更换动力电池时，断开蓄电池负极电缆后，无须等待即可进行下一步操。
（ × ）

二、选择题

1. （ A ）是构成动力电池模块的最小单元。
   A. 单体电池　　　B. 电池组　　　C. 电池模块　　　D. 超级电容
2. 纯电动汽车高压系统维护与检修的专用工具主要有（ ABC ）。
   A. 绝缘工具　　　B. 高压放电仪　　C. 车辆诊断测试仪　　D. 举升机
3. 绝缘测试可测量的项目主要包括（ ACD ）。
   A. 电压　　　　　B. 电感　　　　C. 电流　　　　　D. 电阻
4. 在设备检修、调试过程中最常用的仪表是（ A ）。
   A. 万用表　　　　B. CAN 分析仪　　C. 解码仪　　　　D. 功率计
5. 磷酸铁锂动力电池的充放电原理是在 $LiFePO_4$ 和 $FePO_4$ 两者之间进行的，当对动力电池进行充电时，说法正确的是（ B ）。
   A. 锂离子从负极脱出嵌入到正极，使得负极处于富锂状态
   B. 电池的正极上有锂离子脱出，脱出的锂离子经过电解质运动到负极
   C. 锂离子从正极脱出嵌入到负极，使得负极处于富锂状态
   D. 电池的负极上有锂离子脱出，脱出的锂离子经过电解质运动到正极

项目二　动力电池的结构原理与检修

任务三　比亚迪汽车动力电池故障诊断与排除

【任务描述】

客户赵先生驾驶一辆 2017 款比亚迪 e5 轿车，早晨启动车辆时，发现车辆无法上"OK"电，并且仪表上方出现动力电池故障灯。经过维修技师初步检查发现动力电池存在故障。为了确定具体故障原因，需对动力电池做进一步检查。假如你接到此任务，你知道动力电池如何检修吗？

【学习目标】

◇ 知识目标
1. 能够掌握动力电池的定义与分类。
2. 能够了解动力电池的结构与原理。

◇ 技能目标
1. 能够完成比亚迪秦混合动力汽车能量无法回收故障检修。
2. 能够完成比亚迪 e5 纯电动汽车 SOC 跳变故障检修。
3. 能够完成比亚迪 e5 纯电动汽车预充失败故障检修

◇ 素养目标
1. 遵守职业道德，树立正确的价值观。
2. 引导崇尚劳动精神，逐步提升服务社会的意识。
3. 弘扬工匠精神，塑造精益求精的品质。
4. 培养协同合作的团队精神，自觉维护组织纪律。

【任务实施】

一、比亚迪秦混合动力汽车能量无法回收故障检修

◇ 任务准备

1. **工具**
（1）专用工具：比亚迪专用故障诊断仪、万用接线盒。
（2）常用工具：世达 150 件工具套装、万用表。

2. **设备**
2015 款比亚迪秦。

3. **防护用品**
人员防护套装、车内外防护三件套。

◇ 实施步骤

1. 故障现象

一辆 2015 款比亚迪秦混合动力汽车，在 HEV 模式行驶时，仪表上方的能量传递图无电池包能量回收显示，读取高压 BMS 故障码为：单节电池电压高故障。

2. 故障原因分析

单节电池电压的采集是各电池模组的 BIC 采集单节电池电压，通过 CAN 线反馈至高压 BMS，因此单节电池电压高故障导致原因有：

① 电池模组故障；

② BIC 故障。

3. 故障诊断修复

（1）进入高压 BMS，选择"读取数据流"，读取最高单体电池电压为 3.547 V，高压电池为 48 V，如图 2-3-1 所示。

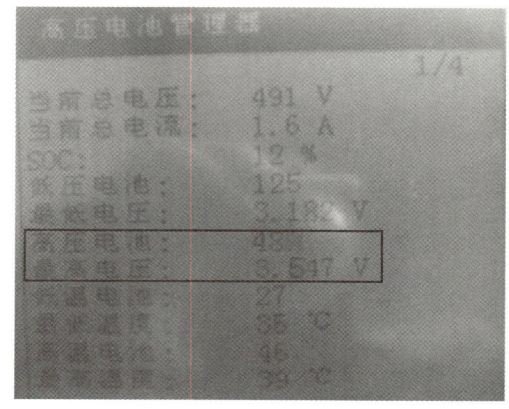

图 2-3-1　读取数据流

（2）进入高压 BMS，选择"模组电池信息"，分别读取 10 个模组中的"最高单节电池电压"，确认 3 号模组中最高电压：3.55 V，电池编号为 14，与数据流中的最高单节电池电压相同，因此判定电池包中单节电池电压高的电池在 3 号模组中的 14 号电池，如图 2-3-2 所示。

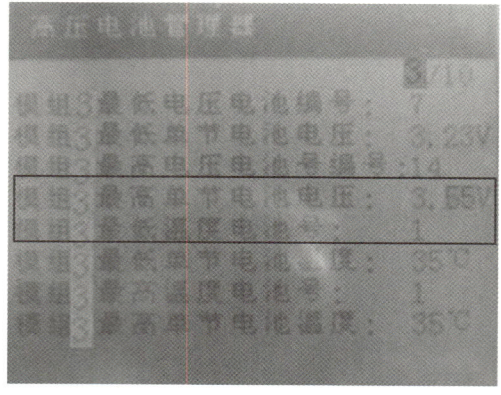

图 2-3-2　读取模组中"最高单节电池电压"

（3）根据电池包各模块内电池数量的差异，1号、3号、5号BIC可以进行互换，于是将3号、5号BIC进行对调，再次确认3号模组与5号模组的最高电池电压，发现最高电压3.55 V的电池在5号模组中，于是判断3号模组故障。BIC调换前后如图2-3-3和图2-3-4所示。

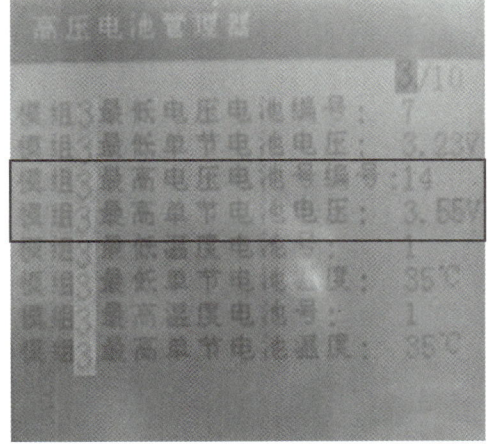
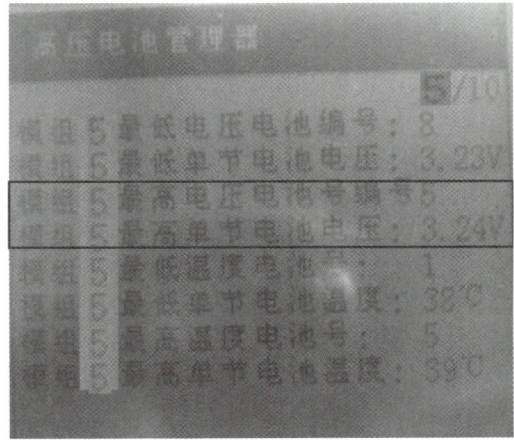

图2-3-3　BIC调换前电池信息

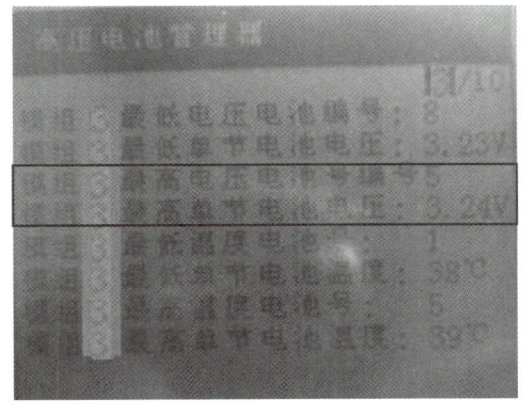
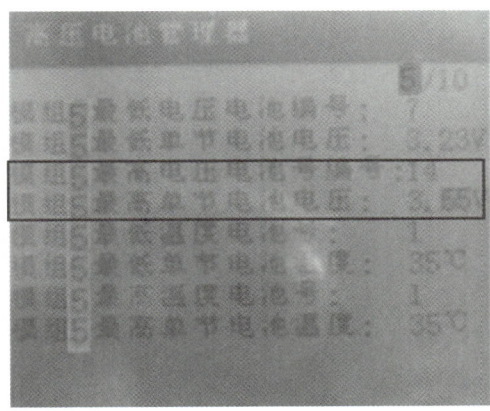

图2-3-4　BIC调换后电池信息

（4）更换3号模组后故障排除。

二、比亚迪e5纯电动汽车SOC跳变故障检修

◇ 任务准备

1. **工具**
（1）专用工具：比亚迪专用故障诊断仪、万用接线盒。
（2）常用工具：世达150件工具套装、万用表。
2. **设备**
2016款比亚迪E5。

3. 防护用品

人员防护套装、车内外防护三件套。

◇ 实施步骤

1. 故障现象

一辆 2016 款比亚迪 e5 纯电动汽车行驶时出现 SOC 从 30%变为 0%以及 "OK" 灯熄灭，同时仪表显示 "请检查动力系统" 和动力电池故障灯。重新启动车辆，仍然无法上 "OK" 挡，仪表仍然显示 "请检查动力系统" 和动力电池故障灯。

2. 故障原因分析

依据上述故障现象和前期所学理论知识对此故障进行分析，原因主要有以下可能：

① 电池管理器故障/低压线束故障；

② 动力电池故障。

3. 故障诊断修复

（1）首先使用万用表测量比亚迪 e5 低压蓄电池电压，电压为 12.82 V，在标准电压值 12～14V 之间，符合标准。

（2）然后使用比亚迪专用故障诊断仪进入 BMS 电池管理系统，读取故障代码，发现系统储存 2 个历史故障码，分别为 "P1A3700 因电压过低导致放电功率为 0" 和 "U02A200 与主动泄放模块通信故障"。"P1A3700 因电压过低导致放电功率为 0" 说明动力电池内部可能有一个单体电池电压一定低于 2.7 V，因为磷酸铁锂电池的标准电压为 3.2 V，放电截止电压为 2.7 V，充电截止电压为 3.7 V。"U02A200 与主动泄放模块通信故障"，"U" 字母开头故障码表示通信故障，又因主动泄放模块通信故障不会影响汽车 SOC 从 30%变为 0%，所以该故障码可以暂时排除。

（3）接下来，根据比亚迪 e5 维修手册，断开动力电池管理器连接器，测量线束端输入电压。找到端子 BMC01-14 号是常电源（仪表）的电压输入端。使用万用表测量 BMC01-14 号端子对车身地的输入电压为 13.09V。对照维修手册中 BMC01 线束端正常值属于正常范围。

（4）接着，使用比亚迪专用故障诊断仪检查电池管理系统数据流，查看其他单体电池信息，发现最高单节电池电压是第 59 号单节电池的电压，为 3.291 V。而最低单节电池电压是第 41 号单节电池的电压，为 2.472 V，该单节电池电压已远低于它的放电截止电压，由此可判断第 41 号单节电池损坏，又因动力电池单节电池无法更换，所以需要更换动力电池总成，换上新的动力电池总成后，启动汽车，使用诊断仪再次检查故障码、数据流，无故障码，数据流正常。故障现象不再出现，一切正常，故障彻底排除。

三、比亚迪 e5 纯电动汽车预充失败故障检修

◇ 任务准备

1. 工具

（1）专用工具：比亚迪专用故障诊断仪、万用接线盒。

（2）常用工具：世达 150 件工具套装、万用表。

项目二　动力电池的结构原理与检修

2. 设备

2017 款比亚迪 e5。

3. 防护用品

人员防护套装、车内外防护三件套。

◇ 实施步骤

1. 故障现象

一辆 2017 款比亚迪 e5 纯电动汽车，打开电源开关无法上"OK"电，同时仪表显示"请检查动力系统"电池管理系统报故障码 P1A3400 预充失败故障，故障码无法清除或者清除再现。

2. 故障原因分析

依据上述故障现象和前期所学理论知识对此故障进行分析，原因主要有以下四种可能：

① 外围高压模块故障；

② 动力电池包故障；

③ 电池管理系统故障；

④ 高压连接线束故障。

3. 故障诊断修复

（1）使用故障诊断仪读取故障码。电池管理控制器故障码显示：P1A3400 预充失败故障，且故障码无法清除。

（2）使用故障诊断仪读取电池管理控制器上电瞬间数据流。数据流显示：分压接触器、负极接触器和预充接触器开始吸合随后所有接触器出现断开，由此说明电池管理控制器 BMS、动力电池包和低压线路正常。

（3）上电瞬间使用万用表测量动力电池包输出电压，万用表显示 0 V，动力电池包电压还是没有输出，怀疑维修开关故障。

（4）断开维修开关使用万用表测量维修开关，发现不导通。

（5）由此判断维修开关故障，更换维修开关，故障排除。

【巩固提升】

一、判断题

1. 磷酸铁锂电池的标准电压为 3.2 V。　　　　　　　　　　　　　　　　（ √ ）
2. "U"字母开头的故障码表示通信故障。　　　　　　　　　　　　　　（ √ ）
3. 磷酸铁锂电池的放电截止电压为 3.7 V。　　　　　　　　　　　　　　（ × ）
4. BMC01-14 号端子对车身地的输入电压 13.09 V 属于正常范围。　　　　（ √ ）
5. 单节电池电压远低于它的放电截止电压，由此可判断该单节电池损坏。（ √ ）

二、选择题

1. 当"OK"灯熄灭，同时仪表显示"请检查动力系统"和动力电池故障灯时车辆的故障原因不是以下（ A ）。

A. 动力电池包故障 B. 电池管理器故障
C. 低压线束故障 D. 动力电池故障

2. 当汽车无法上"OK"电,同时仪表显示"请检查动力系统"电池管理系统报故障码 P1A3400 预充失败故障,以上现象可能是下面哪种故障导致的(A)。

A. 动力电池包故障 B. 电池管理器故障
C. 低压线束故障 D. 动力电池故障

3. 比亚迪 e5 纯电动汽车预充失败故障的可能原因包括(ABCD)。

A. 外围高压模块故障 B. 动力电池包故障
C. 电池管理系统故障 D. 高压连接线束故障

4. 在设备检修、调试过程中最常用的仪表是(A)。

A. 万用表   B. CAN 分析仪   C. 解码仪   D. 功率计

5. 低压蓄电池的标准电压值范围是(B)。

A. 10~11 V   B. 12~14 V   C. 15~16 V   D. 15~20 V

项目三 动力电池管理器结构原理与检修

项目描述

本项目共三个学习项目,分别是:
任务一　动力电池管理器结构与原理
任务二　动力电池管理器检查与更换
任务三　比亚迪汽车动力电池管理器故障诊断与排除

通过以上三个任务的学习,掌握动力电池管理器的结构与原理;能够完成动力电池管理器的检查与更换工作并且能够掌握动力电池管理器故障的类型与故障排除方法。

任务一　动力电池管理器结构与原理

【任务描述】

客户赵先生驾驶一辆 2019 款比亚迪秦 EV 轿车，早晨起动车辆时，发现车辆无法正常上电，并且仪表显示多个故障指示灯，后将车辆拖至 4S 店，经过 4S 店的维修人员仔细检测，确认动力电池管理器存在故障，为了确定具体故障原因，需对动力电池管理器做进一步检查。假如你接到此任务，你知道动力电池管理器如何检修吗？

【学习目标】

◇ 知识目标
1. 能够掌握动力电池管理器的定义。
2. 能够掌握动力电池管理器的结构。
3. 能够掌握动力电池管理器的工作原理。

◇ 技能目标
1. 能够找出动力电池管理器的位置。
2. 能够绘制动力电池管理器的工作原理图。

◇ 素养目标
1. 遵守职业道德，树立正确的价值观。
2. 引导崇尚劳动精神，逐步提升服务社会的意识。
3. 弘扬工匠精神，塑造精益求精的品质。
4. 培养协同合作的团队精神，自觉维护组织纪律。

【知识准备】

一、动力电池管理器的概述

在电动汽车上，电能是"不可视"的能源，从充电器将电能输入动力电池组，再到电能转换成驱动电动机的动力的每个环节上，全部只能用电压表、电流表等来计量，电能在输送过程中还会受到线路上电阻、电感、电容、温度等的影响。此外，电池本身的极化现象、充放电特性、不一致性、温度特性等因素，都具有复杂、非线性的变化，使得电池管理器变得非常复杂和多变。

1. 动力电池管理器的定义

动力电池管理器也称为动力电池控制器，是用来对动力电池组进行安全监控和有效管理，保持动力电源系统正常应用，并提高电池寿命的一种装置。它能监控电池的工作状态（电池的电压、电流和温度）、预测动力电池的电池容量（SOC）和相应的剩余行驶里程，进行电池管理，以避免出现过放、过充、过热和单体电池之间电压严重不平衡等现象，最大限度地利用电池储存能力和循环寿命。电池管理器对蓄电池组进行安全监控及有效管理、提高蓄池使用效率，是电动汽车必不可少的核心部件之一。

2. 动力电池管理器的功能

动力电池管理器的具体功能有以下几点：

（1）动力电池参数检测。

动力电池参数检测包括总电压、总电流、单体电池电压检测（防止出现过充、过放甚至反极现象）、温度检测（最好每串电池、关键电缆插头等均有温度传感器）、烟雾探测（监测电解液泄漏等）、绝缘检测（监测漏电）、碰撞检测等。

（2）动力电池状态估计。

动力电池状态估计包括荷电状态（SOC）或放电深度（DOD）、健康状态（SOH）、功能状态（SOF）、能量状态（SOE）、故障及安全状态（SOS）等。

（3）在线故障诊断。

在线故障诊断包括故障检测、故障类型判断、故障定位、故障信息输出等。故障检测是指通过采集到的传感器信号，采用诊断算法来诊断故障类型，并进行早期预警。动力电池故障是指动力电池自身、高压电回路、热管理等各个子系统的传感器故障，执行器故障（如接触器、风扇、泵、加热器等），以及网络故障、各种控制器软硬件故障等。动力电池本身故障是指过电压（过充电）、欠电压（过放电）、过电流、超高温、内短路故障、插头松动、电解液泄漏、绝缘能力降低等。

（4）动力电池安全控制与报警。

动力电池安全控制与报警包括热系统控制、高压电安全控制。电池管理器诊断到故障后，通过网络通知整车控制器，并要求整车控制器进行有效处理（超过一定阈值时电池管理器也可以切断主回路电源），以防止高温、低温、过充、过放电、过电流、漏电等故障造成对电池和人身的损害。

电池管理系统安全管理功能演示

（5）充电控制。

电池管理器中具有一个充电管理模块，它能够根据电池的特性、温度高低以及充电机的功率等级控制充电机给电池安全充电。

（6）动力电池容量均衡。

通过控制模块将电芯容量调节到一个目标值，控制模块检测电芯电压信息，并根据信息打开均衡开关，形成一个放电回路，减小高电压电芯充电电流，直到将其电压降低到与其他单体电池相同水平。电量均衡功能示意如图 3-1-1 所示。

动力电池管理器的均衡的方式分为两种：被动均衡和主动均衡。

① 被动均衡。

被动均衡是使用最为广泛的均衡方式。该方法运用发热电阻旁的电路分流，将锂电池中的高压能量消耗掉。该均衡方式的优点在于均衡电路的电路简单，可靠；缺点在于电路的能量损失较大和发热大。

电池管理系统均衡管理功能展示

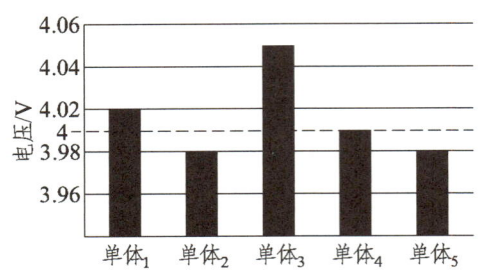 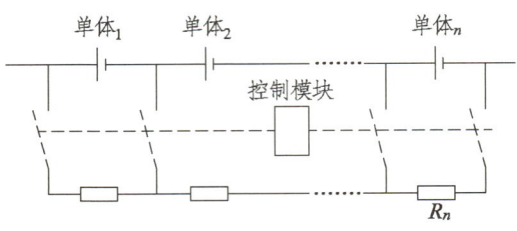

图 3-1-1 电量均衡示意

② 主动均衡。

主动均衡是通过中间过渡器件来实现了电量转移,而非将多余电量消耗,其损耗只是变压器和转换电路的损耗。该均衡方式的优点在于能量的使用效率高,产生的热量低;缺点在于电路失效之后的安全风险高。

(7)热管理。

根据电池组内温度分布信息及充放电需求,决定主动加热/散热的强度,使得电池尽可能工作在最适合的温度,充分发挥电池的性能。

电池管理系统热管理功能

(8)网络通信。

电池管理器需要与整车控制器等网络节点通信;同时,电池管理器在车辆上拆卸不方便,需要在不拆壳的情况下进行在线标定、监控、自动代码生成和在线程序下载(程序更新而不拆卸产品)等,一般的车载网络均采用 CAN 总线技术。

(9)信息存储。

用于存储关键数据,如 SOC、SOH、SOF、SOE、累积充放电 A·h 数、故障码和一致性等。车辆中的电池管理器可能只有上面提到的部分硬件和软件。每个电池单体至少应有一个电池电压传感器和一个温度传感器。对于具有几十个电池单体的动力电池系统,可能只有一个电池管理器,或者将电池管理器功能集成到车辆的主控制器中。对于具有数百个电池单体的动力电池系统,可能有一个主控制器和多个仅管理一个电池模组的从属控制器。每个具有数十个电池单体的电池模组,可能存在一些模组电路接触器和平衡模块,并且从控制器像测量电压和电流一样管理电池模组,控制接触器,均衡电池单体并与主控制器通信。根据所报告的数据,主控制器将执行电池状态估计、故障诊断和热管理等功能。

(10)电磁兼容。

由于电动汽车使用环境恶劣,要求电池管理器具有好的抗电磁干扰能力,同时要求电池管理器对外辐射小。

常见的动力电池管理器的功能及功能关系如图 3-1-2 所示。

3. 动力电池管理器的安装位置

不同配置不同系列的车辆,动力电池管理器的安装位置也有差别,本节简单介绍以下车型动力电池管理器的安装位置。

(1)比亚迪 e2。

比亚迪 e2 的动力电池管理器位于前舱空调液冷壶支架上,位置如图 3-1-3 所示。

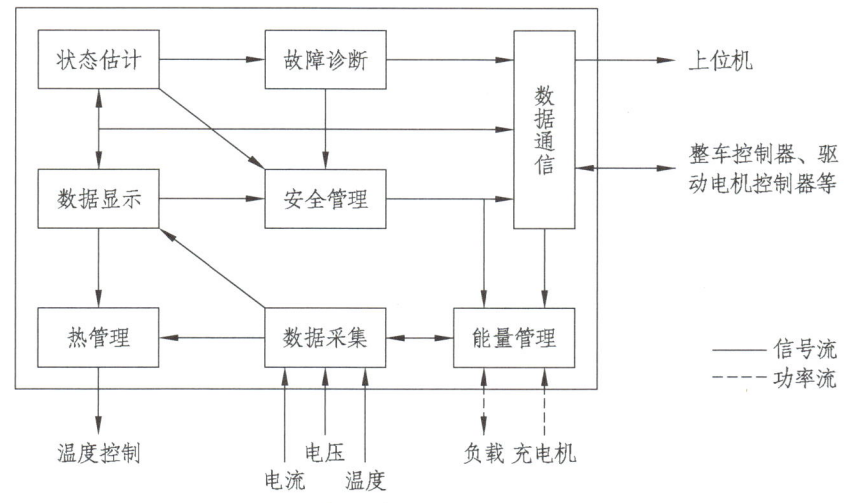

图 3-1-2　动力电池管理器的功能及功能关系

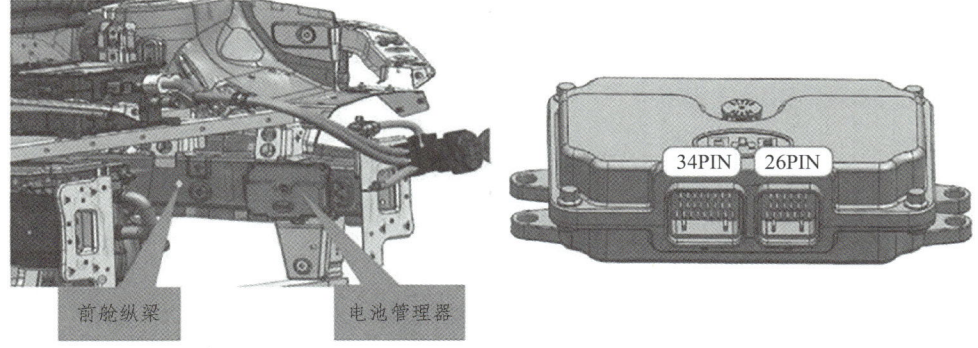

图 3-1-3　比亚迪 e2 的动力电池管理器位置

（2）2018 款比亚迪 e5。

2018 款比亚迪 e5 分布式电池管理系统由 1 个电池管理器和 12 个电池信息采集器及 1 套动力电池采样线组成。动力电池管理器位于充配电高压控制器后方，如图 3-1-4 所示。

图 3-1-4　2018 款比亚迪 e5 动力电池管理器位置

(3) 2019 款比亚迪 e5。

2019 款比亚迪 e5 电池管理器安装在前舱低压蓄电池旁，如图 3-1-5 所示。

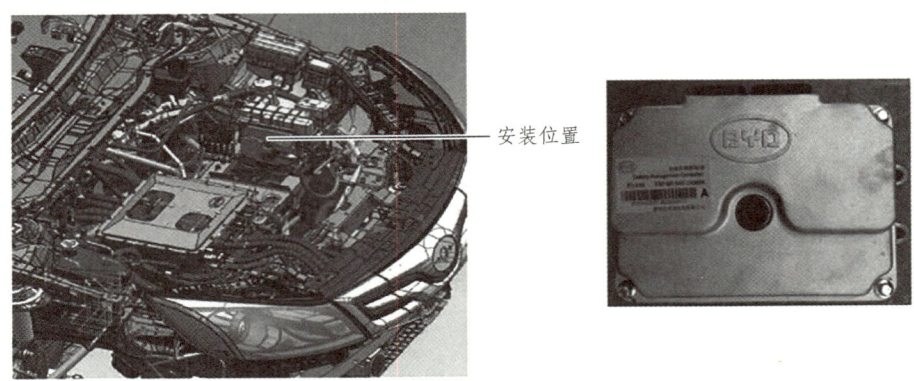

图 3-1-5　2019 款比亚迪 e5 动力电池管理器位置

二、动力电池管理器的结构与原理

1. 动力电池管理器的结构

电池管理器的基本组成如图 3-1-6 所示，它主要由检测模块、均衡电源模块和控制模块三部分组成。

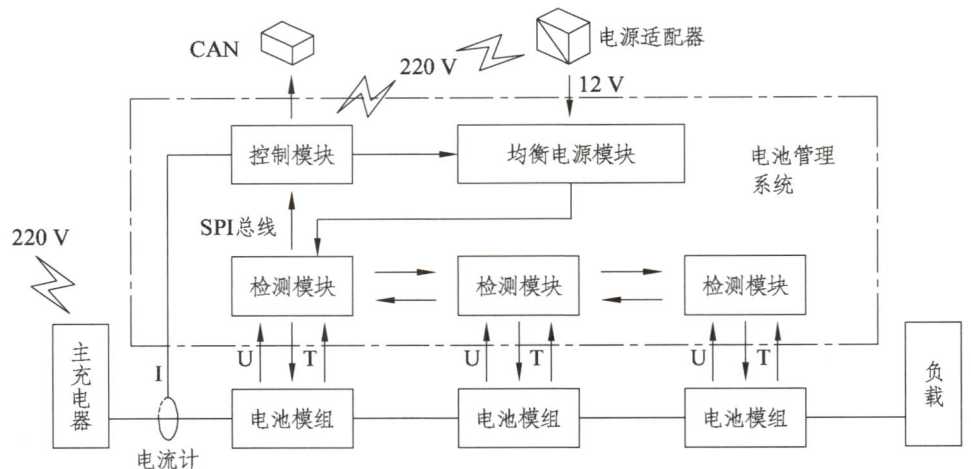

图 3-1-6　电池管理器基本组成

(1) 检测模块。

检测模块能够对电池模组中各单体电池的电压、电流、温度等关键状态参数进行准确和实时的检测，并通过 SPI 总线上报给控制模块。

(2) 均衡电源模块。

均衡电源模块能够平衡单体电池间的电压差异，解决电池模组"短板效应"。

（3）控制模块。

控制模块能够根据既定策略完成控制功能，实现 SOC 估算，同时将电池状态数据通过 CAN 总线发送给整车其他的电子单元。

2. 动力电池管理器的拓扑结构

动力电池管理器的拓扑结构分为集中式和分布式两种类型。

（1）集中式拓扑结构。

集中式是将电池管理系统的所有功能集中在一个控制器里面，如图 3-1-7 所示，这种模式比较合适电池包容量比较小、模组及电池包型式比较固定的场合，可以显著的降低系统成本。

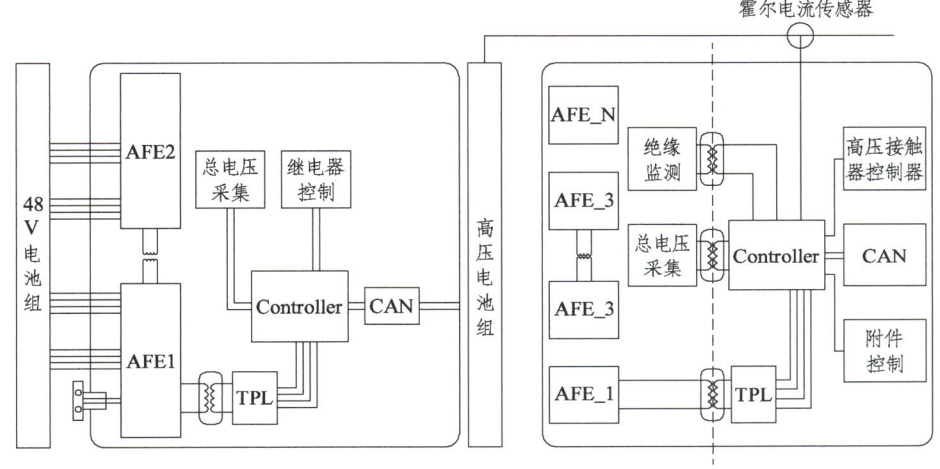

图 3-1-7 集中式拓扑结构

（2）分布式拓扑结构。

分布式是将动力电池管理器的主控模块和从控模块分开，甚至把低压和高压的部分分开，如图 3-1-8 所示，以增加系统配置的灵活性，适应不同容量、不同规格型式的模组和电池包。

分布式电池管理系统组成

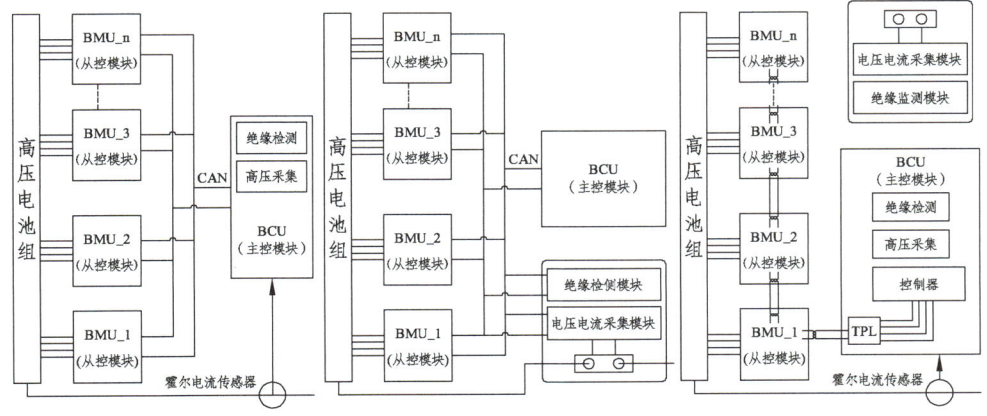

图 3-1-8 分布式拓扑结构

3. 动力电池管理器的工作原理

电池管理器的工作原理是数据采集电路采集电池电压、电流和温度等状态信息后，通过 CAN 总线将数据传送给主控单元，进行数据分析处理，然后电池管理器通过系统分析的结果对系统内的相关功能模块发出控制指令（如控制风扇开、关），并向外界传递参数信息；同时，电池管理器也能通过 CAN 总线与组合仪表以及充电机等进行通信，实现参数显示、充电监控等功能。

电池管理系统工作原理

4. 动力电池管理器的要求

（1）动力电池管理器的一般要求。

① 动力电池管理器应能检测电池电量和热量相关的数据，至少应包括电池单体或者电池模块的电压、电池组回路电流和电池包内部温度等参数。

② 动力电池管理器应能对动力电池的荷电状态（SOC）、最大充放电电流（或者功率）等状态参数进行实时估算。

③ 动力电池管理器应能对电池系统进行故障诊断，并可以根据具体故障内容进行相应的故障处理，如故障码上报、实时警示和故障保护等。

④ 动力电池管理器应有与车辆的其他控制器基于总线通信方式的信息交互功能。

⑤ 动力电池管理器应用在具有可外接充电功能的电动汽车上时，应能通过与车载充电机或者非车载充电机的实时通信或者其他信号交互方式实现对充电过程的控制和管理。

（2）动力电池管理器的技术要求。

① 绝缘电阻值：动力电池管理器与动力电池相连的带电部件和其壳体之间的绝缘电阻值应不小于 2 MΩ。

② 绝缘耐压性能：动力电池管理器应能经受绝缘耐压性能试验，在试验过程中应无击穿或闪络等破坏性放电现象。

③ 状态参数测量精度：动力电池管理器所检测状态参数的测量精度要求如表 3-1-1 所示。

表 3-1-1　状态参数测量精度表

参数	总电压值	电流值	温度值	单体电压值
精度要求	≤±2%FS	≤±3%FS	≤±2 ℃	≤0.5%FS

FS：表示满量程。

④ SOC 估算精度：SOC 估算精度要求不大于 10%。

⑤ 过电压运行：动力电池管理器应能在规定的电源电压下正常工作，且满足表 3-1-1 状态参数测量精度的要求。

⑥ 欠电压运行：动力电池管理器应能在规定的电源电压下正常工作，且满足表 3-1-1 状态参数测量精度的要求。

【巩固提升】

一、判断题

1. 动力电池管理器也称动力电池控制器。（ √ ）
2. 动力电池管理器不能检测电池容量。（ × ）
3. 动力电池管理器功能不包括动力电池参数检测。（ × ）
4. 电池管理器主要由检测模块、均衡电源模块和控制模块三部分组成。（ √ ）
5. 动力电池管理器的技术要求不包括过电压运行。（ × ）

二、选择题

1. 以下不属于动力电池管理器的功能的是（ B ）。
   A. 动力电池状态估计　　　　　　　　B. 动力电池指数均衡
   C. 动力电池安全控制与报警　　　　　D. 动力电池容量均衡
2. 以下不属于动力电池状态估算是（ A ）。
   A. 参考状态（SOS）　　　　　　　　B. 荷电状态（SOC）
   C. 功能状态（SOF）　　　　　　　　D. 能量状态（SOE）
3. 以下不属于在线故障诊断是（ A ）。
   A. 故障参考　　　　　　　　　　　　B. 故障定位
   C. 故障检测　　　　　　　　　　　　D. 故障类型判断
4. 以下属于动力电池管理器均衡方式的是（ A ）。
   A. 主动均衡　　　　　　　　　　　　B. 差动均衡
   C. 输出均衡　　　　　　　　　　　　D. 输入均衡
5. 以下不属于动力电池管理器技术要求的是（ A ）。
   A. 故障诊断　　　　　　　　　　　　B. 绝缘耐压
   C. SOC 估算精度　　　　　　　　　　D. 欠电压运行

任务二　动力电池管理器检查与更换

【任务描述】

客户杨先生驾驶一辆 2017 款比亚迪秦 EV 轿车，早晨启动车辆后，发现车辆无法挂挡，并且仪表有一个故障指示灯点亮。经过维修技师仔细检查，断定动力电池管理器内部损坏，须对动力电池管理器进行更换。假如你接到此任务，你知道动力电池管理器如何更换吗？

【学习目标】

◇ 知识目标
1. 能够掌握动力电池管理器的外观及线束插接器检查方法。
2. 能够掌握动力电池管理器的故障码、数据流读取方法。

◇ 技能目标
1. 能够完成实训所需工具、防护用品及设备准备。
2. 能够完成动力电池管理器的更换。

◇ 素养目标
1. 遵守职业道德，树立正确的价值观。
2. 引导崇尚劳动精神，逐步提升服务社会的意识。
3. 弘扬工匠精神，塑造精益求精的品质。
4. 培养协同合作的团队精神，自觉维护组织纪律。

【知识准备】

一、动力电池管理器外观及线束插接器检查方法

1. 动力电池管理器外观检查方法

动力电池管理器外观检查可以通过目视检查方法进行检查，目视检查方法如下：
（1）检查电池管理器外观是否存在明显损坏现象，必要时更换全新的电池管理器。
（2）检查电源管理器端子插头是否存在松动现象，必要时更换全新的电池管理器。

2. 动力电池管理器线束及插接器检查方法

（1）线束的检查。
对于动力电池管理器线束的检查，可以通过万用表测量线束的电阻值来判断线束的好与坏。
线束的检查具体操作方法如下：
① 将被测线束从电路中断开。
② 将万用表调至电阻挡。

③ 万用表的红表笔连接待测线束导线的一端，黑表笔连接待测量线束导线的另一端；在测量时，若电阻值超过标准值，则需要检查导线插接头有无虚接、退针等现象。

（2）插接器的检查。

对于插接器的检查，主要通过以下几个方面进行：

① 目测检查法。

目测检查主要是检查氧化情况及针脚和端子的连接情况。若插接器针脚氧化，可能会引起插头内部端子连接不良；若插接器针脚及端子损坏或连接不良，则会导致无法与电池管理器建立通信或连接。

在检查插接器及针脚时，需检查端子其是否正确地插入接头；检查确定导线正确地连接在插脚或端子上。需特别注意的是，检查针脚时，可以用手轻微晃动针脚或接插器，观察针脚是否松脱、退针及端子连接是否松脱，若连接松脱或针脚松脱、退针，需要及时修复。

② 万用表检查法。

将导线连接在万用表红黑表笔之间，测量导线两端电阻值。若插头及针脚接触良好，则万用表读数一般小于 1 Ω，如图 3-2-1 所示。若插头及针脚未接触良好，则万用表读数为无穷大，即该段线路存在断路。

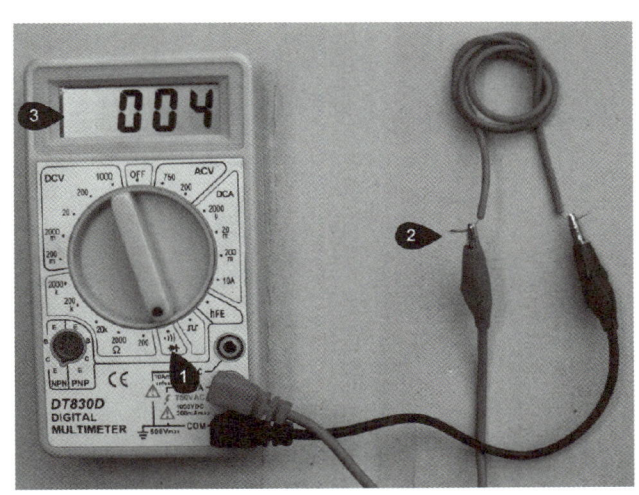

图 3-2-1　万用表检查法

二、动力电池管理器故障码、数据流读取方法

（1）关闭车辆电源开关，连接故障诊断仪检测线至车辆 OBD 接口，打开车辆电源开关。

（2）打开故障诊断仪，选择对应车辆型号，选择诊断，进入动力电池管理器控制单元，选择读取故障码。

（3）回退至动力电池管理器控制单元界面，选择读取数据流，选择需要读取的项目，随后点击确定。

【任务实施】

一、动力电池管理器的更换

◇ 任务准备

1. 工具

常用工具：世达 150 件工具套装。

2. 设备

2017 款比亚迪秦 EV。

3. 防护用品

人员防护套装、车内外防护三件套。

◇ 实施步骤

1. 动力电池管理器的拆卸

（1）关闭车辆电源开关。

（2）使用棘轮扳手组合工具断开低压蓄电池负极电缆，如图 3-2-2 所示。

图 3-2-2　断开低压蓄电池负极电缆

（3）使用棘轮扳手组合工具拆卸动力电池管理器的固定螺栓，如图 3-2-3 所示。

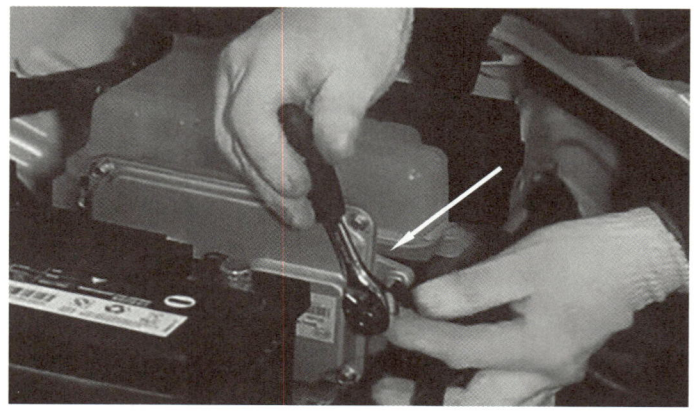

图 3-2-3　拆卸动力电池管理器固定螺栓

（4）断开动力电池管理器的两个线束接插器，如图 3-2-4 所示。

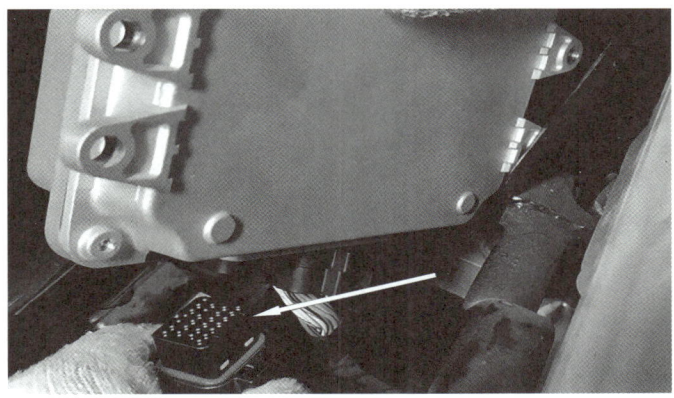

图 3-2-4　断开动力电池管理器低压线束接插器

（5）取下动力电池管理器并妥善放置。

2. 动力电池管理器的安装

（1）连接动力电池管理器的两个线束接插器，如图 3-2-5 所示。

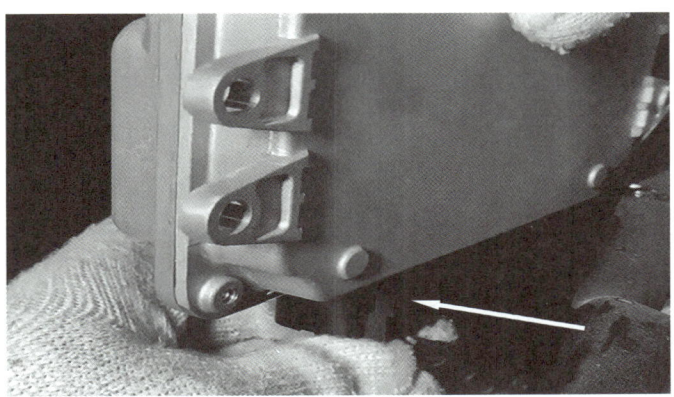

图 3-2-5　连接动力电池管理器低压线束接插器

（2）用手旋入动力电池管理器的固定螺栓，如图 3-2-6 所示。

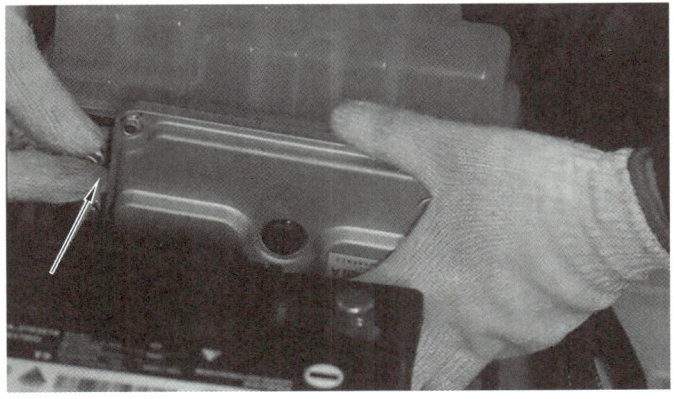

图 3-2-6　旋入动力电池管理器固定螺栓

（3）使用棘轮扳手组合工具拧紧动力电池管理器的固定螺栓，如图3-2-7所示。

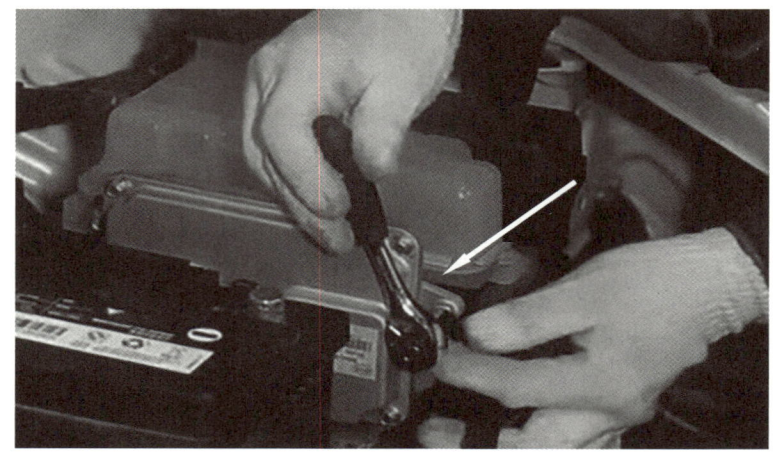

图 3-2-7　安装动力电池管理器固定螺栓

（4）使用棘轮扳手组合工具连接低压蓄电池负极电缆，如图3-2-8所示。

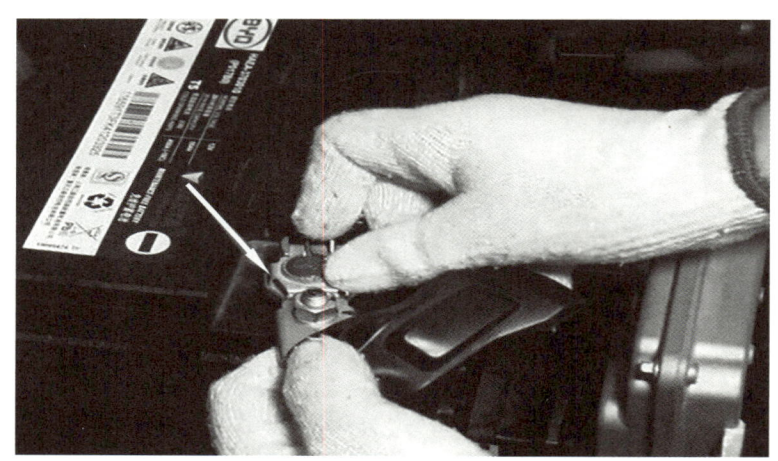

图 3-2-8　安装低压蓄电池负极

【巩固提升】

一、选择题

1. BMS 发出断开接触器信号后，（ C ）将会检测接触器的触点电压。
    A. MCU　　　　　B. 高压控制盒　　　　C. 主控制单元　　　　D. VCU
2. 电池管理系统发出闭合接触器指令后，主控单元也会检测（ C ）两端的电压。
    A. 主正保险丝　　B. 动力电池　　　　　C. 接触器　　　　　　D. 电流传感器
3. 动力电池管理器线束及插接器检查方法有（ C ）。
    A. 故障诊断仪检查法　　　　　　　　　B. 自诊断检查法

C. 万用表检查法　　　　　　　　　　D. 替换法

　4. 当整车遇到过电流、欠压或（ C ）等状况时，需要电池管理系统发出切断接触器的指令，保证电池包以及交通参与者的安全。

　　A. 高电压　　　B. 低电压　　　C. 过温度　　　D. 过压力

　5. 动力电池管理器外观检查方法有（ B ）。

　　A. 万用表检查法　　　　　　　　　　B. 目视检查法

　　C. 示波器检查法　　　　　　　　　　D. 故障诊断仪检查法

二、判断题

　1. 对于动力电池管理器线束的检查，可以通过万用表测量线束的电阻值来判断线束的好与坏。　　　　　　　　　　　　　　　　　　　　　　　　　　　　　　（ √ ）

　2. 插接器的检查方法一般有：目测检查法、万用表检查法两种方法。　　（ √ ）

　3. 正常导线两端电阻一般小于 1 Ω。　　　　　　　　　　　　　　　（ √ ）

　4. 拆卸动力电池管理器前，不用关闭车辆电源开关。　　　　　　　　（ × ）

　5. 连接故障诊断仪检测线至车辆 OBD 接口前，不用关闭车辆电源开关。　（ × ）

任务三　比亚迪汽车动力电池管理器故障诊断与排除

【任务描述】

客户赵先生驾驶一辆 2017 款比亚迪 e5 轿车，早晨启动车辆时，发现车辆无法上"OK"电，并且仪表上方出现"请检查动力系统"和动力系统故障灯。经过维修技师初步检查发现动力电池管理系统存在故障。为了确定具体故障原因，需对动力电池管理系统做进一步检查。假如你接到此任务，你知道动力电池管理系统如何检修吗？

【学习目标】

◇ 知识目标
1. 能够掌握动力电池管理系统的功能。
2. 能够了解动力电池管理系统的结构原理。
3. 能够了解动力电池管理器的安装位置。

◇ 技能目标
1. 能够完成比亚迪秦混合动力汽车高压互锁故障检修。
2. 能够完成比亚迪 e5 纯电动汽车高压互锁故障检修。
3. 能够完成比亚迪 e5 纯电动汽车整车无法上电故障检修。

◇ 素养目标
1. 遵守职业道德，树立正确的价值观。
2. 引导崇尚劳动精神，逐步提升服务社会的意识。
3. 弘扬工匠精神，塑造精益求精的品质。
4. 培养协同合作的团队精神，自觉维护组织纪律。

【任务实施】

一、比亚迪秦混合动力汽车高压互锁故障检修

◇ 任务准备

1. 工具

（1）专用工具：比亚迪专用故障诊断仪、万用接线盒。
（2）常用工具：世达 150 件工具套装、万用表。

2. 设备

2015 款比亚迪秦。

3. 防护用品

人员防护套装、车内外防护三件套。

◇ 实施步骤

1. 故障现象

一辆 2015 款比亚迪秦混合动力汽车，车辆无法使用 EV 模式，仪表显示"请检查动力系统"和动力系统故障灯亮；高压 BMS 报故障码：P1A6000 高压互锁故障，故障码无法清除或者清除后再现。

2. 故障原因分析

比亚迪秦混合动力汽车主要高压接插件（高压电池管理器、高压配电箱、高压维修开关、驱动电机控制器与 DC 总成）均带有互锁回路，当其中某个接插件被带电断开时，BMS 便会检测到高压互锁回路存在断路，为保护人员安全，系统将会立即进行报警并断开主高压回路电气连接，同时激活主动泄放。高压互锁流程如图 3-3-1 所示。

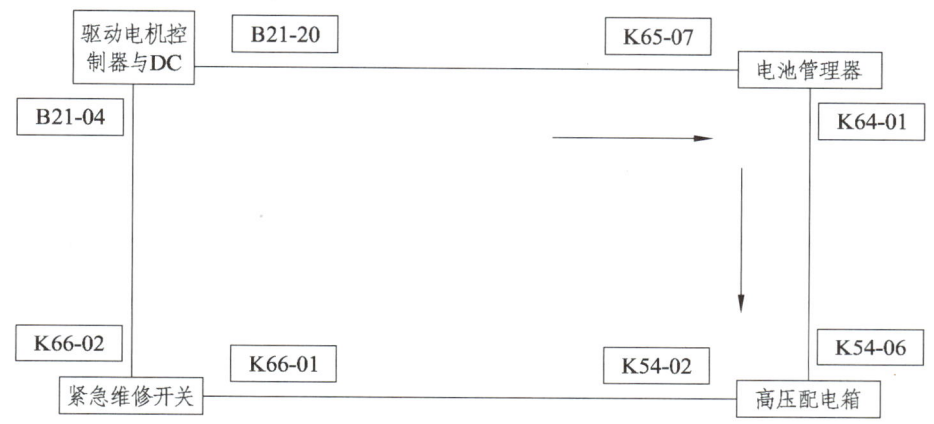

图 3-3-1　高压互锁流程

3. 故障诊断修复

（1）使用比亚迪专用故障诊断仪读取故障码。高压电池管理器报故障码 P1A6000（高压互锁故障），P1A4A00（高压互锁一直检测为高信号故障），且故障码无法清除，如图 3-3-2 所示。

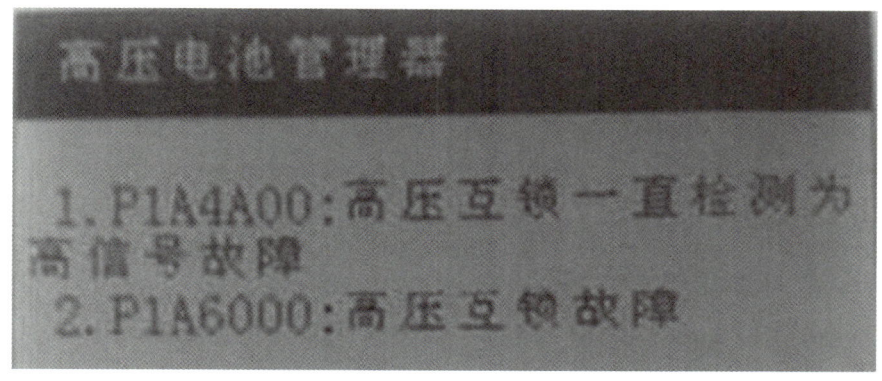

图 3-3-2　读取高压电池管理器故障码

（2）使用比亚迪专用故障诊断仪读取高压电池管理器及驱动电机控制器数据流，如图 3-3-3 所示。

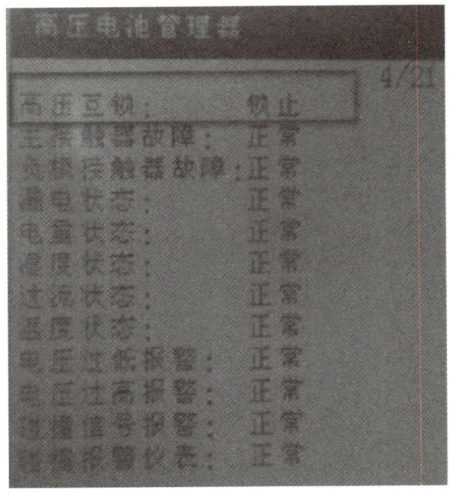 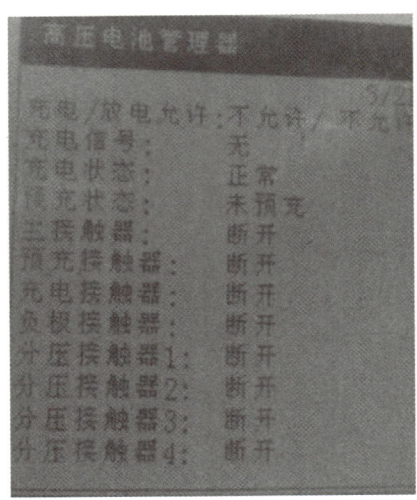

（a）高压电池管理器数据流显示　　　　　（b）高压电池管理器数据流显示
"高压互锁：锁止"　　　　　　　　　　　"高压接触器：断开"

图 3-3-3　读取高压电池管理器及驱动电机控制器数据流

（3）测量高压互锁端子及低压互锁线束。

① 测量高压电池管理器 K64—01 与 K65—07 之间不导通（电阻无穷大，不显示电阻值），确认互锁回路存在开路，根据经验判断故障点一般在驱动电机控制器与 DC 总成以及高压配电箱这两个零部件，以下重点检查。

② 测量高压配电箱 K54—02 与 K54—06 之间导通（电阻小于 1Ω），正常。逐个轻微晃动高压配电箱上的高压互锁插头，检查发现没有开路现象，说明高压配电箱互锁端子没有开路或者偶发性开路情况。

③ 因驱动电机控制器与 DC 总成无法直接测量，所以采用排除法先测量维修开关 K66—01 与 K66—02 导通，正常（电阻小于 1Ω）。拔掉驱动电机控制器与 DC 总成高压线束检查互锁针脚是否有退针现象，确认存在退针现象，如图 3-3-4 所示。重新处理互锁插头，故障排除。

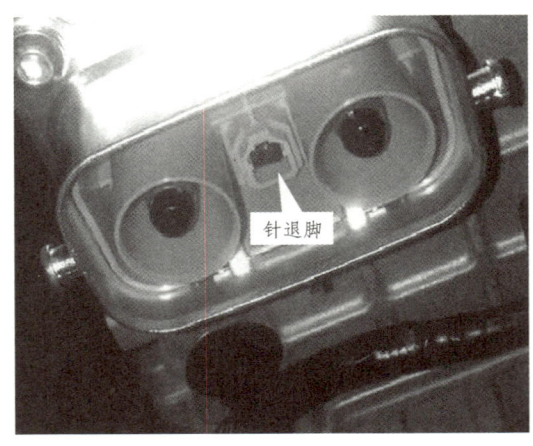

图 3-3-4　驱动电机控制器与 DC 总成高压线束互锁针脚退针

二、比亚迪 e5 纯电动汽车高压互锁故障检修

◇ 任务准备

1. 工具

（1）专用工具：比亚迪专用故障诊断仪、万用接线盒。

（2）常用工具：世达 150 件工具套装、万用表。

2. 设备

2017 款比亚迪 e5。

3. 防护用品

人员防护套装、车内外防护三件套。

◇ 实施步骤

1. 故障现象

一辆 2017 款比亚迪 e5 纯电动汽车，踩下制动踏板，打开电源开关无法上"OK"电，同时仪表显示"请检查动力系统"和动力系统故障灯；电机控制器报故障码：P1A6000 高压互锁 1 故障，故障码无法清除或者清除再现。

2. 故障原因分析

比亚迪 e5 车型高压互锁电路结构简图如图 3-3-5 所示，该车高压互锁电路由电池管理系统（BMS）、动力电池包、电机控制器（VTOG）及空调加热器（PTC）组成。当高压互锁电路发生故障时，BMS 便会检测并判断高压互锁电路存在断路。为保护车辆及人员安全，BMS 将断开整个高压回路并放电。

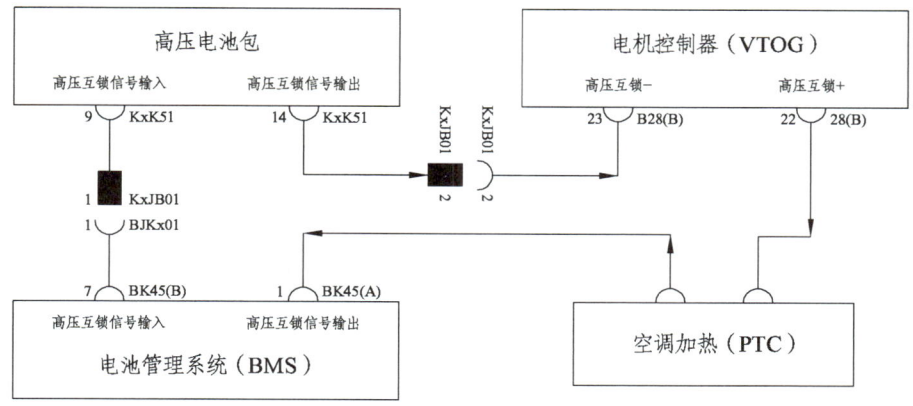

图 3-3-5　高压互锁电路结构简图

根据以上高压互锁电路结构分析，原因主要有以下可能：

① 高压互锁电路线束故障；

② 电池管理系统（BMS）故障；

③ 空调加热器（PTC）故障；

④ 电机控制器（VTOG）故障；

⑤ 高压电池包故障。

3. 故障诊断修复

（1）使用故障诊断仪读取故障码。电机控制器报故障码 P1A6000 高压互锁 1 故障，且故障码无法清除。

（2）使用故障诊断仪读取数据流。故障相关主要数据流为：充放电——不允许；主接触器——断开；高压互锁 1——锁止。

（3）关闭电源开关，断开电池管理系统（BMS）的 BK45（A）插接器及 BK45（B）插接器，使用万用表电阻挡测量 BK45（A）/1 号端子与 BK45（B）/7 号端子之间电阻，正常情况下阻值应小于 1.0 Ω，但实测发现该车的阻值为无穷大，说明互锁电路存在断路。

（4）断开电机控制器（VTOG）的 B28（B）插接器，测量 BK45（B）/7 号端子与 B28（B）/23 号端子之间电阻，正常情况下阻值应小于 1.0 Ω，实测阻值为 0.6 Ω，由此判断电池管理系统（BMS）到电机控制器（VTOG）之间线路正常。继续测量 BK45（A）/1 号端子与 B28（B）/22 号端子之间电阻，电值为无穷大，由此可以证实线路断点位于电机控制器（VTOG）到电池管理系统（BMS）之间。

（5）为了明确断点所在位置，继续断开空调加热器（PTC）的 B52 插接器，测量 BK45（A）/1 号端子与 B52/2 号端子之间的电阻值为 0.5 Ω，正常。由此判断空调加热器（PTC）到电池管理系统（BMS）之间线路正常。

（6）此时，其实可以推断线路断点位于空调加热器（PTC）与电机控制器（VTOG）之间线路。但是为了诊断流程更为严谨，继续测量 B52/2 号端子与 B28（B）122 号端子之间线路电阻，电值为无穷大，证实此前判断，修复空调加热器 B52/2 号至 B28（B）122 号之间线路。再次，踩下制动踏板，打开电源开关发现可以正常上 OK 电，使用故障诊断仪再次检查故障码、数据流，故障码消失，数据流正常。故障现象不再出现，一切正常，故障彻底排除。

三、比亚迪 e5 纯电动汽车整车无法上电故障检修

◇ **任务准备**

1. 工具

（1）专用工具：比亚迪专用故障诊断仪、万用接线盒。

（2）常用工具：世达 150 件工具套装、万用表。

2. 设备

2017 款比亚迪 e5。

3. 防护用品

人员防护套装、车内外防护三件套。

◇ **实施步骤**

1. 故障现象

一辆 2017 款比亚迪 e5 纯电动汽车，打开电源开关"OK"灯不亮，仪表显示"请检查动力系统"，并且车辆无法正常换挡，但是电动真空泵可以正常工作。说明整车无法上电，动力系统存在问题。

2. 故障原因分析

依据上述故障现象和前期所学理论知识对此故障进行分析，原因主要有以下可能：
① 高压电控总成故障；
② 电池管理控制器故障；
③ 低压高压连接线束故障。

3. 故障诊断修复

（1）首先使用万用表测量比亚迪 e5 低压蓄电池电压，测得电压为 12.85 V，在标准电压值 12～14 V 之间，符合标准。

（2）然后使用比亚迪专用故障诊断仪进入相关控制系统，读取故障代码，发现电池管理控制器显示"P1A3400—预充失败故障"。查找相关资料得知，比亚迪 e5 必须由电池管理控制器 BMS 控制负极接触器、正极接触器和预充接触器工作才能正常工作。正常情况，踩下制动踏板，打开电源开关，继电器 IG3 吸合工作，供电给电池管理控制器 BMS，唤醒电池管理控制器 BMS，使其供电控制动力电池负极接触器和预充接触器吸合工作，形成动力电池预充，预充完成再控制预充接触器断开，正极接触器吸合工作，最后成功上电。

（3）结合前面故障码，我们怀疑电池管理控制器 BMS 未能正常工作导致无法上电，为了进一步确认，读取电池管理控制器 BMS 数据流，发现预充状态为未预充，主接触器、负极接触器和预充接触器均为断开状态。

（4）根据上述判断条件，我们怀疑线路存在故障。参照电池管理控制器部分电路图，如图 3-3-6 所示。先检查电池管理控制器负极接触器供电 BK45（A）/16 号端子是否正常给动力电池 BK51/6 号端子供电，经过测量发现 BK51/6 号端子为 0 V，异常；同理再次测量预充接触器和正极接触器供电 BK45（A）/7 号端子是否正常给动力电池 BK51/18 号和 20 号端子供电，结果也是 0 V，异常。根据测量结果判断 IG3 继电器未能给电池管理控制器供电，关闭电源开关，拔下 BK45（B）线束插头，上电测量 BK45（B）/8 号端子电压为 0 V，异常。初步判断 IG3 线路没有正常供电，检查上端 F1/18 保险丝，上电状态测量保险丝两端电压均为 13 V，正常，判断 IG3 工作正常；再测量 F1/18 保险丝本身电阻为 0.1 Ω，正常。此时可以确定是 F1/18 保险丝下端到 BMS 的线束存在问题，关闭电源开关，拔下 BMS 的 BK45（B）插接头并测量 F1/18 保险丝底座 B44/15 号端子到 BK45（B）/8 号端子的通断，测量结果为无穷大，异常。检查该段低压线束，发现插接头上有松动退针现象，所以该故障是由 F1/18 保险丝到 BMS 之间的供电线断路引起的，最终导致电池管理控制器无法控制负极接触器、正极接触器和预充接触器正常工作，无法上电。

（5）断开蓄电池负极电缆，修复退针针脚，将低压插头与电池管理控制器重新连接，连接蓄电池负极电缆，再次将车辆上电。仪表"OK"灯亮起，上电成功，连接诊断仪，清除故障码，再次读取故障码，显示无故障码，故障修复。

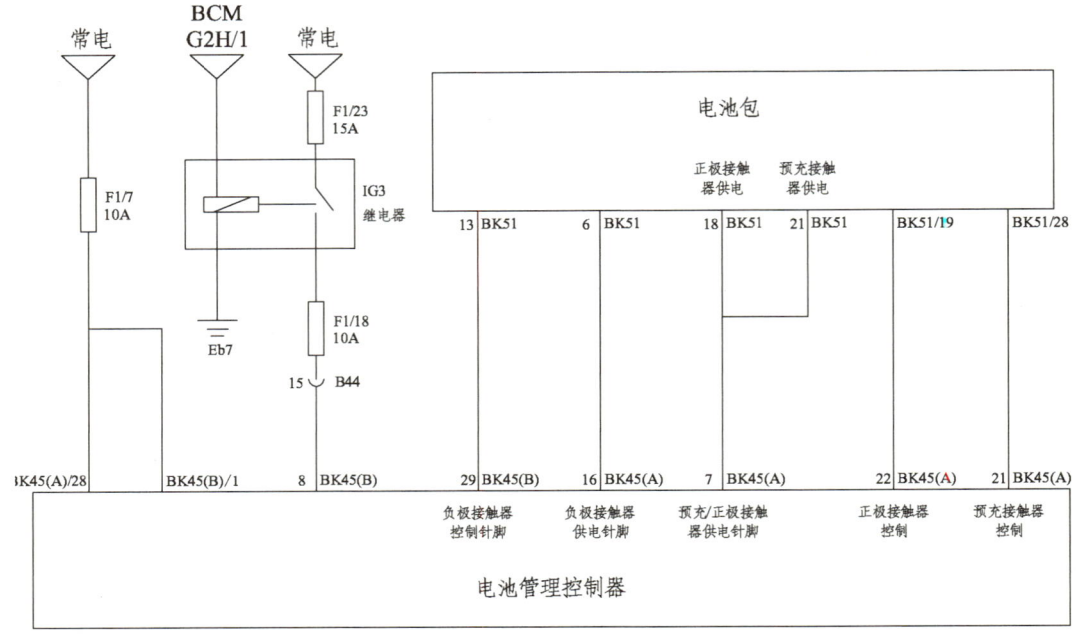

图 3-3-6　电池管理控制器部分电路

【巩固提升】

一、判断题

1. 比亚迪秦混合动力汽车高压互锁电路由高压电池管理器、高压配电箱、高压维修开关、驱动电机控制器与 DC 总成组成。（ √ ）
2. 比亚迪 e5 纯电动汽车高压互锁电路由电池管理系统（BMS）、高压维修开关、电机控制器（VTOG）及空调加热器（PTC）组成。（ √ ）
3. 当高压互锁电路发生故障时，VTOG 便会检测并判断高压互锁电路存在断路。（ × ）
4. 比亚迪秦混合动力汽车主要高压接插件均带有互锁回路。（ √ ）
5. 比亚迪 e5 必须由电池管理控制器 BMS 控制负极接触器、正极接触器和预充接触器工作才能正常工作。（ √ ）

二、选择题

1. 比亚迪 e5 纯电动汽车整车无法上电故障检修，可能故障点主要有（ ABC ）。
   A．高压电控总成　　　　　　　B．电池管理控制器
   C．低压高压连接线束　　　　　D．空调加热器
2. 比亚迪 e5 车型高压互锁电路由（ ABCD ）组成。
   A．电池管理系统　　　　　　　B．动力电池包
   C．空调加热器（PTC）　　　　D．电机控制器（VTOG）

3. 比亚迪秦混合动力汽车主要高压接插件包括（ ABCD ）。
    A. 高压电池管理器 B. 高压配电箱
    C. 高压维修开关 D. 驱动电机控制器
4. 维修开关 K66—01 与 K66—02 正常导通，电阻为（ A ）。
    A. 小于 1Ω B. 大于 1Ω C. 等于 1Ω D. 大于 2Ω
5. 比亚迪 e5 必须由电池管理控制器 BMS 控制（ ACD ）工作才能正常工作。
    A. 负极接触器 B. 低压高压连接线束
    C. 正极接触器 D. 预充接触器

项目四

充电系统结构原理与检修

项目描述

本项目共三个学习任务，分别是：
任务一　慢充（交流）充电系统结构与原理
任务二　快充（直流）充电系统结构与原理
任务三　吉利汽车充电系统故障诊断与排除
通过以上三个任务的学习，熟悉慢充和快充充电系统的结构与原理；掌握慢充和快充充电的操作步骤；能进行吉利汽车充电系统故障诊断与排除。

任务一　慢充（交流）充电系统结构与原理

【任务描述】

客户杨先生驾驶一辆 2018 款吉利帝豪 EV450 轿车。某日，杨先生在地下停车场停车时，发现车辆仪表显示车辆电压过低。此时杨先生身处地下停车场，他急需利用停车场的交流充电设施对爱车进行充电，作为维修技师的你，你知道如何进行交流充电操作吗？

【学习目标】

◇ 知识目标
1. 能够描述慢充充电系统的结构。
2. 能够掌握慢充充电系统的工作原理。

◇ 技能目标

能够完成交流充电操作。

◇ 素养目标
1. 遵守职业道德，树立正确的价值观。
2. 引导崇尚劳动精神，逐步提升服务社会的意识。
3. 弘扬工匠精神，塑造精益求精的品质。
4. 培养协同合作的团队精神，自觉维护组织纪律。

【知识准备】

一、慢充充电系统概述

慢充充电，又称交流充电，是最基本的充电方式，适用于续驶里程较大、可满足一天的行驶需要，并利用晚间停车时间来充电的电动汽车。现阶段技术条件下，电动汽车的续驶里程约为 200 km，私家车、市内环卫车、工程车、公务车、企业商务车等汽车日均行驶里程基本上在续驶里程范围内，因此可采用慢充的方式。

慢充充电是指电网的交流电通过导线进入充电机，经充电机整流、滤波后转变为直流电对车上的动力电池进行充电的方式。这种充电方式所使用的充电机一般装在电动汽车上随车携带，称为车载式充电机，如图 4-1-1 所示。

慢充（交流）充电常见的充电形式有家用三孔插座充电和交流充电桩充电，如图 4-1-2 所示。家用 220 V 单相三孔插座充电功率较小，一般电流控制在 25 A 以下。三相交流充电桩输入电流一般最大为 32 A。在车辆需要充电时，只需将充电连接导线的插头连接到家用三孔插座或交流充电桩的插座即可。该充电模式充电时间较长，一般为 6~10 h，对电网的负荷要求较低，利用夜间电网负荷较低时充电还能对电网起到削峰、调频、改善电能品质的作用。

项目四　充电系统结构原理与检修

图 4-1-1　车载充电机

图 4-1-2　交流充电桩充电

二、慢充充电系统结构与原理

1. 慢充充电系统的结构

交流慢充系统是由供电设备、慢充充电接口、车载充电机、动力电池（含 BMS）、整车控制器 VCU 及连接它们的高低压线束等元器件构成。

（1）供电设备。

供电设备包含交流充电桩、充电线缆及充电插头等。充电桩通过充电插头和车载充电座的连接，为车载充电机提供 220 V 或者 380 V 交流电，车载充电机再将交流电转换成高压直流电并输送到动力电池，如图 4-1-3 所示。

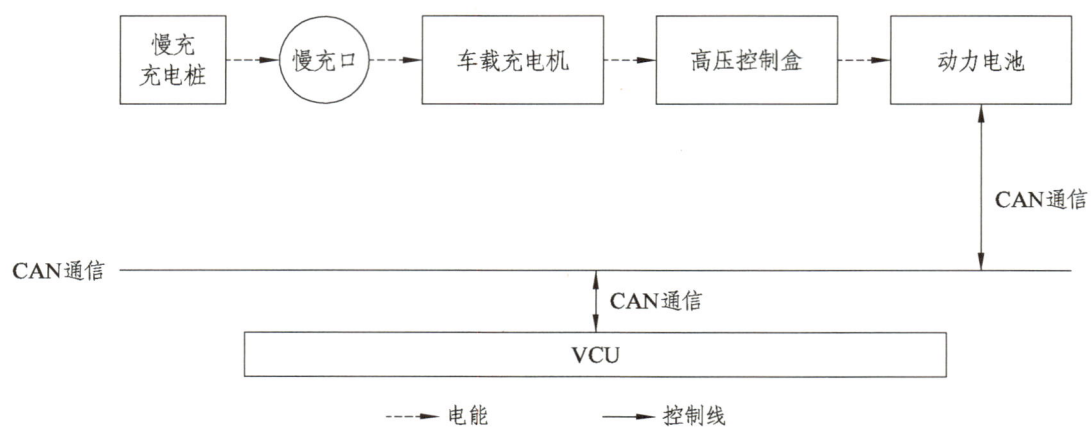

图 4-1-3　交流慢充系统充电逻辑

在充电的过程中,电池管理系统(BMS)通过动力电池内部监测点监测动力电池各项参数,并通过 CAN 通信系统和整车控制器(VCU)、车载充电机通讯,控制和调节充电电流及电压,以满足动力电池的充电特性。

(2)交流充电接口。

新能源汽车的交流慢充接口内一般装有照明灯,由电池管理系统(BMS)控制。当交流充电枪插入充电座,充电枪和车辆形成检测回路,连接正确方可充电。交流充电接口的额定电压一般为 250 V,额定电流为 16 A、32 A,如表 4-1-1 所示。

表 4-1-1　交流充电接口的额定值

额定电压/V	额定电流/A
250	16
	32

电动汽车车辆接口和供电接口包含 7 对触头,其电气参数和功能定义如表 4-1-2 所示。

表 4-1-2　电气参数和功能定义

触头编号/标识	额定电压和额定电流	功能定义
1-(L)	250 V	交流电源
2-(NC_1)	—	备用触头
3-(NC_2)	—	备用触头
4-(N)	250 V　16 A/32 A	中线
5-(PE)	—	保护接地(PE),连接供电设备地线和车辆底盘地线
6-(CC)	30 V　2 A	充电连接确认
7-(CP)	30 V　2 A	控制确认

交流充电枪触头布置方式和电动汽车交流慢充接口触头布置方式如图 4-1-4 所示。

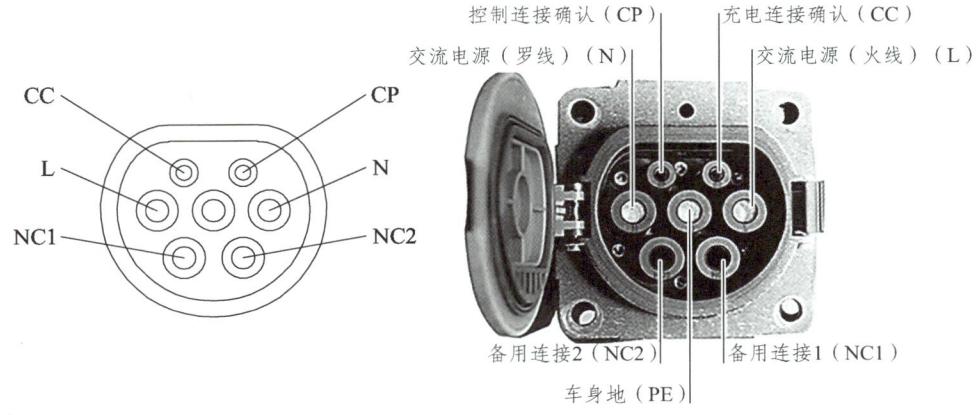

图 4-1-4　充电枪触头布置图（左）和车辆交流慢充接口触头布置图（右）

交流充电接口的连接界面如图 4-1-5 所示。在充电过程中，触头连接顺序为：保护接地触头（设备地）、交流电源 L 和中线 N、充电连接确认（CC）和控制确认触头。在脱开的过程中，首先断开控制确认触头与充电连接确认触头，最后断开保护接地触头。

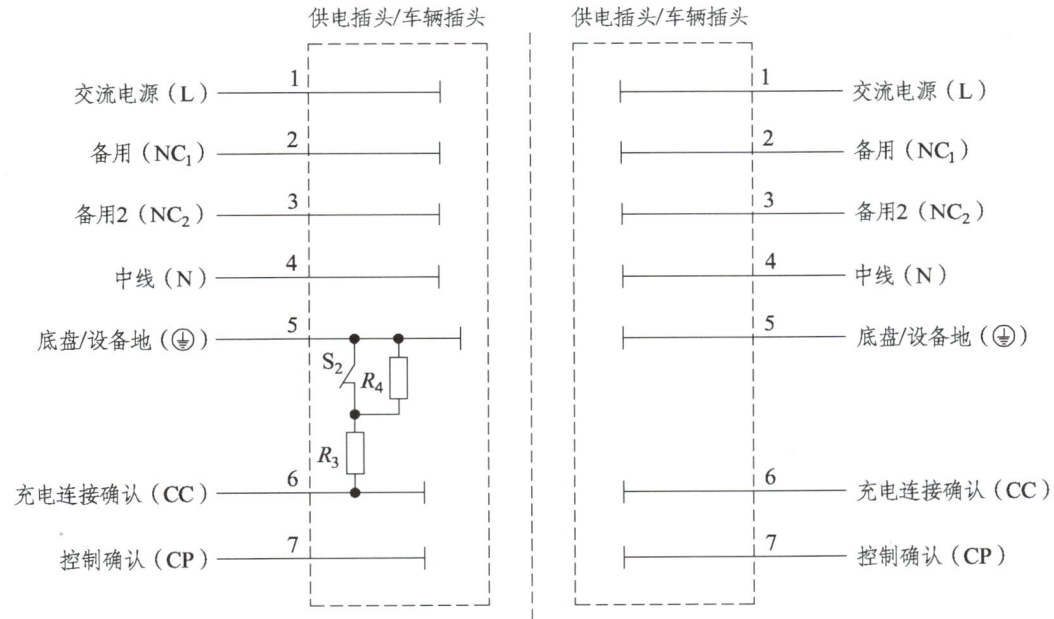

图 4-1-5　交流充电接口连接界面

（3）车载充电机（OBC）结构及功能。

车载充电机，又称交流充电机，主要负责将 220 V 交流电转换为动力电池的直流电，实现动力电池电量补给。如图 4-1-6 所示，车载充电机安装于电动汽车上，通过插座和电缆与交流插座连接，以三相或单相交流电源向电动汽车提供充电电源。

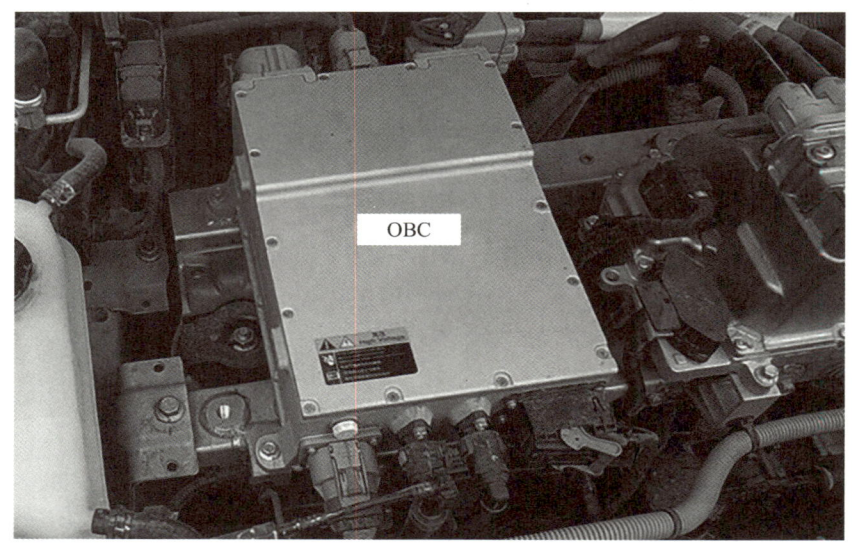

图 4-1-6　车载充电机安装位置

车载充电机由交流输入接口、功率单元、控制单元、直流输出接口等部分组成，如图 4-1-7 所示，充电过程中由车载充电机提供电池管理系统（BMS）、充电接触器、仪表盘、冷却系统等低压用电电源。

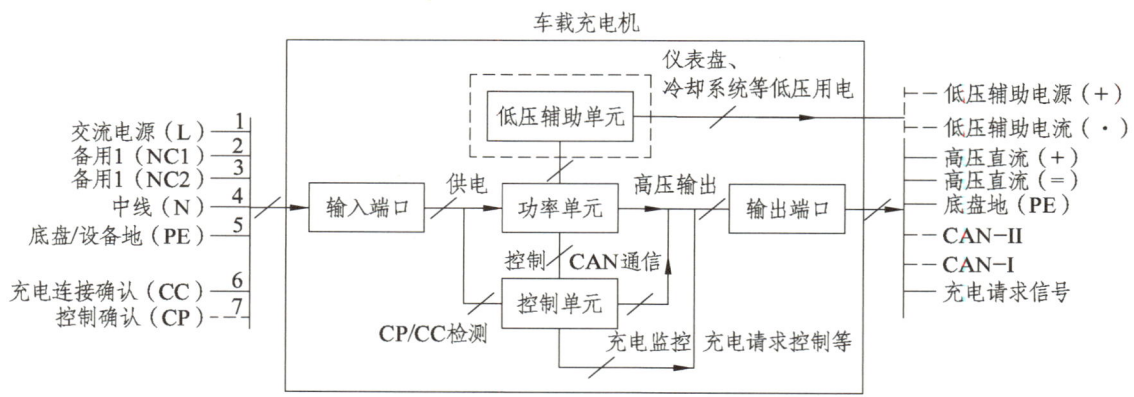

图 4-1-7　车载充电机的结构

车载充电机还有以下功能：

① 具有交流输入过压保护功能、交流输入欠压告警功能、交流输入过流保护功能、直流输出过流保护功能、直流输出短路保护功能。

② 通过高速 CAN 网络与整车控制器通信，上传充电机的工作状态、工作参数和故障告警信息，接受启动充电或停止充电控制命令。

③ 通过高速 CAN 网络与电池管理系统通信，判断动力电池连接状态是否正确；获得电池系统参数及充电前和充电过程中整组和单体电池的实时数据。

④ 充电机在地面充电装置、动力电池之间起功率转换的作用，交流充电桩通过交流充电口将能量送给车载充电机，车载充电机与电池管理系统通信，并将能量传递给动力电池。

⑤ 与冷却系统通过管道连接，使用冷却液进行冷却，保证充电机工作在合适的温度范围，避免元器件因高温失效。

2. 慢充充电系统的工作原理

慢充充电系统工作电路如图 4-1-8 所示。该电路由充电桩控制器，接触器 K_1 和 K_2，电阻 R_1、R_2、R_3、R_4、R_c，二极管 D_1，开关 S_1、S_2、S_3，车载充电机和整车控制器组成。电阻 R_c 安装在充电枪上，开关 S_1 为供电设备内部开关，S_2 为车辆内部开关，在车辆接口和供电完全连接后，如果车载充电机自检无故障后，并且动力电池组处于可充电状态，S_2 闭合。开关 S_3 为充电枪的内部常闭开关，与充电枪上的下压按钮联动（该下压按钮用于触发机械锁止装置），按下下压按钮的同时，S_3 处于断开状态。

当车辆处于交流充电模式时，车载充电机检测交流充电接口的 CC、CP 信号（充电枪插入、导通信号），确认连接无误后通过 CAN 通信网络通知整车控制器 VCU，VCU 唤醒 BMS，BMS 向车载充电机发送指令充电，同时闭合主继电器，动力电池开始充电。当充电枪与慢充口断开时，充电桩控制器切断慢充充电桩至充电枪的电路。

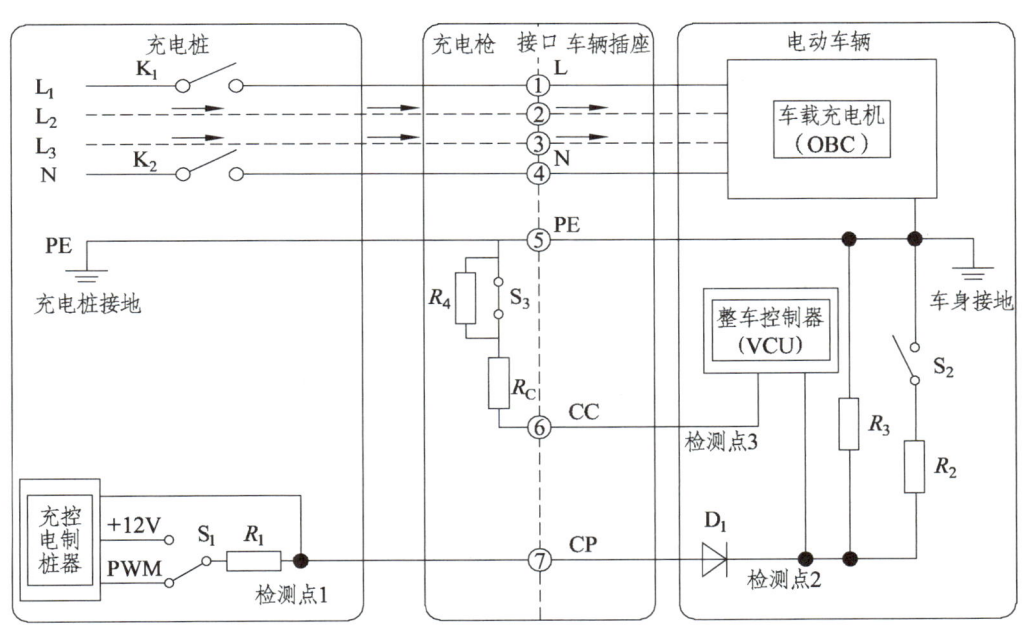

图 4-1-8　交流慢充系统工作电路

充电过程的工作控制程序如下：

（1）充电枪与充电插座连接确认。

VCU 通过检测点 3 与 PE 之间的阻值来判断充电枪与充电插座是否完全连接。未连接时，S_3 处于闭合状态，CC 未连接，检测点 3 与 PE 之间的电阻值为无限大；半连接时，S_3 处于开路，CC 已连接，检测点 3 与 PE 之间的电阻值为 R_4+R_c；完全连接时，S_3 处于闭合状态，CC 已连接，检测点 3 与 PE 之间的电阻值为 R_c。

（2）车辆准备就绪。

车载充电机完成自检后确认无故障，并且蓄电池模块处于可充电状态后发出充电请求，车辆控制装置闭合开关 S_2，车辆充电准备就绪。

（3）慢充充电桩准备就绪。

车辆充电准备就绪信号会通过检测点 1 占空比电压值的信号变化检测到，当检测点 1 的峰值电压为 6 V 时（见表 4-1-3），则车辆控制装置闭合开关 K_1 和 K_2，交流电到达车载充电机。

表 4-1-3 检测点 1 电压状态

检测点 1 峰值电压/V	充电枪和插座连接状态	S_2	S_1	检测点 2	是否可充电
12	未连接	断开	+12 V	无电压	否
9	连接	断开	PWM	有占空比信号	否
6	连接	闭合	PWM	有占空比信号	是

（4）充电开始。

首先车辆控制装置需要完成车载充电机最大允许充电电流设置。车载充电机最大允许充电电流取决于充电桩的可供电能力、充电电缆载流值和车载充电机额定电流值三者之间电流值。其中，充电桩可供电能力可以通过检测点 2 的 PWM 占空比信号峰值电压获得；充电电缆限流值可通过 R_e 电阻值获得。当车辆控制装置完成车载充电机最大允许充电电流设置后，车载充电机开始对电动汽车进行充电。

（5）充电过程检测。

在充电过程中需要阶段性检查充电桩与充电口之间的连接情况，以及供电能力的变化情况。前者检测周期不大于 50 ms，后者检测周期不大于 5 s。

（6）充电结束。

正常条件下的充电结束分两种情况。一种是车辆达到充电结束条件，如蓄电池已充满，则车辆控制装置切断开关 S_2，并使车载充电机停止充电。另一种是充电桩达到了充电结束条件，如操作人员进行了充电结束刷卡，则供电控制装置将开关 S_1 从 PWM 端切换到 12V 状态，并断开开关 K_1、K_2，停止充电。

在充电过程中，交流充电桩还能提供计费服务的功能，通过联网记账，智能 IC 卡虚拟计费实现结算。为防止车辆充电过程中充电枪丢失，车辆具有充电枪锁止功能。充电枪插入充电接口后，只要驾驶员按下智能钥匙闭锁按钮，充电枪防盗功能将开启。BCM 收到智能钥匙的闭信号后通过 CAN 总线将该信号传递到车载充电机，车载充电机控制充电枪锁止电机锁止充电枪，此时充电枪无法拔出。如要拔出充电枪，须先按下智能钥匙解锁按钮，解锁充电枪。

【任务实施】

交流充电桩的充电操作

◇ 任务准备

1. 设备

2018 款吉利帝豪 EV450、交流充电桩。

2. 防护用品

人员防护套装。

◇ 实施步骤

（1）确认车辆停靠在正确车位。

（2）打开交流慢充口盖，如图 4-1-9 所示。取下罩盖，确认电动汽车上的插头定义与充电桩插座插孔定义一致。

图 4-1-9　打开慢充口盖

（3）确认电动汽车电源已经关闭，确认电动汽车属于交流单相 220 V 充电，并且功率不大于 5 kW。

（4）连接交流充电桩插头和电动汽车交流充电插座并确认正常连接，如图 4-1-10 所示。

图 4-1-10　连接交流充电枪

（5）操作交流充电桩，充电桩充电操作流程以 CEV1100-A 交流充电桩为例。

① 交流充电桩会在充电前对充电插头的连接状态进行提示，如图 4-1-11 所示。在充电过程中，如有疑问可单击"操作指南"。

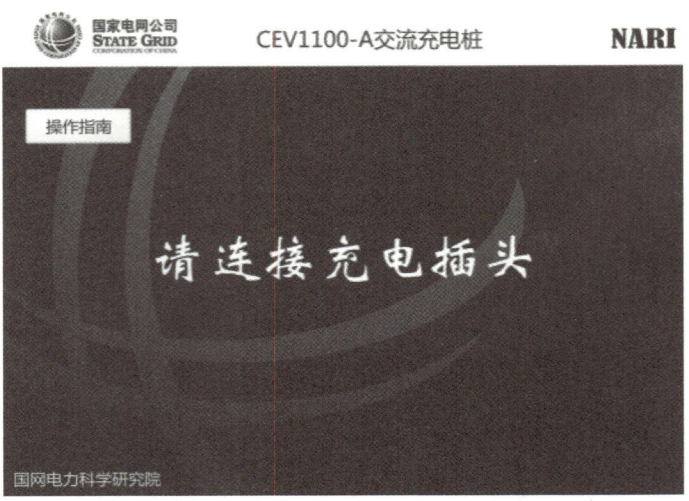

图 4-1-11　充电插头状态提示界面

② 在充电插头的连接工作完成后，IC 卡未插入时，交流充电桩对 IC 卡插入状态进行提示，如图 4-1-12 所示。

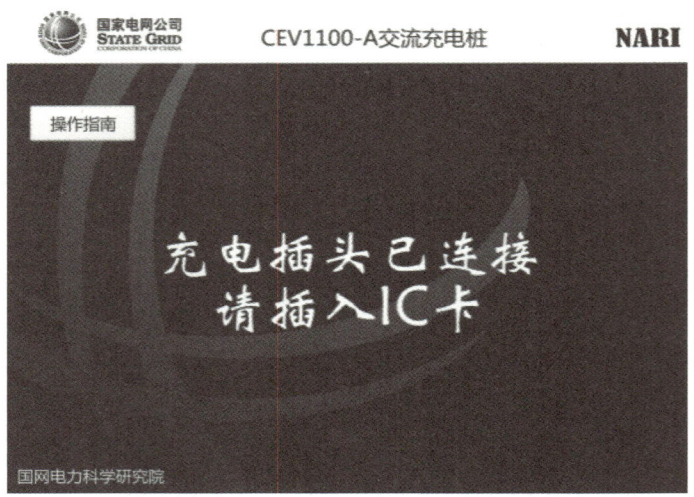

图 4-1-12　IC 卡插入状态提示界面

③ 插入 IC 卡后，界面显示 IC 卡号、卡内余额及充电方式的选择按钮"即时充满"和"其他方式"，如图 4-1-13 所示。"即时充满"是一种快速操作的充电方式。单击"即时充满"按钮进入下一界面。

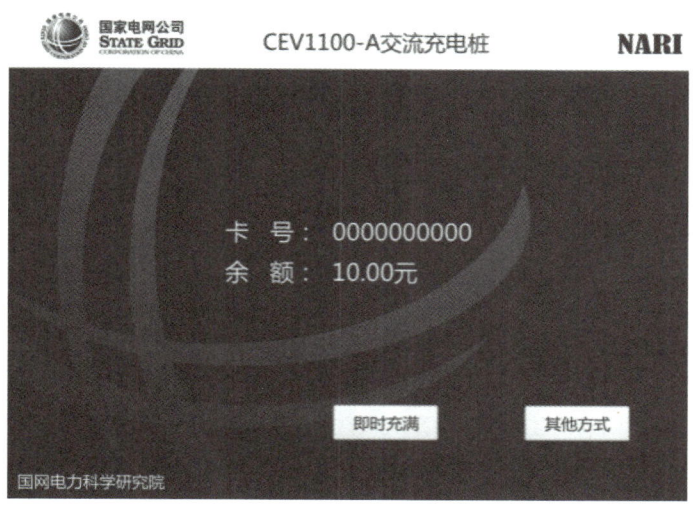

图 4-1-13　充电方式选择界面

④ "即时充满"充电方式确认开始充电界面如图 4-1-14 所示。单击"确认"按钮后，将锁住充电插头锁扣，立即开始充电。"充满为止"充电模式由车载电池管理系统（BMS）进行充电管理，自动完成电池的充电过程。单击"取消"按钮，返回上一界面，重新选择充电方式。

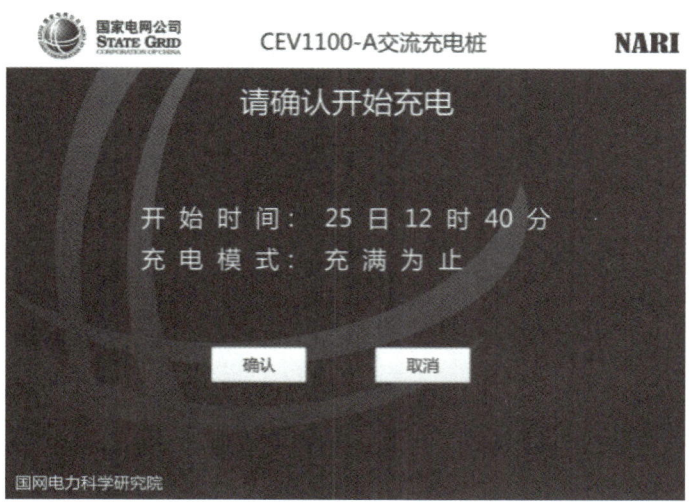

图 4-1-14　"即时充满"确认界面

⑤ 如在第三步所示界面选择"其他方式"充电，系统目前提供充满为止、按时间充、按金额充和按电量充 4 种充电方式。用户可在充电方式选择界面根据自己的实际需要和情况进行有选择性的充电。单击"返回"按钮可重新选择"即时充满"快速充电方式，如图 4-1-15 所示。

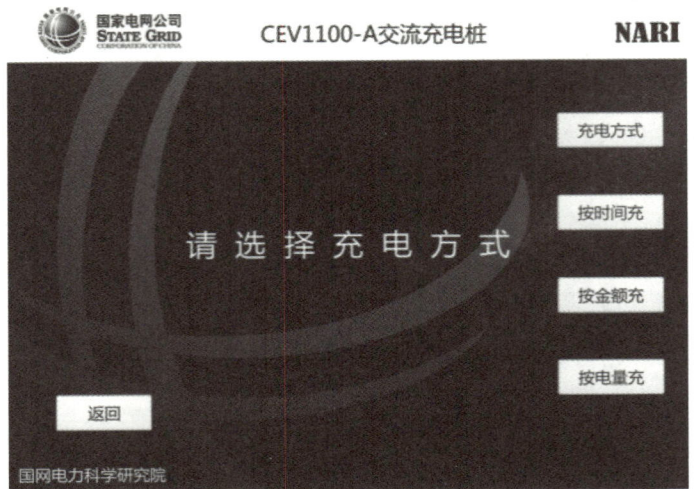

图 4-1-15　充电方式选择界面

⑥ 在充电时间设置界面，设置有效时间后单击"下一步"。如单击"返回"按钮，可重新选择充电方式，如图 4-1-16 所示。

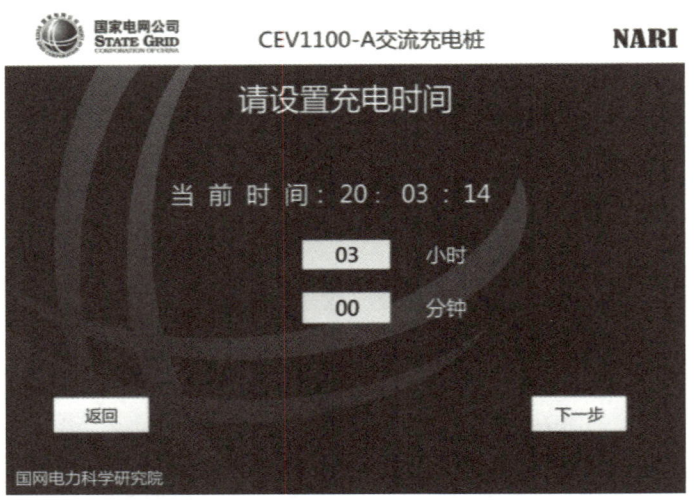

图 4-1-16　充电时间设置界面

⑦ 进行充电启动时间选择，单击"立即启动"按钮后立即对电动汽车进行充电。单击"定时启动"按钮可进行定时启动预约时间设置，如图 4-1-17 所示。

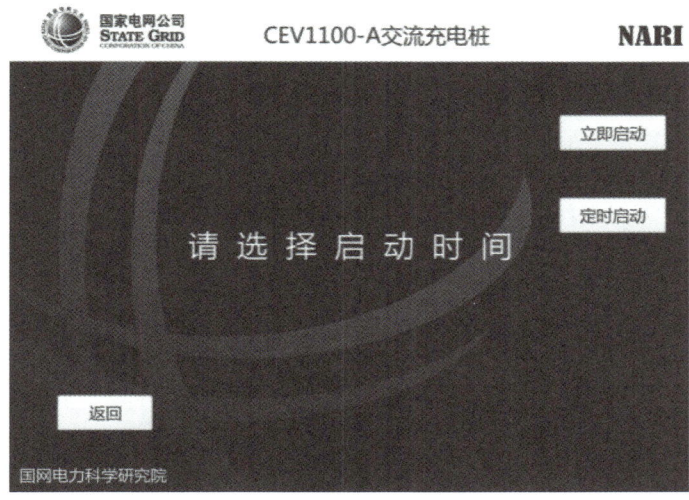

图 4-1-17　启动时间选择界面

⑧ 设置定时启动有效时间后，按"下一步"并确认，充电站将按屏幕显示的充电方式进行充电，如图 4-1-18 所示。

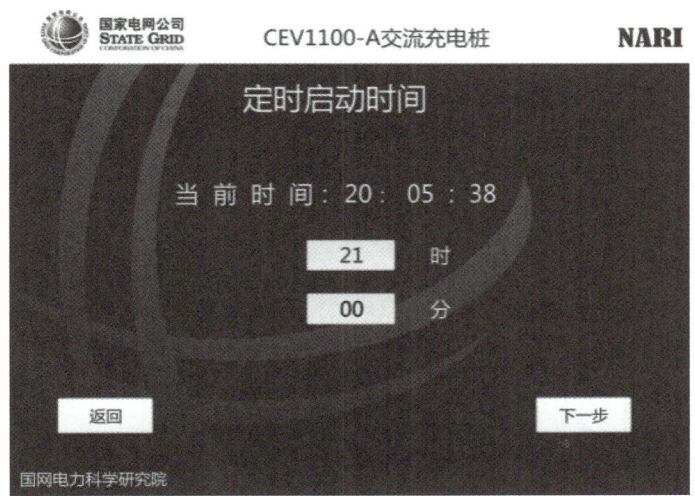

图 4-1-18　启动时间设置界面

⑨ 当充电开始后，屏幕有提示，应注意取出 IC 卡，如图 4-1-19 所示。

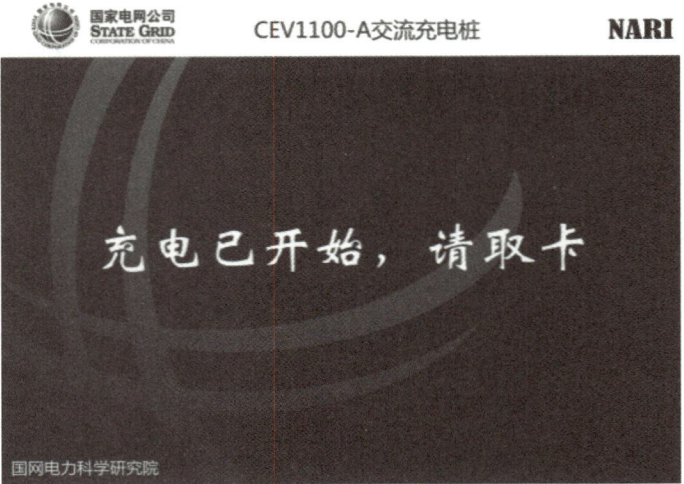

图 4-1-19　充电开始界面

⑩ 充电过程如图 4-1-20 所示，屏幕显示"正在充电，如需操作，请插卡"。如果充电完毕，屏幕则显示"充电已结束，如需操作，请插卡"。如果在充电过程中插入其他 IC 卡，系统将提示为"非有效卡"。

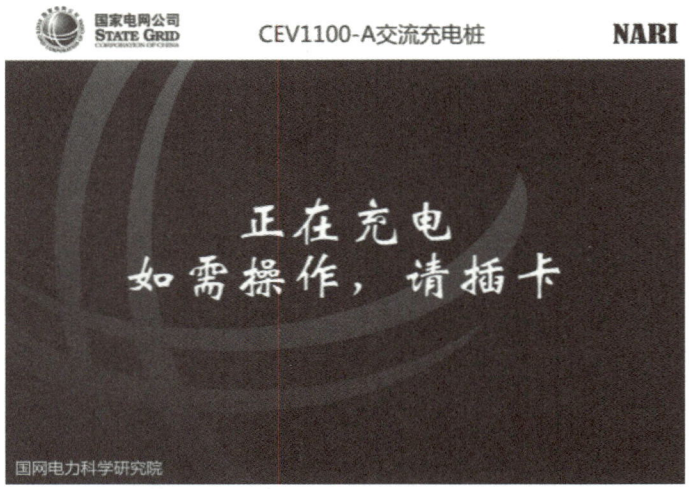

图 4-1-20　充电过程界面

⑪ 充电过程中，如需中止充电，则应插入启动充电的 IC 卡，进入图 4-1-21 所示中止充电确认界面。单击"终止充电"按钮，结束充电。

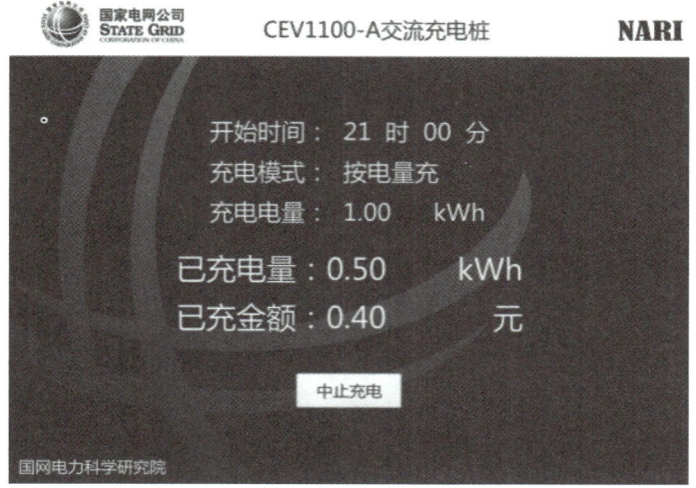

图 4-1-21　充电过程中状态显示

⑫ 在确认终止充电界面，单击"确认"按钮，中止充电并进行结算，如图 4-1-22 所示。

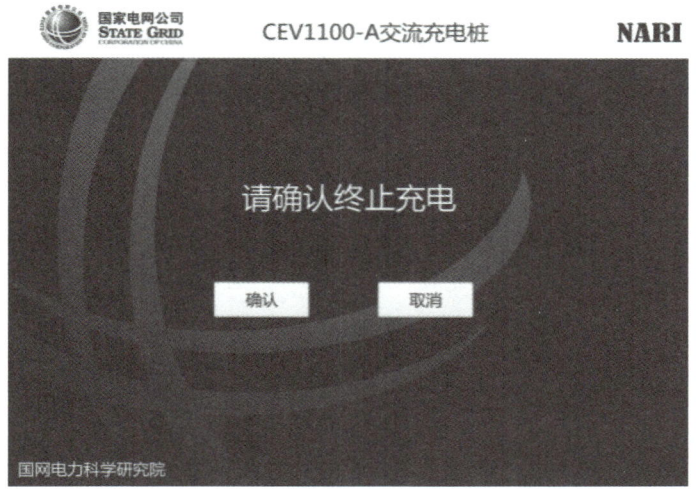

图 4-1-22　终止充电确认界面

⑬ 确认终止充电后，在充电结束显示界面，选择打印或不打印凭条，如图 4-1-23 所示。

⑭ 充电过程结束后，显示结束提示界面，取回 IC 卡，并拔出充电插头，如图 4-1-24 所示。充电过程已结束，按屏幕操作后，系统重新进入欢迎界面，等待下一次的充电过程。

（6）充电结束，拔下交流充电枪，盖好车辆交流充电口盖，如图 4-1-25 所示。

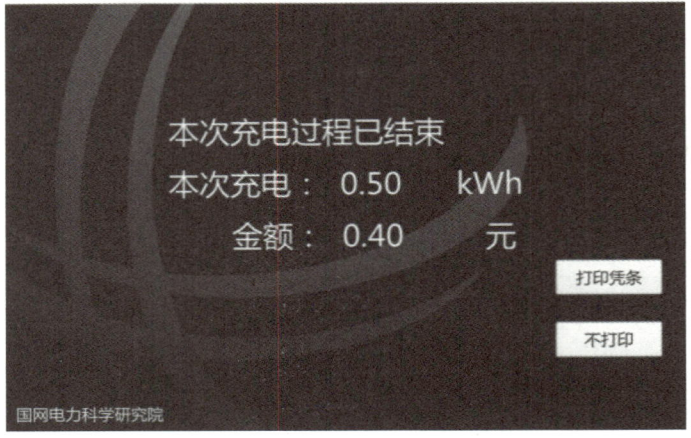

图 4-1-23　充电结束显示界面

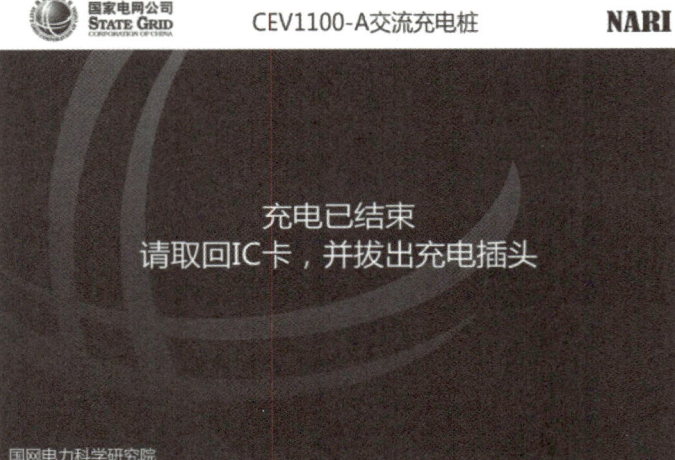

图 4-1-24　充电结束提示界面

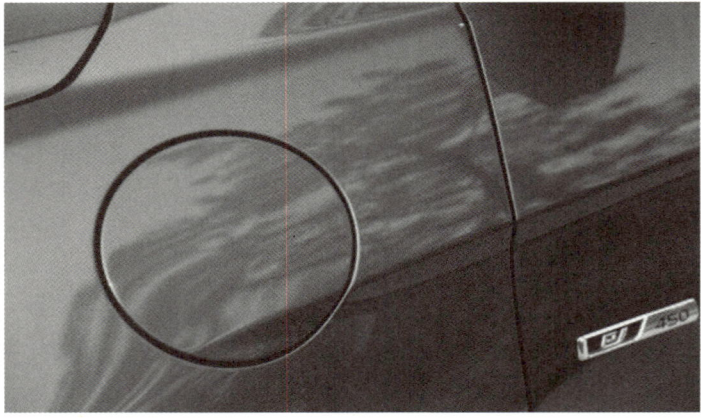

图 4-1-25　盖好交流充电口盖

【巩固提升】

一、判断题

1. 充电过程中可以直接拔下充电枪。（ × ）
2. 受到车载充电机能力的限制，交流充电桩功率一般也不需要太大。（ √ ）
3. 交流充电桩在充电过程中首先连接控制确认触头与充电连接确认触头，最后连接保护接地触头。（ √ ）
4. 如遇雷电天气，为保护设备不受损害，建议停止充电。（ √ ）
5. 纯电动汽车一般配有2个充电口，即交流充电口（慢充）和直流充电口（快充）。（ √ ）

二、选择题

1. 交流充电接口的额定电压为（ A ）。
   A. 250 V B. 500 V C. 125 V D. 750 V
2. 车辆接口和供电接口的触头中，1-（L）是指（ D ）。
   A. 保护接地线 B. 中线 C. 备用触头 D. 交流电源
3. 车辆接口和供电接口的触头中，4-（N）是指（ C ）。
   A. 保护接地线 B. 交流电源 C. 中线 D. 备用触头
4. 在（ A ）阶段车载充电机发交流充电桩发送整个充电过程中的充电统计数据。
   A. 充电结束阶段 B. 充电阶段
   C. 充电参数配置阶段 D. 充电握手阶段
5. 使用交流充电桩充电时，导致无法开始充电过程的原因可能有（ D ）。
   A. 未正确插入充电枪 B. 充电桩损坏
   C. 充电桩按键反应失灵 D. 以上都是

任务二　快充（直流）充电系统结构与原理

【任务描述】

客户杨先生驾驶一辆 2018 款吉利帝豪 EV450 轿车，早晨起动车辆时，发现仪表提示车辆电源过低。于是杨先生利用导航寻找距离最近的汽车充电站，他需要利用直流充电桩对爱车进行快速充电操作。作为维修技师的你，你知道如何进行直流充电操作吗？

【学习目标】

◇ 知识目标

1. 能够描述快充充电系统的结构。
2. 能够掌握快充充电系统的工作原理。

◇ 技能目标

能够完成直流充电操作。

◇ 素养目标

1. 遵守职业道德，树立正确的价值观。
2. 引导崇尚劳动精神，逐步提升服务社会的意识。
3. 弘扬工匠精神，塑造精益求精的品质。
4. 培养协同合作的团队精神，自觉维护组织纪律。

【知识准备】

一、快充充电系统概述

直流充电又称为快速充电或应急充电，主要通过地面直流充电桩将电网的交流电转变为直流电后，再通过充电连接器对电动汽车动力蓄电池进行充电。直流充电桩充电如图 4-2-1 所示。

图 4-2-1　直流充电桩充电

直流充电桩能在短时间内给电动汽车充入大量的电能，主要针对长距离行驶或其他需要快速补充电能的车辆进行快速充电。其典型的充电时间为 10~30 min，充电电压为直流电压 400 V 或 750 V，充电电流最高可达 125 A 和 250 A。

由于这种直流充电装置的充电速度快，充电功率较大，对电网的负荷有较高的要求，需要电网公司规划匹配。

二、快充充电系统结构与原理

1. 快充充电系统的结构

直流快充系统是由供电设备、直流充电座、动力电池（含 BMS）、整车控制器（VCU）及连接它们的高低压线束等元器件构成。当直流充电设备接口连接到整车直流充电口，直流充电设备发送充电唤醒信号给 BMS，BMS 根据动力电池的可充电功率，向直流充电设备发送充电电流指令。同时，BMS 吸合系统高压正极继电器和高压负极继电器，动力电池开始充电，如图 4-2-2 所示。

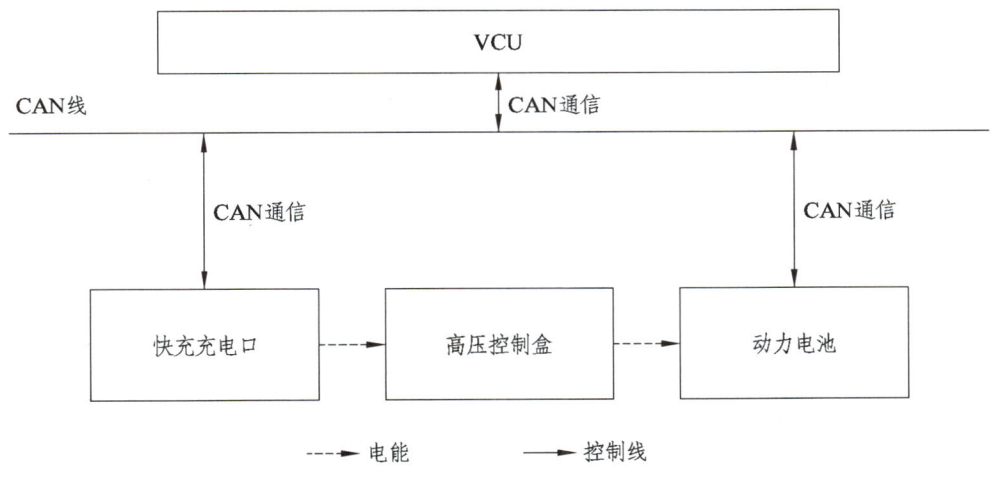

图 4-2-2　直流快充系统充电逻辑

（1）供电设备。

直流快充系统的供电设备是直流充电桩（见图 4-2-3），它是固定安装在电动汽车外，与交流电网连接，可以为电动汽车动力电池提供直流电源的供电装置。直流充电桩的输入电源采用三相四线，频率为 50 Hz，输出为可调直流电，输出的电压和电流调整范围大，可以实现快充的要求。快充充电桩集中在城市公共快充站、高速路快充站和出租车专营场站。随着电动汽车的续航里程提高，长途出行则会以高速公路集中快充为主。

交流充电需要借助车载充电机来充电，快充电系统并不需要车载充电机。二者在充电速度上差别较大，一辆纯电动汽车（普通电池容量）完全放电后通过交流充电桩充电需要 8h 以上，而通过直流快速充电仅需要 2~3 h。

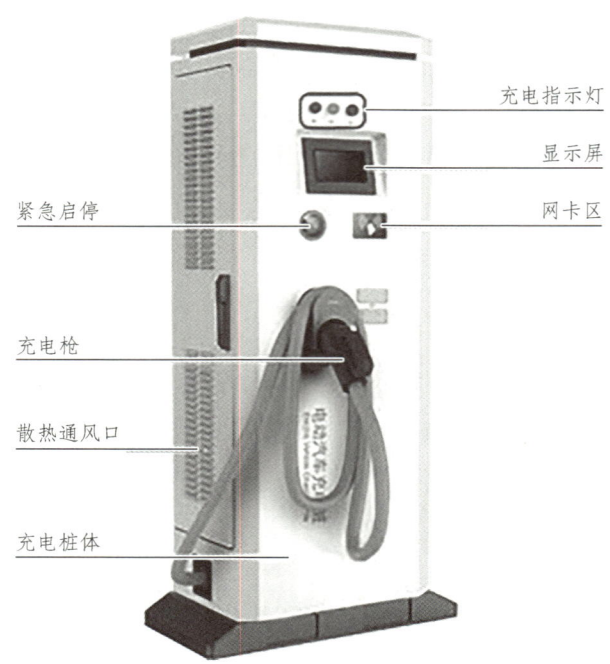

图 4-2-3　直流充电桩

（2）直流充电接口。

直流充电桩的充电接口是直流充电机与电动汽车车辆插孔进行物理连接，完成充电及控制引导的连接器。直流充电桩充电插头和电动汽车车辆插座分别包含 9 对触头，其电气参数和功能定义如图 4-2-4 所示。

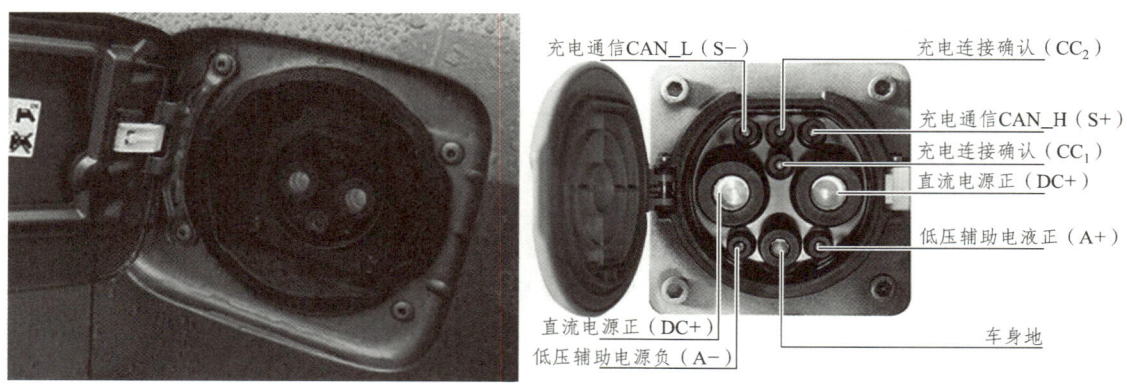

图 4-2-4　直流快充接口触头布置

当快充枪插入充电插座之后，形成连接检测回路，检测结果正确后方能开始充电。快充充电线束如图 4-2-5 所示。

图 4-2-5 快充充电线束

直流充电接口的连接界面如图 4-2-6 所示，充电机充电插头和车辆插座在连接过程中触点耦合的顺序为：保护地线（设备地）、充电连接确认（CC_2）、直流电源正和直流电源负、低压辅助电源正与低压辅助电源负、充电通信与供电端连接确认。在脱开的过程中则顺序相反。

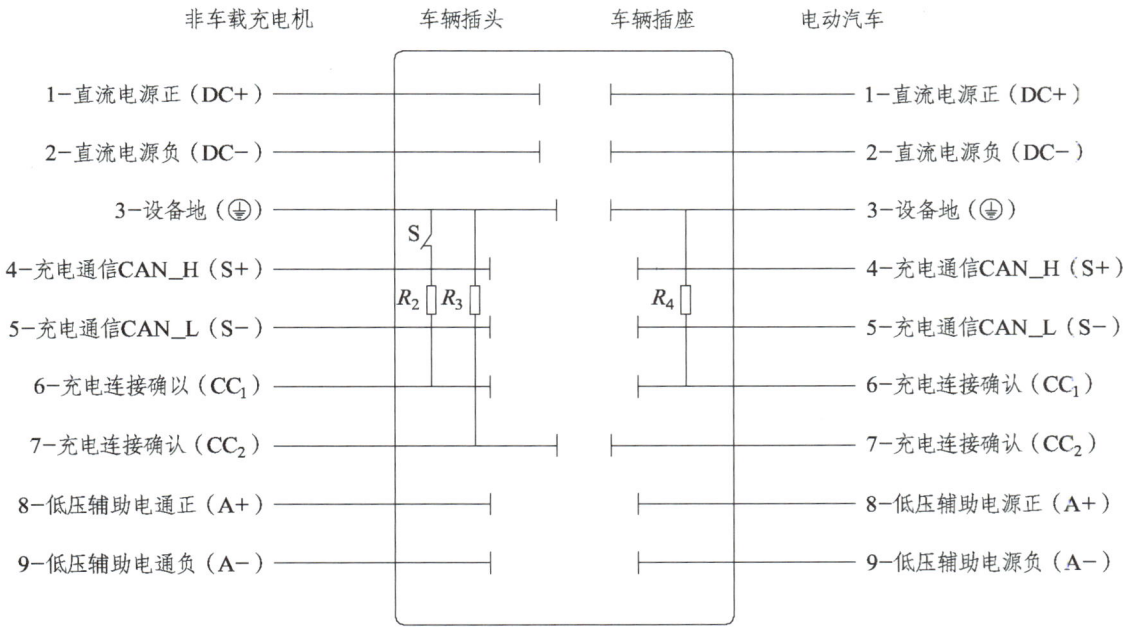

图 4-2-6 直流充电接口连接界面

2. 快充充电系统的工作原理

直流快充系统是由供电设备、直流充电座、动力电池（含 BMS）、整车控制器（VCU）及连接它们的高低压线束等元器件构成。当直流充电设备接口连接到整车直流充电口，直流充电设备发送充电唤醒信号给 BMS，BMS 根据动力电池的可充电功率，向直流充电设备发送充电电流指令。同时，BMS 吸合系统高压正极继电器和高压负极继电器，动力电池开始充电。

直流快充控制逻辑如图 4-2-7 所示。

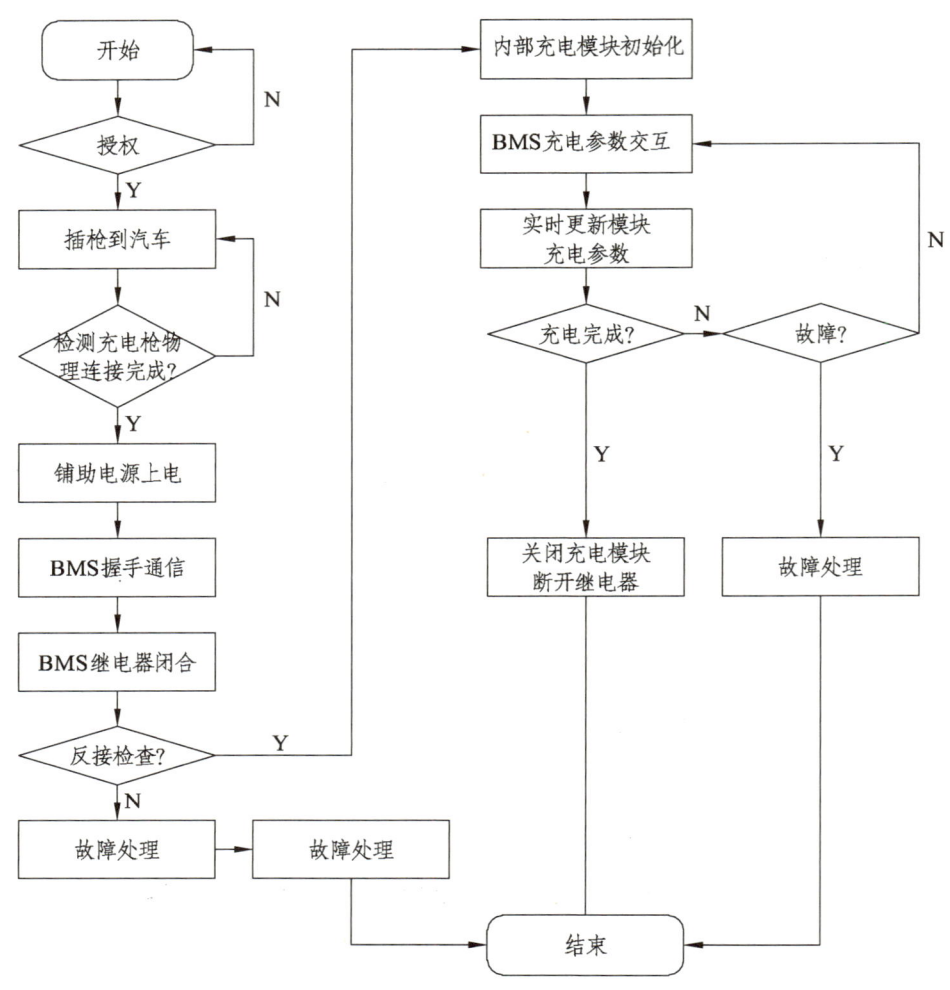

图 4-2-7　直流快充控制逻辑

直流快充系统工作电路如图 4-2-8 所示。该电路由充电桩控制器，接触器 K_1、K_2、K_3、K_4、K_5、K_6，电阻 R_1、R_2、R_3、R_4、R_5，开关 S，非车载充电器和整车控制器组成。图中 K_1、K_2 为充电桩高压正、负继电器；K_3、K_4 为充电桩低压 唤醒正、负继电器，供电输出给车辆控制器 VCU；K_5、K_6 为电池高压正、负继电器；检测点 1 即 CC_1 为充电桩检测快充插头与车辆连接状态识别信号；检测点 2 即 CC_2 为车辆控制器 VCU 检测快充插头与车辆连接状态识别信号。

当车辆处于直流充电模式时，直流充电机（在直流充电桩内）与电动汽车电池管理系统 BMS 进行通信，当通信连接确认无误后，BMS 与直流充电机就电压、电流等参数进行交流，BMS 将动力电池的充电需求告知直流充电机，直流充电机将其供电能力告知 BMS，当两者通信正常且均符合充电要求时，直流充电机启动并输出电能对动力电池进行充电。当动力电池充满之后，BMS通过数据端口告知直流充电机，直流充电机停止输出电能并停止计费。

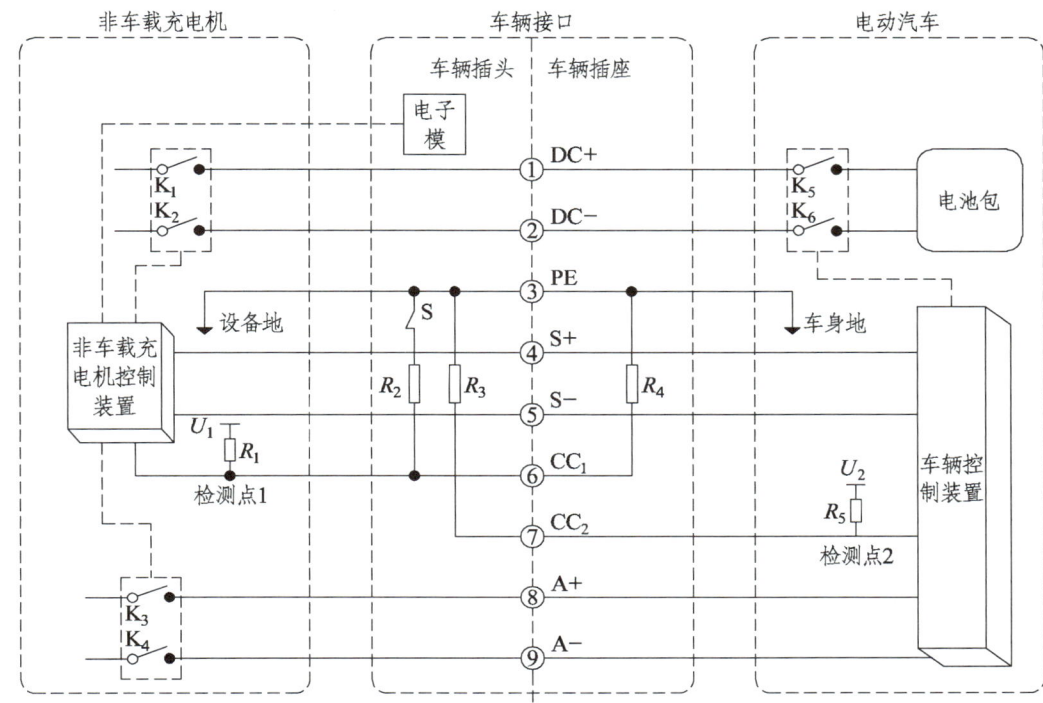

图 4-2-8　直流快充系统工作电路图

快充过程主要分为以下几个阶段：

（1）车辆快充口连接确认。非车载充电机控制器检测检测点 1 的电压值。当快充枪未接入时，快充枪上的开关 S 处于闭合状态，检测点 1 的电压为 6 V。快充枪上的开关 S 被压开时该点电压为 12 V。接入快充枪而开关 S 仍断开时，检测点 1 的电压为 6 V，开关 S 回弹闭合后，检测点 1 的电压为 4 V。此时快充桩确认充电枪完全接入车辆快充口，随即非车载充电机控制器控制 K_3、K_4 开关闭合，快充桩内的低压辅助电源开始通过 K_3、K_4 给车辆控制器进行供电。

车辆控制器通过检测检测点 2 电压判断车辆与充电枪的连接情况。当快充枪未接入时，该点电压为 12 V，快充枪连接完成后，该点电压变为 6 V。此时，车辆控制器确认快充枪与快充口连接完成。非车载充电机控制装置控制电子锁锁定充电枪使其不能从快充口处断开。

（2）非车载充电机控制器自检。车辆快充口连接完成后，非车载充电机控制器控制开关 K_1、K_2 闭合，非车载充电机控制器通过绝缘表（IMD）对桩内到高压控制盒处的 DC+、DC- 两根充电电缆进行对地绝缘检测。自检通过后断开 K_1、K_2，然后通过泄放电路将 DC+、DC- 上的残余电释放掉。

（3）充电开始。车辆端由车辆控制器控制开关 K_5、K_6 闭合，非车载充电机控制器检测到动力蓄电池电压正常后，控制开关 K_1、K_2 闭合，使直流供电回路导通，开始对动力蓄电池进行充电。

（4）充电过程检测。在充电过程中，车辆控制装置向非车载充电机控制装置实时发送动力蓄电池充电需求参数。非车载充电机控制装置相应调整充电电压和充电电流，并相互发送各自的状态信息（充电桩输出电压电流、动力蓄电池电压、电流、SOC 值等）。

（5）充电结束。正常条件下充电结束分两种情况。一种是车辆达到充电结束条件，如蓄电池已充满。另一种是充电桩达到了充电结束条件，如操作人员进行了充电结束刷卡。车辆控制装置开始周期发送蓄电池管理系统终止充电报文，并断开开关 K_5 和 K_6。非车载充电机控制器则周期性发送充电机终止充电报文，并控制充电机停止充电，在确认充电电流小于 5 A 后断开开关 K_1 和 K_2，将充电机的输出电压投入泄放电路，避免对操作人员造成电击伤害，最后断开开关 K_3 和 K_4。解锁电子锁，拔出充电枪，完成充电。

和交流充电一样，车辆快充系统也具有充电枪自锁功能。充电枪插入充电接口后，只要驾驶员按下智能钥匙闭锁按钮，充电枪防盗功能将开启，此时充电枪无法拔出。如要拔出充电枪，须先按下智能钥匙解锁按钮，解锁充电枪。

【任务实施】

直流充电桩的充电操作

◇ 任务准备

1. 设备

2018 款吉利帝豪 EV450、直流充电桩。

2. 防护用品

人员防护套装。

◇ 实施步骤

（1）确认车辆停靠在正确车位。

（2）操作前确认直流充电桩充电插头处于断电状态，电动汽车车辆电源开关处于关闭状态，电动汽车动力电池参数与充电机参数匹配。

（3）打开直流快充口盖，取下罩盖，如图 4-2-9 所示。

图 4-2-9　打开直流充电口盖

（4）连接直流充电桩插头和电动汽车直流充电插座并确认正常连接，如图 4-2-10 所示。

图 4-2-10　连接直流充电枪

（5）操作直流充电桩，充电桩充电操作流程以 CEV1200-B 直流充电桩为例。

① 直流充电桩初始提示界面如图 4-2-11 所示，插入充电 IC 卡。

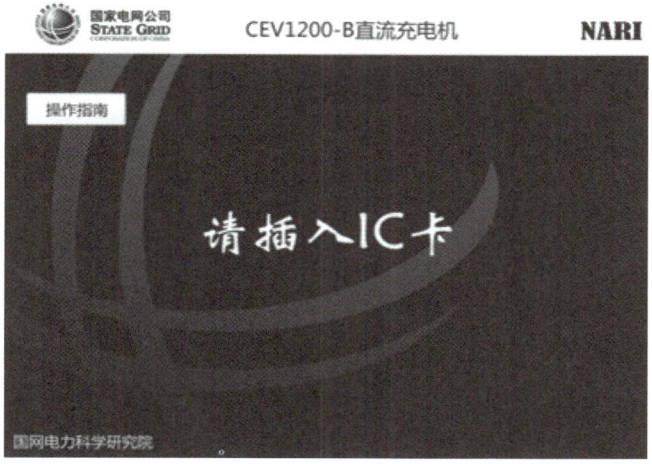

图 4-2-11　直流充电桩初始提示界面

② 插入充电 IC 卡，充电机监控主界面如图 4-2-12 所示。

③ 单击主监控界面的"其他方式"按钮，进入充电方式选择界面如图 4-2-13 所示。

④ 在充电方式选择界面，单击"按时间充"按钮。

⑤ 在按时间充电参数设置界面，如图 4-2-14 所示，选择并确定时间参数设置后，单击"下一步"按钮。

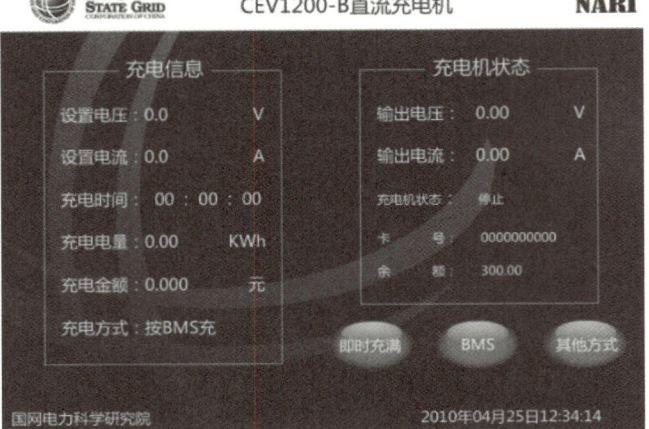

图 4-2-12　插入 IC 卡后充电桩主界面

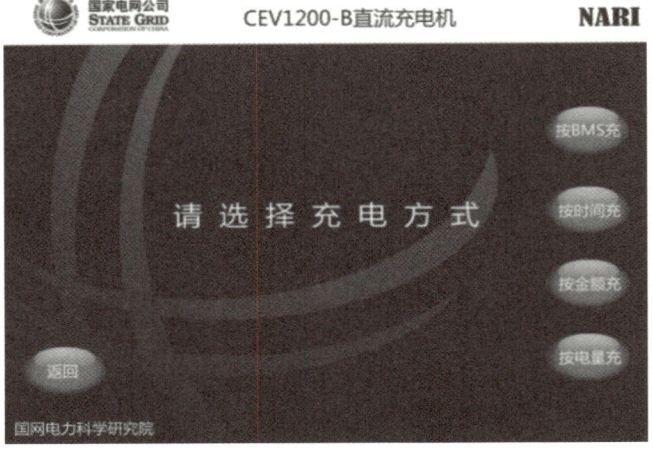

图 4-2-13　充电方式选择界面

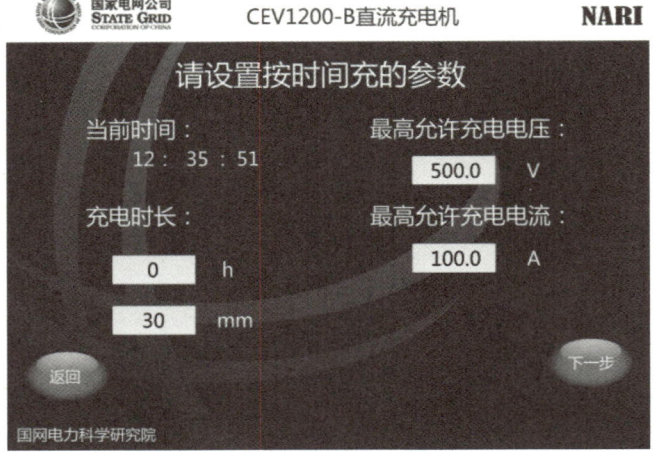

图 4-2-14　按时间充电参数设置界面

⑥ 进入启动时间选择界面，单击"立即启动"和"定时启动"中的任意一个按钮；在选择按"定时启动"前应输入定时启动时间，如图 4-2-15 所示。

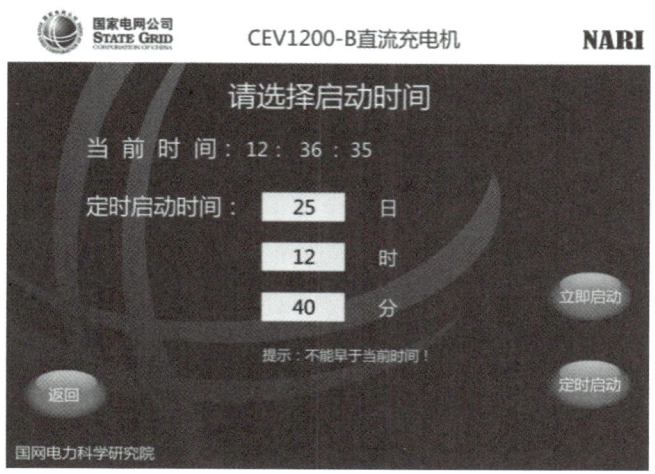

图 4-2-15　启动时间选择界面

⑦ 进入参数设置确认界面，如图 4-2-16 所示，在确定设置参数无误后，单击"确定"按钮。

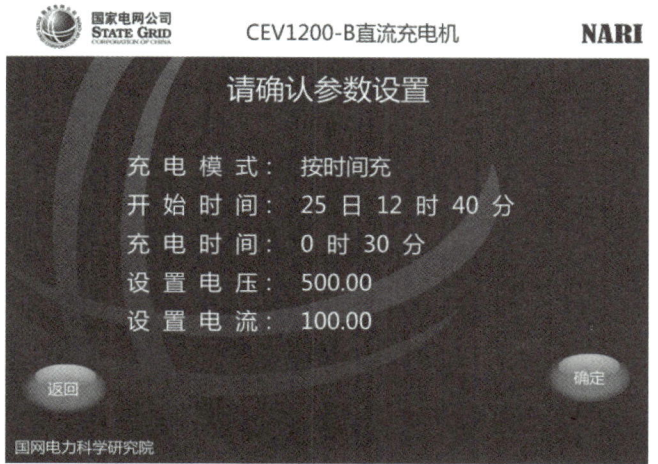

图 4-2-16　参数确认界面

⑧ 系统弹出主界面，如图 4-2-17 所示，单击"启动充电"按钮。
⑨ 进入确认开始充电界面，单击"确定"按钮开始充电，如图 4-2-18 所示。
⑩ 在充电过程中，充电机显示界面如图 4-2-19 所示。
⑪ 在确认中止充电界面，如图 4-2-20 所示，单击"确定"按钮充电中止。
⑫ 在查询界面，可查询充电信息，如图 4-2-21 所示。
⑬ 充电结束的界面，如图 4-2-22 所示。请按界面显示的内容进行充电结束操作。

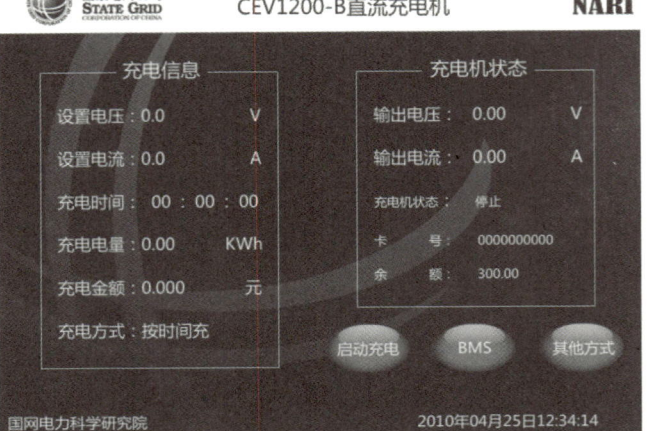

图 4-2-17　确定设置参数后的主界面

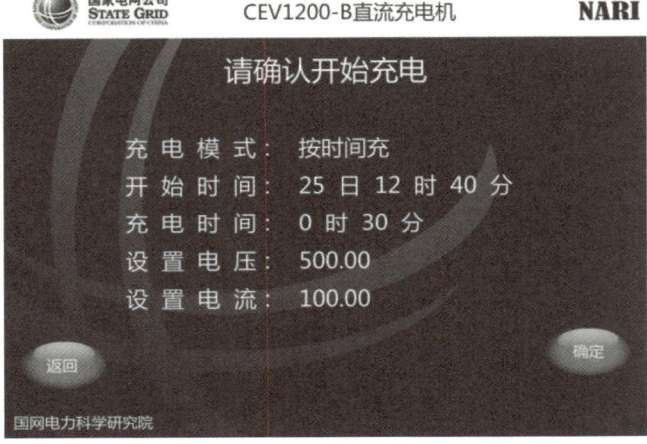

图 4-2-18　确认开始充电界面

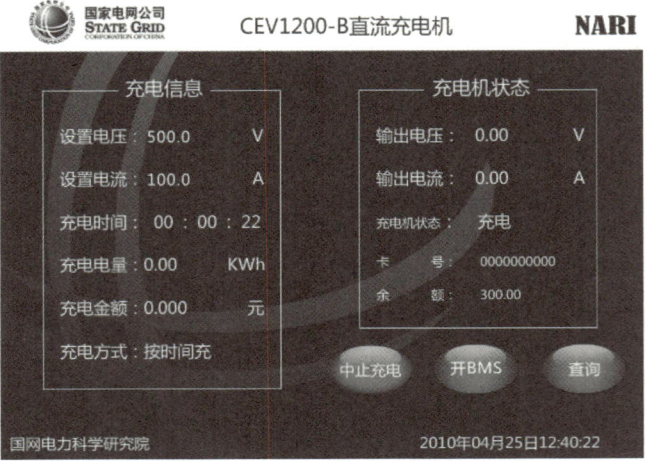

图 4-2-19　充电过程显示界面

项目四 充电系统结构原理与检修

图 4-2-20 中止充电界面

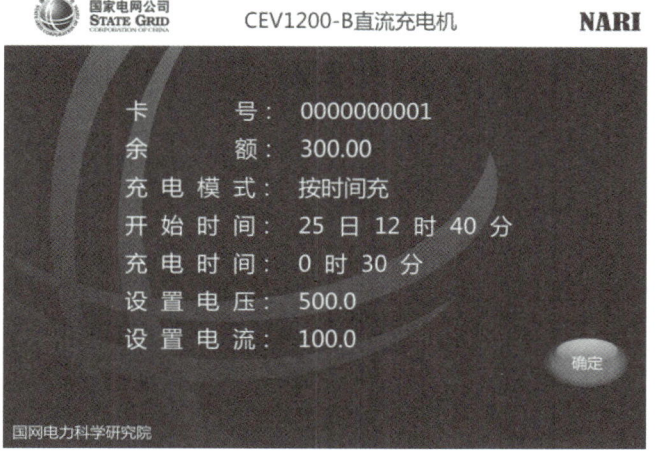

图 4-2-21 充电查询界面

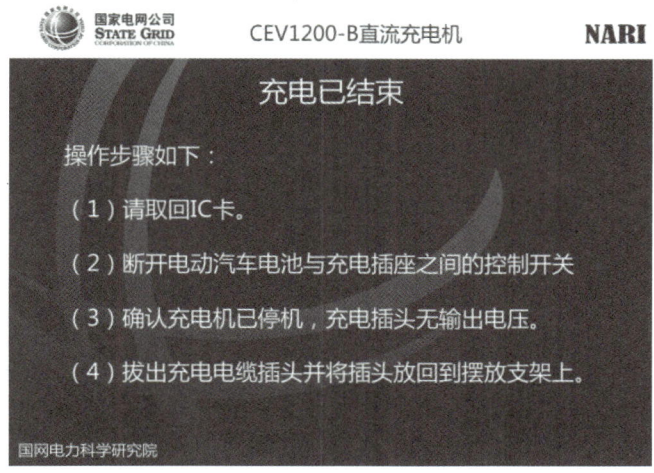

图 4-2-22 充电结束界面

（6）充电结束，拔下直流充电枪，盖好车辆直流充电口盖，如图 4-2-23 所示。

图 4-2-23　关闭直流充电口盖

【巩固提升】

一、判断题

1. 直流充电桩是固定安装在电动汽车外，与直流电网连接。　　　　　　　　（ × ）
2. 直流充电桩充电时，应遵循"浅充浅放"的原则，一般当 SOC 低于 30% 时进行充电，耗电过度容易影响电池寿命。　　　　　　　　　　　　　　　　　　　　　（ √ ）
3. 快充系统需要车载充电机来充电。　　　　　　　　　　　　　　　　　（ × ）
4. 车辆快充系统和交流充电一样都具有充电枪自锁功能。　　　　　　　　（ √ ）
5. 直流充电桩充电速度快，充电功率较大，对电网的负荷有较高的要求，因此只适合长距离行驶的车辆进行快速充电。　　　　　　　　　　　　　　　　　　　　（ × ）

二、选择题

1. 车辆接口和供电接口的触头中，4-（S+）是指（ D ）。
 A. 保护接地线　　　　　　　　　　　　B. 低压辅助电源正
 C. 直流电源正　　　　　　　　　　　　D. 充电通信 CAN-H
2. 车辆接口和供电接口的触头中，8-（A+）是指（ C ）。
 A. 保护接地线　　　　　　　　　　　　B. 直流电源正
 C. 低压辅助电源正　　　　　　　　　　D. 充电通信 CAN-H
3. 直流充电桩的额定电压为（ A ）。
 A. 750 V　　　　B. 125 V　　　　C. 250 V　　　　D. 500 V
4. 当车辆处于直流充电模式时，直流充电机与（ D ）进行通信。
 A. VCU　　　　B. 车载充电机　　　　C. 动力电池　　　　D. BMS
5. 充电机充电插头和车辆插座在连接过程中触点耦合的顺序为（ C ）。
 ① 低压辅助电源正与低压辅助电源负
 ② 保护地线

③ 直流电源正和直流电源负
④ 充电通信与供电端连接确认
⑤ 充电连接确认

A. ①②③④⑤　　　　B. ②④①③⑤　　　　C. ②⑤③①④　　　　D. ②⑤③④①

任务三　吉利汽车充电系统故障诊断与排除

【任务描述】

客户杨先生驾驶一辆 2018 款吉利帝豪 EV450 轿车，在给爱车进行充电时，发现爱车无法充电，同时充电器上方充电状态指示灯闪烁。经过维修技师初步检查发现充电系统存在故障。为了确定具体故障原因，需对充电系统做进一步检查。假如你接到此任务，你知道充电系统如何检修吗？

【学习目标】

◇ **知识目标**
1. 能够描述慢充充电系统的结构。
2. 能够掌握慢充充电系统的工作原理。

◇ **技能目标**
1. 能够完成充电枪连接确认（CC）信号故障检修。
2. 能够完成充电枪控制确认（CP）信号故障检修。
3. 能够完成交流充电插座温度传感器信号故障检修。

◇ **素养目标**
1. 遵守职业道德，树立正确的价值观。
2. 引导崇尚劳动精神，逐步提升服务社会的意识。
3. 弘扬工匠精神，塑造精益求精的品质。
4. 培养协同合作的团队精神，自觉维护组织纪律。

【任务实施】

一、充电枪连接确认（CC）信号故障检修

◇ **任务准备**

1. **工具**
（1）专用工具：道通故障诊断仪。
（2）常用工具：世达 150 件工具套装、钳形电流表。

2. **设备**
2018 款吉利帝豪 EV450、便携式交流充电枪。

3. **防护用品**
人员防护套装、车内外防护三件套。

◇ 实施步骤

1. 故障现象

连接充电设备至外部交流插座,按压充电枪锁止开关,连接至车辆慢充接口,释放充电枪锁止开关,充电枪无法锁止,充电口连接指示灯未正常点亮,充电设备上的充电状态指示栏显示"请插枪"或"连接信号指示灯闪烁",如图 4-3-1 所示。观察驾驶室仪表发现,充电连接指示灯不亮,动力蓄电池 SOC 充电图标画面未出现。

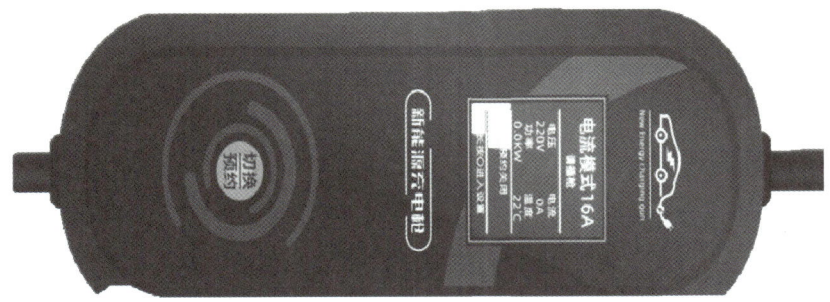

图 4-3-1　交流充电设备

连接充电枪至车辆直流快充接口,如图 4-3-2 所示,释放充电枪锁止开关,没有听到主正、主负继电器发出"咔哒"的工作声。同时充电枪锁没有发出"咔哒"的锁止声,车辆侧充电口连接指示灯一直点亮,没有变化为绿色的充电状态指示灯闪烁。

图 4-3-2　连接充电枪至直流快充接口

观察充电设备状态,此时充电设备上蓝色电源指示灯正常点亮,绿色充电状态指示灯变为长亮,红色充电设备故障指示灯熄灭。

观察仪表上充电指示灯、充电连接指示灯均不亮。打开车辆电源开关,动力蓄电池 SOC 充电图标未显示,车辆无法充电且仪表板未提示相关故障信号指示灯。

2. 故障原因分析

由于仪表上充电连接指示灯以及 OBC 启动充电模式并判断外部设备供电能量,主要由充电导引信号 CC 决定。根据充电过程中仪表上的充电连接指示灯不亮,说明充电连接电缆→车辆接口→OBC→VCU→组合仪表的控制流程存在故障。而整车运行正常,说明 VCU、OBC、组合仪表等都工作正常。所以，据此判定为 OBC 没有接收到正确的 CC 信号或对 CC 信号没有做出正确的反应，具体可能为：

① 充电连接电缆中的 CC 信号线路（断路、虚接、短路）故障；
② 充电枪锁止开关（机械卡滞）故障；
③ OBC 到车辆接口之间线路故障。

3. 故障诊断与修复

（1）连接故障诊断盒（VCI）至车辆 OBD 接口，如图 4-3-3 所示。

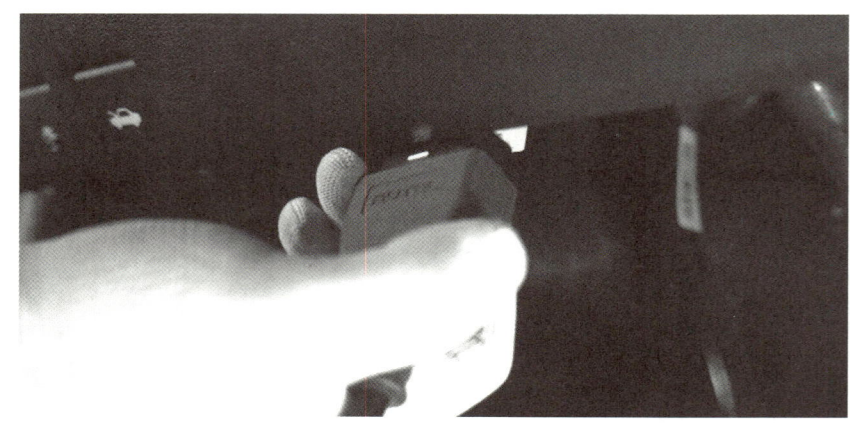

图 4-3-3　连接故障诊断盒至车辆接口

（2）使用故障仪读取故障码，如图 4-3-4 所示。在连接故障诊断仪后，可能读不到相关故障代码，也可能读取到一个或多个相关故障代码，此时应结合当前现象，分析故障代码为当前还是历史信息，并进一步验证故障代码的真实性。

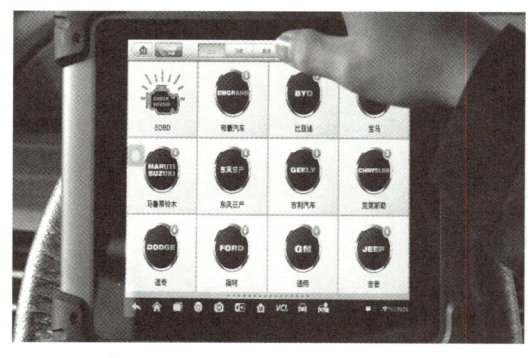
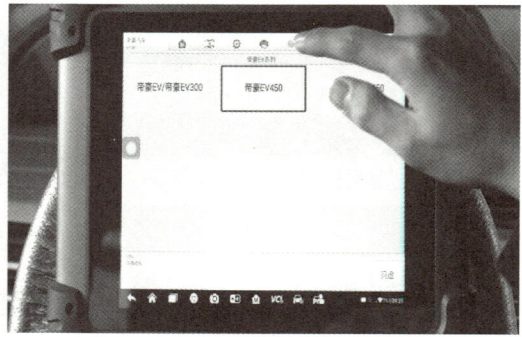

图 4-3-4　选择具体车型读取故障码

记录当前诊断仪上的故障代码信号，如图 4-3-5。断开连接至车辆的充电设备及退出故障诊断仪。

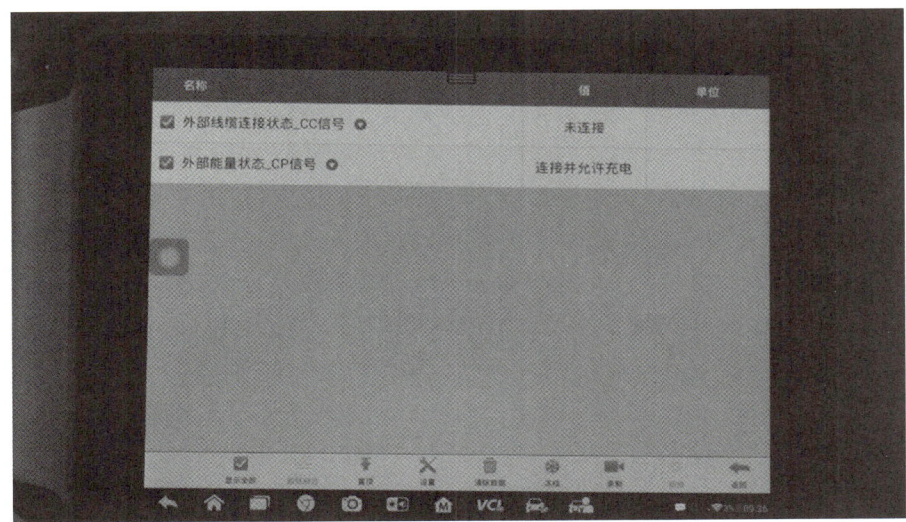

图 4-3-5 故障诊断仪显示 CC 信号未连接

在对 OBC 不充电的数据流分析时，结合故障现象和故障代码信号，主要确认 OBC 主要数据流列表中的内容，如表 4-3-1 所示。

表 4-3-1 OBC 主要数据流列表

序号	数据流描述	正常范围	单位
1	ECU 电压（ECU Power Voltage）	9～16	V
2	故障发生计数器（Occurrence Counter）	0～255	time
3	第一次发生故障时汽车里程（The Odometer of First Malfunction）	—	km
4	最后一次发生故障时汽车里程（The Odometer of Last Malfunction）	—	km
5	CC 检测（Charger Handle Detected）		
6	CP 检测（Pilot Control Signal Detected）		
7	电子锁电机状态（Locking Motor Status）		
8	电网输入电流（Actual Input Current from AC Grid）	0～16	A
9	电网输入电压（Actual Input Voltage from AC Grid）	0～264	V
10	充电机输出电流（Actual Output Current from Charger）	0～12	A
11	充电机输出电压（Actual Output Voltage from Charger））	0～420	V
12	引导线路电压（CP Voltage）	0～16	V
13	引导线路占空比（CP Duty）	0～100	%
14	引导线路周期（CP Frequency）	0～1 050	Hz

（3）OBC 插座端 CC 输出信号对地电压测试。关闭车辆电源开关，充电设备正常连接到交流 220 V 电源上，确保充电设备上电源指示灯点亮；把连接电缆正确连接到充电设备和车辆之间后，测量 OBC 插座端 BV10/39 端子对地电压，不插枪时为 10.71 V，插枪后按住锁止开关时为 1.71 V，松开后为 0.77 V 左右（以 10 A 容量为例），否则均说明故障存在。

（4）车辆侧交流充电口端 CC 信号对地电压测试。关闭车辆电源开关，充电设备正常连接到交流 220 V 电源上，确保充电设备电源指示灯点亮；把连接电缆正确连接到充电设备和车辆后，测量车辆侧交流充电口端 CC 信号对地电压，不插枪时为 10.71 V，插枪后按住所示开关时为 1.71 V，松开后为 0.77 V 左右，否则均说明故障存在。

（5）车辆侧交流充电口端搭铁信号对地电压测试。关闭车辆电源开关，充电设备正常连接到交流 220 V 电源上，确保充电设备上电源指示灯点亮；把连接电缆正确连接到充电设备和车辆之间后，测量车辆侧交流充电口端搭铁信号对地电压，任何情况下均应小于 0.1 V，否则说明故障存在。

（6）OBC 端搭铁信号对地电压测试。关闭车辆电源开关，充电设备正常连接到交流 220 V 电源上，确保充电设备上电源指示灯点亮；把连接电缆正确连接到充电设备和车辆之间后，测量 OBC 端信号对地电压，任何情况下应小于 0.1 V，否则说明故障存在。

（7）充电枪 CC 端子 5 和 PE 端子 6 之间电阻的测试，如图 4-3-6 所示，断开充电连接电缆和充电枪，用万用表测量充电枪 CC 端子 5 和 PE 端子 6 之间电阻，未按压充电枪锁止开关时阻值为 1.49 kΩ；按压充电枪锁止开关时阻值为 3.42 kΩ。

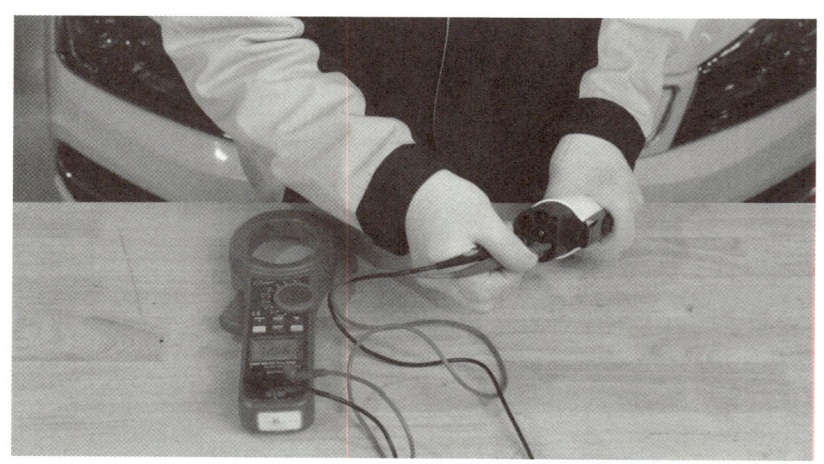

图 4-3-6　测量充电枪 CC5 和 PE6 号接口

（8）车辆侧 CC 信号线路通导性测试。拔下 OBC 端插接器，用万用表测量车辆侧交流充电口端子 6 至 OBC 端 BV10/39 端子之间线路导通性，如图 4-3-7 和图 4-3-8 所示，测试结果应小于 2 Ω。

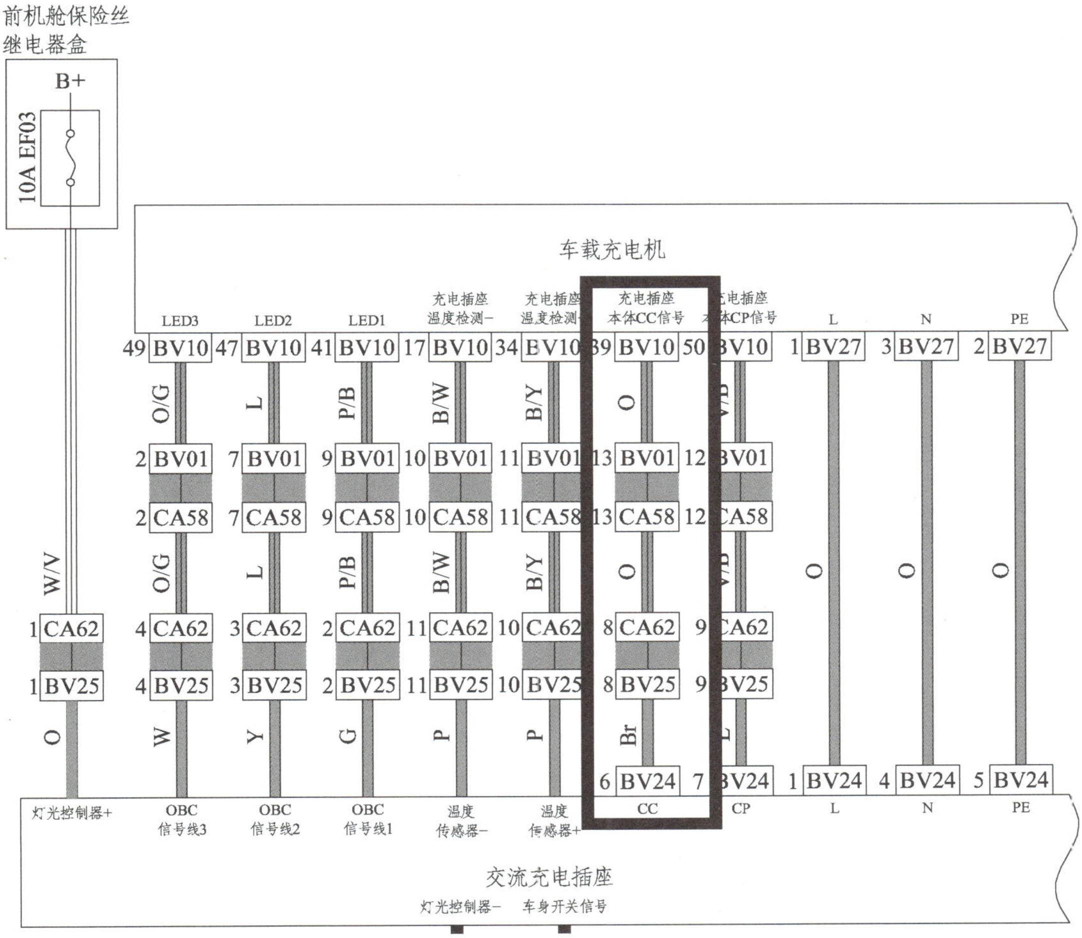

图 4-3-7 CC 信号电路

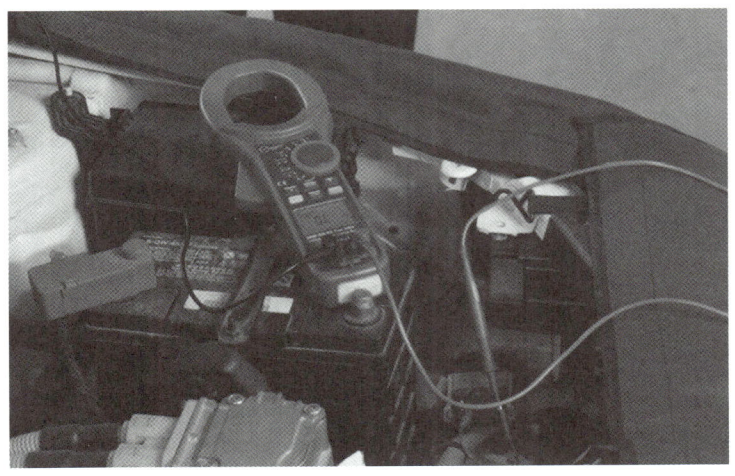

图 4-3-8 测量交流充电口端子 6 至 OBC 端 BV10/39 端子

（9）检查 OBC 端 CC 线路对地或电源是否短路或虚接。用万用表测量 OBC 端 BV10/39 端子对地电压，应为空载电压。

注意：① 需先确认单元、元件之间连接线路无断路或电阻过大故障。② 在拆卸单元插接器时必须关闭车辆电源开关，单元插接器连接牢靠后再打开车辆电源开关进行测试；如果所有单元连接正确，连接充电枪，OBC 端 BV10/39 端子对地电压应为 0.77 V。

（10）OBC 端 CC 线路对地阻值测试，测试值应为无穷大。

（11）关闭车辆电源开关，将充电设备从车辆上移除，并断开充电设备电源，安装所有诊断时拆下或更换的部件及插接器。

（12）打开车辆电源开关，使用故障诊断仪清除故障代码。

（13）关闭车辆电源开关 60 s，连接慢充设备交流 220 V 电源插座，连接充电枪至车辆慢充接口，并确认车辆充电及仪表显示正常。故障排除。

二、充电枪控制确认（CP）信号故障检修

◇ 任务准备

1. 工具

（1）专用工具：道通故障诊断仪。

（2）常用工具：世达 150 件工具套装、钳形电流表。

2. 设备

2018 款吉利帝豪 EV450、便携式交流充电枪。

3. 防护用品

人员防护套装、车内外防护三件套。

◇ 实施步骤

1. 故障现象

当连接电缆一端插入供电设备，另一端连接到车辆充电口（按压充电枪锁止开关），然后释放充电枪锁止开关，此时交流充电插座电子锁无动作，充电枪无法锁止，充电口绿色指示灯始终未点亮；观察仪表，充电线连接指示灯正常点亮，但充电指示灯未正常点亮。

打开车辆电源开关，动力蓄电池 SOC 显示条不闪动，系统故障灯点亮；同时充电器上充电状态指示灯长亮（表明握手未成功、显示"未连接"信号），车辆无法充电。

车辆行驶正常，仪表板未提示相关故障信号。

2. 故障原因分析

仪表上显示充电线连接指示灯正常点亮但充电指示灯未点亮现象，说明车辆充电连接中系统检测出充电枪连接到车载充电机，但未确认进入充电状态，此时可能是充电导引程序未握手成功、充电系统有其他严重故障或蓄电池电量已达到设定的 SOC 值而停止充电功能。加上充电口绿色充电状态指示灯未正常点亮、交流充电插座电子锁无动作，说明整车未进入充电状态。而车辆可以正常行驶，说明整车高压控制系统正常，即 VCU、BMS、MCU、DC-DC 变换器、OBC、高压绝缘、高压互锁等都正常，且整车低压和通信也正常。由此可推断故障只发生在慢充系统工作过程中，但无法确定故障所在。

3. 故障诊断修复

（1）使用故障诊断仪读取故障代码（DTC）。在连接故障诊断仪后，可能读到以下一个或多个故障代码，此时应结合当前现象，分析故障代码为当前故障还是历史信息，并进一步验证故障代码的真实性，如图 4-3-9 和表 4-3-2 所示。

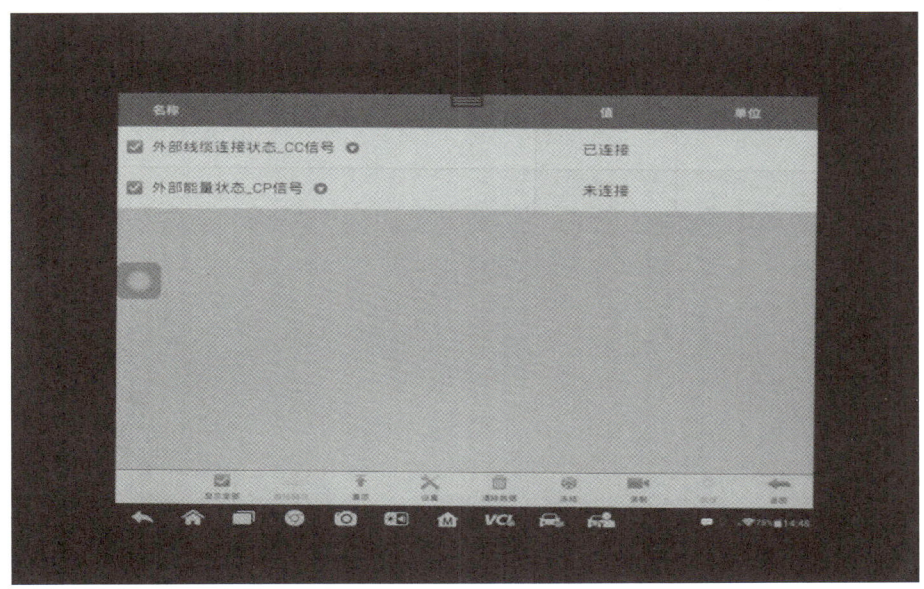

图 4-3-9　故障诊断仪显示 CP 信号未连接

表 4-3-2　故障代码信号

故障诊断	代码说明
P1A8403	CP 在充电机的内部测试点占空比异常
P1A841C	CP 在充电机的内部 6 V 测试点电压异常（S_2 关闭以后）
P1A851C	CP 在充电机的内部 9 V 测试点电压异常（S_2 关闭以前）
P1A8538	CP 在充电机的内部测试点频率异常（S_2 关闭以前）
P1A881C	充电连接故障

（2）充电枪 CC 端子 5 和 PE 端子 6 之间电阻的测试，如图 4-3-10 所示。断开充电连接电缆和充电枪，用万用表测量充电枪 CC 端子 5 和搭铁点端子 6 之间电阻，未按压充电枪锁止开关时阻值为 1.49 kΩ；按压充电枪锁止开关时阻值为 3.42 kΩ。

（3）慢充连接 CP 信号线路端对端导通性测试。拔下充电枪、车载充电机端插接器，用万用表测量交流充电插座 BV24/7 端子与车载充电机 BV10/50 端子之间的电压，如图 4-3-11 所示，测试结果应小于 2 Ω。

图 4-3-10　测量充电枪 CC 端子 5 和 PE 端子 6

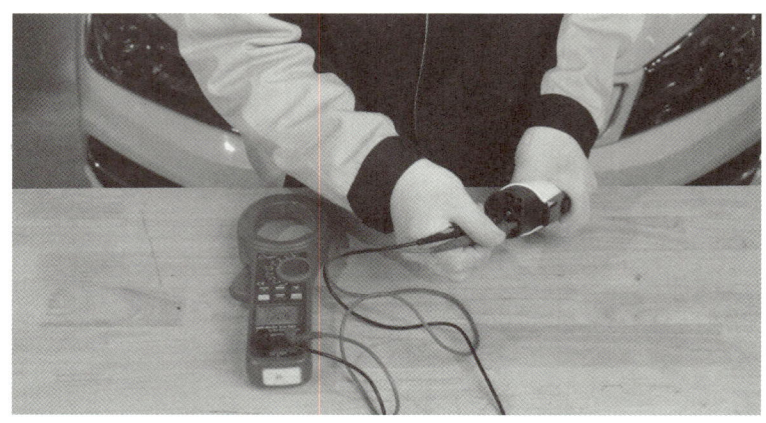

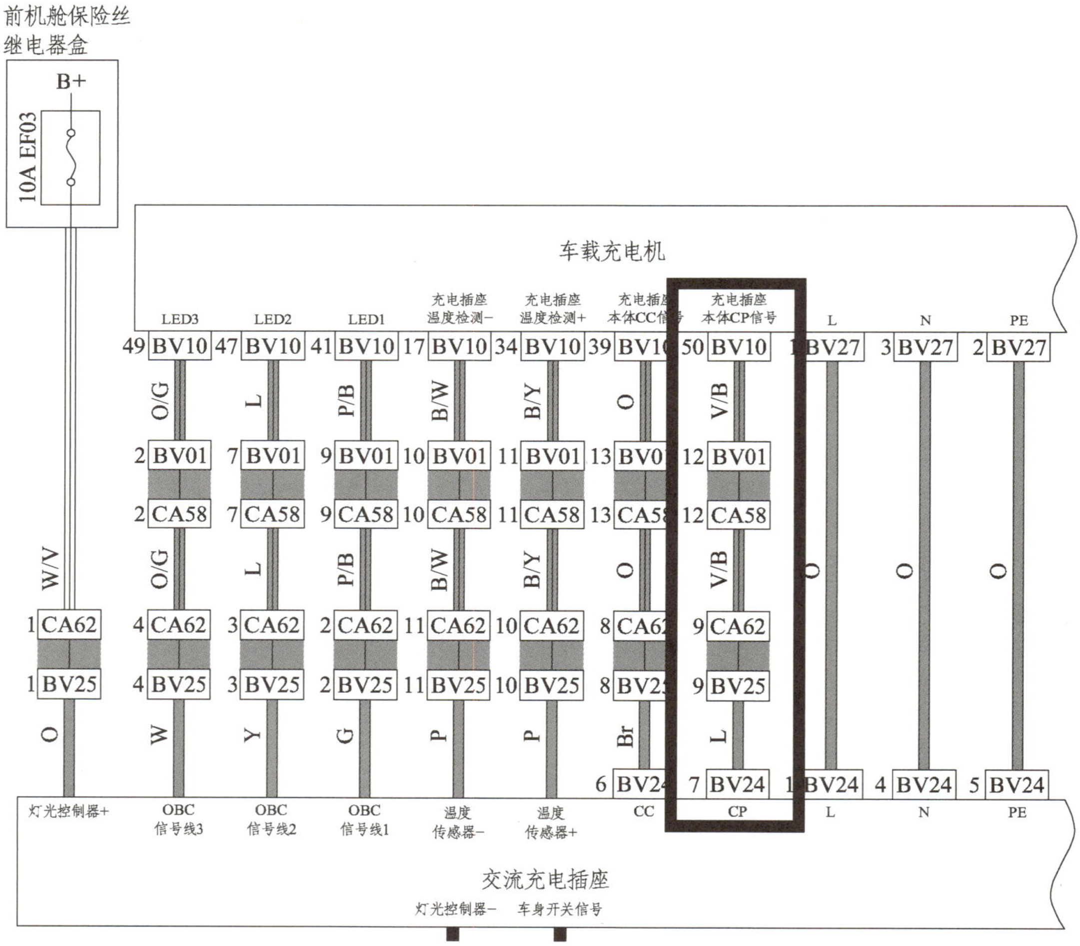

图 4-3-11　CP 信号电路

（4）慢充连接 CP 信号线路对地电阻测试。拔下充电枪、车载充电机端插接器，用万用表测量慢充连接 CP 信号线束端子 BV10/50 对地电阻，测试结果应无穷大，如图 4-3-12 所示。

（a）BV10/50 连接背插针

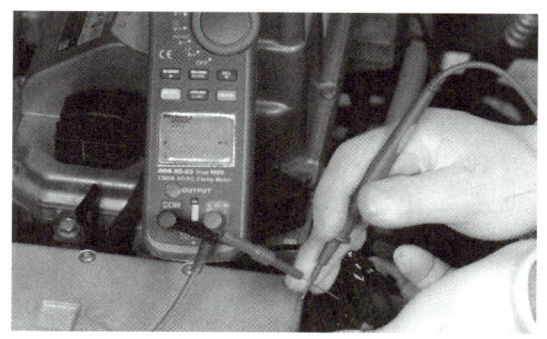
（b）万用表表笔连接 BV10/50 端子

图 4-3-12　测量 BV10/50 端子

（5）车载充电机对地电阻测试。关闭点火开关，连接车载充电机插接器，用万用表测量慢充连接 CP 信号线束 BV10/50 端子对地电阻，测试结果应为无穷大。

（6）关闭车辆电源开关，将充电设备从车辆上移除，并断开充电设备电源，安装所有诊断时拆下或更换的部件及插接器。

（7）打开车辆电源开关，使用故障诊断仪清除故障代码。

（8）关闭车辆电源开关 60 s，连接慢充设备交流 220 V 电源插座，连接充电枪至车辆慢充接口，并确认车辆充电及仪表显示正常。故障排除。

三、交流充电插座温度传感器信号故障检修

◇ 任务准备

1. 工具

（1）专用工具：道通故障诊断仪。

（2）常用工具：世达 150 件工具套装、钳形电流表。

2. 设备

2018 款吉利帝豪 EV450、便携式交流充电枪。

3. 防护用品

人员防护套装、车内外防护三件套。

◇ 实施步骤

1. 故障现象

连接充电设备至外部交流充电插座，按压充电枪锁止开关，连接至车辆慢充接口，释放充电枪锁止开关，此时充电枪锁无动作，充电枪无法锁止，同时充电口绿色充电状态指示灯未点亮；观察仪表，充电线连接指示灯正常点亮，但充电指示灯未点亮，充电设备电源指示灯正常；打开点火开关，动力蓄电池 SOC 显示条不闪动，系统故障灯点亮，同时充电器上充电状态指示灯闪烁，显示"未连接"信号，车辆无法充电。

2. 故障原因分析

仪表上显示充电线连接指示灯正常点亮，但充电指示灯未正常点亮现象，充电枪无法锁止，充电口绿色充电状态指示灯未正常点亮，充电器上充电状态指示灯同时闪烁，显示"未

连接"信号，说明车辆充电连接中系统检测出充电枪连接到 OBC，但未进入充电状态，此时可能充电系统有严重故障或蓄电池电量已达到设定的 SOC 值而停止充电功能。

由于车辆可以正常行驶，说明整车高压控制系统正常，即 VCU、BMS、MCU、DC-DC 变换器、高压绝缘、高压互锁等都正常，由此可推断故障只发生在慢充系统工作过程中，但具体什么部位或者什么故障均无法确认。

根据充电导引过程，推断可能有以下故障原因：

① 充电设备自身故障。
② 充电连接及确认 CP 信号及线路（断路、虚接、短路）故障。
③ OBC 内部局部故障。
④ 交流充电插座温度传感器信号线路（断路、虚接、短路）故障。
⑤ 充电设备与车辆交流充电口之间线路故障。

为了进一步确认及缩小故障部位，借用诊断仪器读取 OBC 内故障代码和数据流，对故障部位做进一步解析。

3. 故障诊断修复

（1）使用故障诊断仪读取故障代码（DTC），如表 4-3-3 所示。在连接故障诊断仪后，可能读到以下一个或多个故障代码，此时应结合当前现象，分析故障代码为当前故障还是历史信息，并进一步验证故障代码的真实性。

表 4-3-3　故障代码信号

故障诊断	代码说明
P1A8698	温度过高关机
P1A8898	交流插座过温关机
P1A8998	热敏电阻失效故障

（2）OBC 端交流充电插座温度传感器输入端对地电压测试。关闭车辆电源开关，连接充电枪，测试 BV10/34 端子对地电压，正常情况下应在 0.5～4.2 V 之间随温度升高而减少，如图 4-3-13 和图 4-3-14 所示。

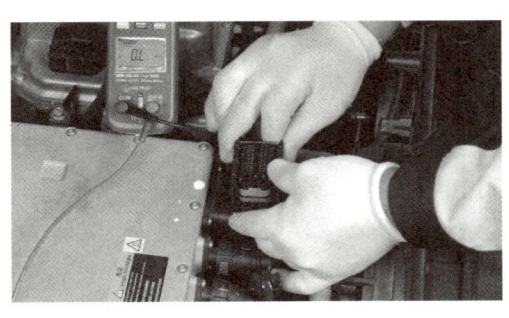

图 4-3-13　拔下 BV10 插接器

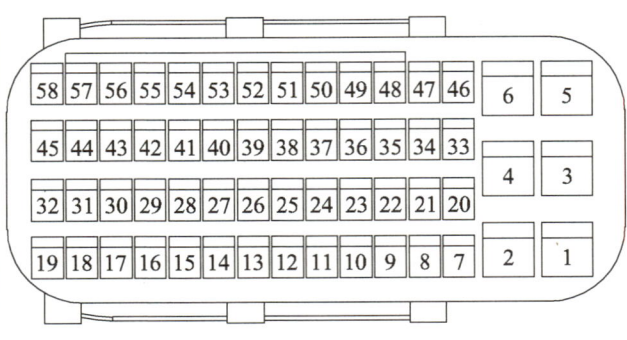

图 4-3-14　BV10 插接器

（3）OBC 端交流充电插座温度传感器输入端对地电压测试。关闭车辆电源开关，拔掉温度传感器插接器，然后打开车辆电源开关，测试 BV10/34 端子对地电压，正常情况下应接近 5 V。

（4）OBC 端交流充电插座温度传感器输入端对地电压测试。关闭车辆电源开关，拔掉温度传感器插接器，用导线短接温度传感器的两个插孔，然后打开 BV10/34 端子对地电压，正常情况下应接近 0 V。

（5）OBC 温度传感器线路对地电阻测试。拔掉 OBC 的 BV10/34 端子插接器、交流充电插座的 BV25/10 端子插接器，测试电阻应为无穷大，如图 4-3-15 所示。

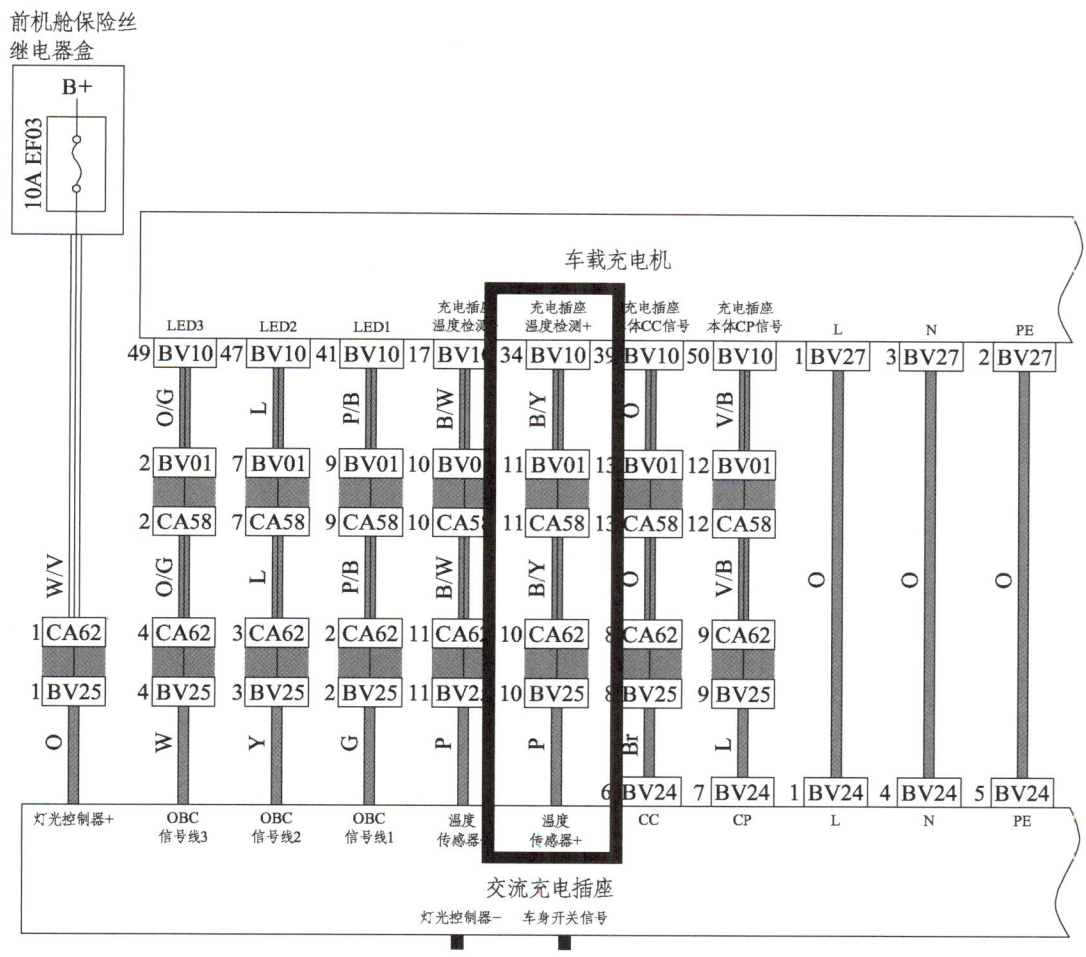

图 4-3-15　BV10/34 电路

（6）测量交流充电插座的 BV10/17 端子和 OBC 的 BV25/11 端子之间的电阻应为小于 2 Ω，如图 4-3-16 所示。

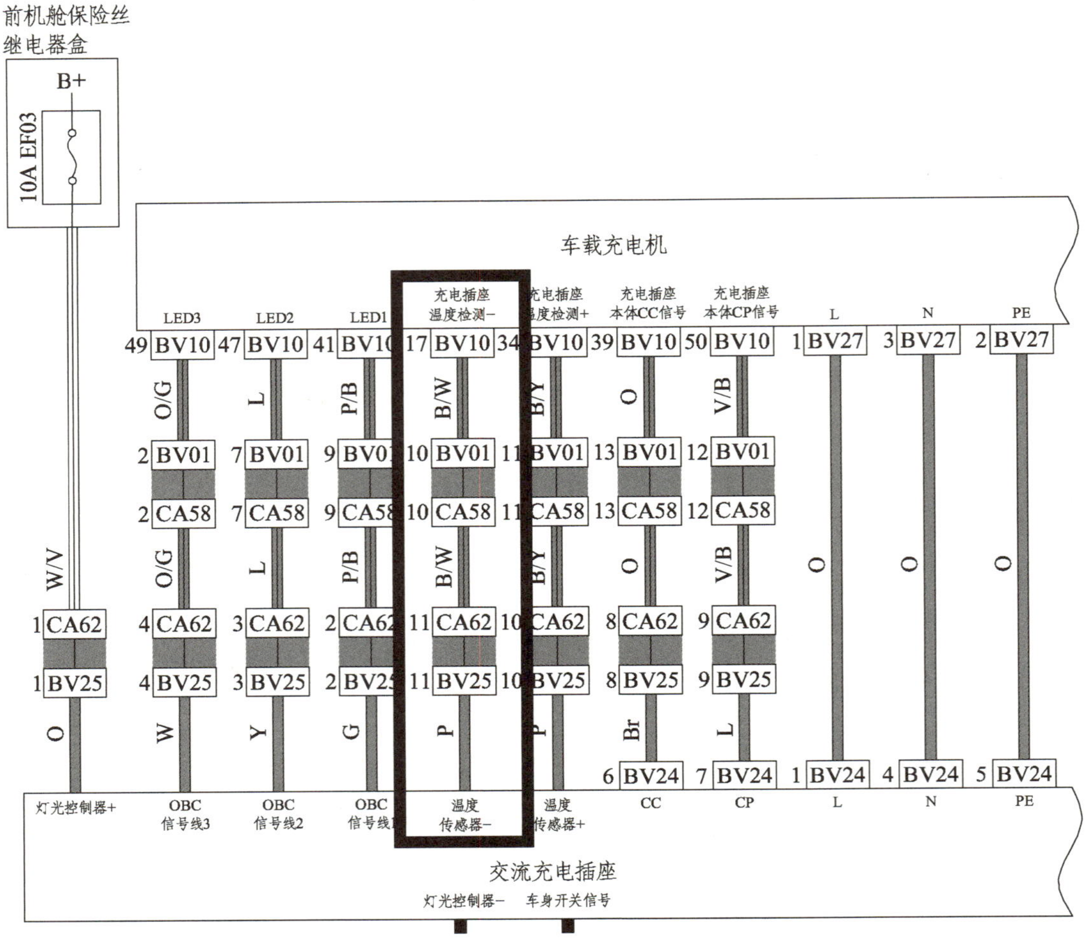

图 4-3-16　BV10/17 电路

（7）测量交流充电插座的 BV10/34 端子和 OBC 的 BV25/10 端子之间的电阻应为小于 2 Ω。

（8）关闭车辆电源开关，断开交流充电插座温度传感器导线插接器，拆下交流充电插座温度传感器。

（9）把交流充电插座温度传感器放置在盛水的烧杯中，给烧杯加热，用温度计测量不同温度情况下传感器的电阻值。将不同温度和对应的电阻值在坐标纸上标识出来，并用圆滑的曲线连接起来。观察曲线是否在标准范围内，如果实测所得曲线和标准曲线有偏离，说明传感器存在故障，需要更换。

（10）更换温度传感器，故障排除。

【巩固提升】

一、判断题

1. 交流充电插座温度传感器具有温度越高电阻越低特性。　　　　　　　　　　　　（ √ ）

2. 故障代码简称 DCT。　　　　　　　　　　　　　　　　　　　　　　　　（ × ）

3. 充电过程中仪表上的充电连接指示灯不亮，说明充电连接电缆→车辆接口→OBC→VCU→组合仪表的控制流程存在故障。　　　　　　　　　　　　　　　　（ √ ）

4. 由于仪表上充电连接指示灯以及 OBC 启动充电模式并判断外部设备供电能量，主要由充电导引信号 CC 决定。　　　　　　　　　　　　　　　　　　　　　（ √ ）

5. 充电线连接指示灯正常点亮但充电指示灯未点亮现象，说明系统未检测出充电枪连接到车载充电机。　　　　　　　　　　　　　　　　　　　　　　　　　（ × ）

二、选择题

1. 交流插座过温关机的故障代码是（ B ）。
   A. P1A8989　　　　B. P1A8898　　　　C. P1A8998　　　　D. P1A8988

2. 交流充电插座的 BV10/34 端子和 OBC 的 BV25/10 端子之间的电阻应为（ C ）。
   A. 小于 1 Ω　　　B. 大于 3 Ω　　　C. 小于 2 Ω　　　D. 大于 2 Ω

3. BV10/34 端子对地电压，正常情况下应（ A ）。
   A. 接近 5 V　　　B. 接近 0 V　　　C. 小于 2 V　　　D. 大于 7 V

4. P1A8403 表示（ D ）。
   A. CP 在充电机的内部测试点占空比异常
   B. CP 在充电机的内部 9V 测试点电压异常
   C. CP 在充电机的内部测试点频率异常
   D. 充电连接故障

5. BV10/34 端子对地电压，正常情况下应在之间随温度升高而减少（ C ）。
   A. 5 ~ 6.2 V　　　B. 0 ~ 0.5 V　　　C. 0.5 ~ 4.2 V　　　D. 0 ~ 0.42 V

项目五 DC/DC 转换器结构原理与检修

项目描述

本项目共三个学习项目,分别是:

任务一　DC/DC 转换器结构原理
任务二　DC/DC 电路
任务三　DC/DC 转换器故障诊断与排除

通过以上三个任务的学习,熟悉 DC/DC 转换器的结构与原理;了解 DC/DC 电路的类型与工作原理;能识读 DC/DC 转换器的故障代码并能排除故障。

任务一　DC/DC 转换器结构原理

【任务描述】

客户赵先生驾驶一辆 2018 款比亚迪 e5 轿车，夜间行驶时，发现车辆大灯灯光灰暗，并且仪表上方出现 DC 系统故障警告灯。经过维修技师初步检查发现 DC/DC 转换器存在故障。为了确定具体故障原因，需对 DC/DC 转换器做进一步检查。假如你接到此任务，你知道 DC/DC 转换器如何检修吗？

【学习目标】

◇ 知识目标

1. 能够掌握 DC/DC 转换器的定义。
2. 能够了解 DC/DC 转换器的结构。
3. 能够了解 DC/DC 转换器的工作原理。

◇ 技能目标

1. 能够找出 DC/DC 转换器的位置。
2. 能够绘制 DC/DC 转换器原理图。

◇ 素养目标

1. 遵守职业道德，树立正确的价值观。
2. 引导崇尚劳动精神，逐步提升服务社会的意识。
3. 弘扬工匠精神，塑造精益求精的品质。
4. 培养协同合作的团队精神，自觉维护组织纪律。

【知识准备】

一、DC/DC 转换器概述

1. DC/DC 转换器定义与分类

DC/DC 转换器也被称为直流斩波器，它是一种将电压恒定的直流电转换为电压可调的直流电的电力电子变流装置。DC/DC 转换器实现直流转换的核心是通过对功率开关器件的导通和关断控制，将恒定的直流电压或电流斩切成一系列的脉冲电压或电流。在满足一定的滤波条件下，负载上的电压或电流可获得大于或小于电源的平均值。

DC/DC 转换器可分为三类：升压型 DC/DC 变换器、降压型 DC/DC 变换器以及升降压型 DC/DC 变换器。

根据需求可采用三类控制：

PWM 控制型：PWM 控制型效率高并具有良好的输出电压纹波和噪声。

PFM 控制型：PFM 控制型即使长时间使用，尤其小负载时具有耗电小的优点。

PWM/PFM 转换型：PWM/PFM 转换型小负载时实行 PFM 控制，且在重负载时自动转换到 PWM 控制。

2. DC/DC 转换器的功用

DC/DC 转换器（DC/DC 变换器）位于机舱内，如图 5-1-1 所示。它的功用是将动力电池的高压直流电转换为低压直流电，转换出来的低压直流电传递给蓄电池及整车低压用电系统供电。

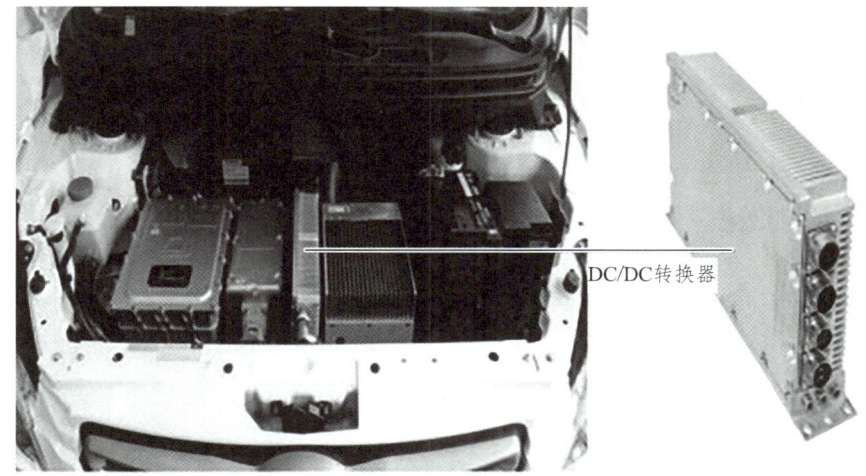

图 5-1-1　DC/DC 转换器位置示意

3. DC/DC 转换器的特点

一般电动汽车的 DC/DC 转换器需要具备以下特点：

（1）转换功率大。

由于电动汽车电机系统在启动、爬坡、加速时要求的功率较大，为保证车辆的动力性能，功率转换器输出的功率也要求较大。使用大电流电力电子器件时，DC/DC 转换器可以进行双路或多路设计。

（2）输出响应快捷。

电动汽车在行驶过程中对驱动系统的动力响应提出了很高的要求，这意味着 DC/DC 转换器的输出响应必须非常迅速。DC/DC 转换器的输出响应如果不能跟上车辆路况等因素对驱动电机输出功率变化的要求，就会对整车性能产生影响。因此，DC/DC 转换器在电动汽车中的作用非常关键。

（3）工作稳定，抗电磁干扰。

电动汽车行驶的安全性，要求 DC/DC 转换器要具有很强的稳定性，特别是在相对恶劣的电磁环境下，抗电磁干扰性能显得格外重要。

（4）控制方便、准确。

从整体上看，电动汽车转换不仅仅是一个功率转换的过程，实际上也是一个动力系统能量输出的控制过程。因此，要求 DC/DC 转换器具有良好的可控制性。在设计 DC/DC 转换器时，明确其控制策略是非常重要的一环。

（5）具有能量回馈功能。

电动汽车能量回馈功能是电动汽车有限能量高效率使用的一个重要措施。

作为连接动力系统和电源系统的桥梁，DC/DC 转换器还必须具有能量回馈功能，以满足能量回收的需求。因此，电动汽车的 DC/DC 转换器一般为双向设计。

4. DC/DC 转换器的应用

DC/DC 转化器主要应用在以下场合：

（1）直流电动机的功率小于 5 kW 的纯电动汽车（如游览车、高尔夫球车、清扫车等）的动力电池组可以直接通过 DC/DC 转换器，为小型纯电动汽车的直流电动机提供直流电流。

（2）纯电动汽车和"电-电"耦合电力汽车（如自行发电电动汽车、插电式电动汽车及燃料电池汽车）的能量混合型电力系统中采用升压型 DC/DC 转换器，在功率混合型电力系统中采用双向升降压型 DC/DC 转换器或全桥型 DC/DC 转换器。电动汽车在滑行或下坡制动时，车轮的惯性能量经过转换后生成的电能，向储能电源充电时，也采用双向升降压型 DC/DC 转换器。

（3）电动汽车上的高压直流电源，向电动汽车的行车管理系统的蓄电池（低压系统）充电时，采用隔离式降压型 DC/DC 转换器。

二、DC/DC 转换器结构与原理

1. DC/DC 转换器的结构

DC/DC 转换器是由箱体及电路板等主要部件组成，其中电路面板上共有 4 处接线口，分别为低压输出负极、低压输出正极、低压控制端、高压输入端，如图 5-1-2 所示。

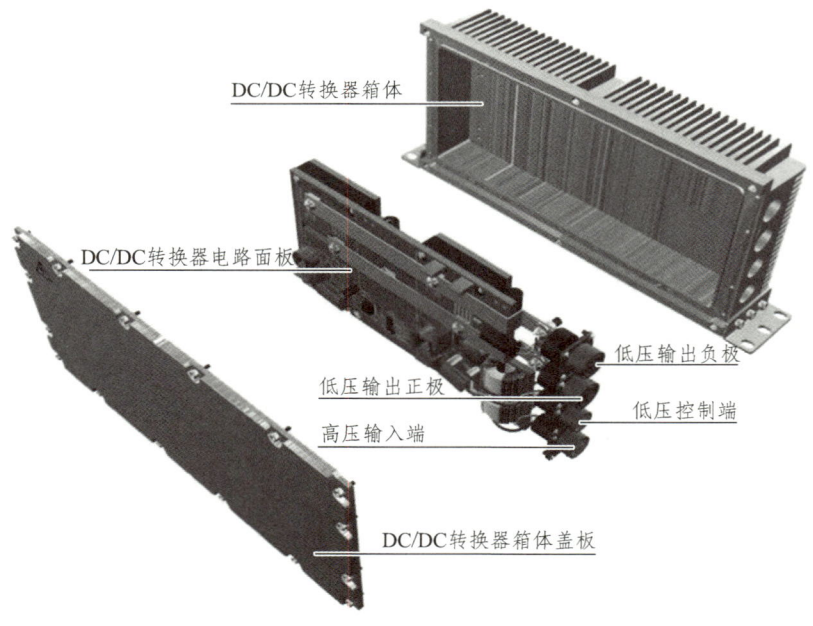

图 5-1-2　DC/DC 转换器结构组成

其中低压控制端与高压输入端的针脚如表 5-1-1 所示。

表 5-1-1　DC/DC 转换器针脚

高压输入端	低压控制端
A 脚：电源负极	A 脚：控制电路电源正极（直流 12 V 启动，0～1 V 关机）
B 脚：电源正极	B 脚：电源状态信号输出（故障线，故障：12 V 高电平；正常：低电平）
中间为高压互锁短接端子	C 脚：控制电路电源

2. DC/DC 转换器的工作原理

当整车"ON"挡上电之后，通过低压控制系统唤醒整车控制系统，整车控制器给 DC/DC 转换器发送控制指令，DC/DC 转换器开始工作。此时动力电池中的直流电经由高压控制盒输送到 DC/DC 转换器，该高压电经过转换器内部的降压器、滤波器、整流器、振荡电路等一系列的作用之后，形成一个的低压直流电，为低压蓄电池充电，同时供整车低压系统使用，如图 5-1-3 所示。

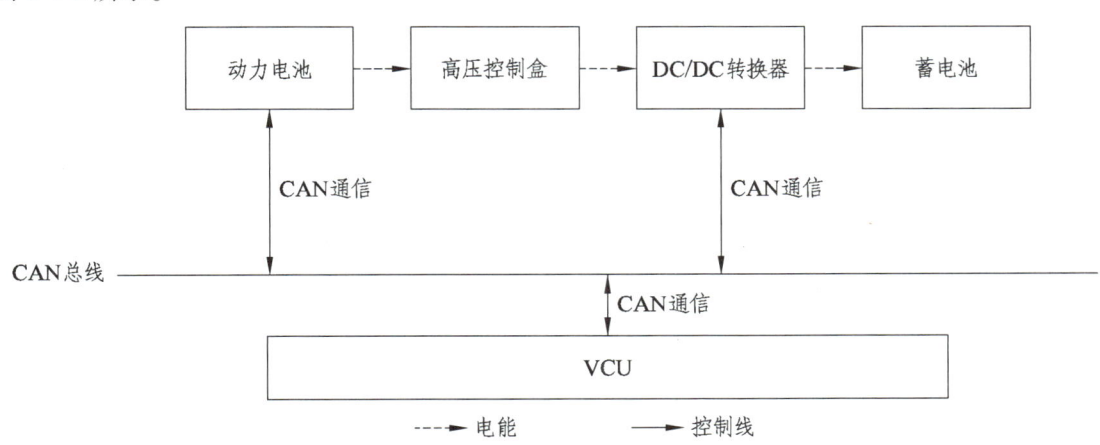

图 5-1-3　DC/DC 转换器工作流程示意

【巩固提升】

一、判断题

1. DC/DC 转换器又称为交流斩波器。　　　　　　　　　　　　　　　　　　　（ √ ）
2. DC/DC 转换器是由箱体及电路板等主要部件组成。　　　　　　　　　　　　（ √ ）
3. 整车"ON"挡上电之后，通过高压控制系统唤醒整车控制系统。　　　　　　（ × ）

4. DC/DC 转换器不具备能量回馈的效果。（ × ）
5. DC/DC 转换器能够将直流电转换为交流。（ × ）

二、选择题

1. 下列哪个接口不是 DC/DC 转换器电路面板上的接口（ A ）。
   A. 高压输出端   B. 低压控制端   C. 低压输出负极   D. 低压输出正极
2. ①②③④是 DC/DC 转换器工作流程，下列选项中正确的顺序是（ B ）。
   ① 整车 ON 档上电或充电唤醒上电
   ② 动力电池完成高压系统预充电流程
   ③ 整车控制器给 DC/DC 转换器发送控制指令
   ④ DC/DC 转换器开始工作
   A. ②①③④   B. ①②③④   C. ③②①④   D. ④③①②
3. 下列不是 DC/DC 转换器类型的是（ D ）。
   A. 降压型   B. 升压型
   C. 升降压型   D. 不升不降型
4. DC/DC 转换器的特点有（ A ）。
   A. 输出响应快捷   B. 输出效率低
   C. 控制效果差   D. 工作不稳定，抗干扰能力弱
5. 下列不是 DC/DC 转换器低压控制端的针脚的是（ D ）。
   A. 控制电路电源正极   B. 控制电路电源
   C. 电源状态信号输出   D. 控制电路电源负极

任务二 DC/DC 电路

【任务描述】

客户李先生驾驶一辆 2019 款比亚迪 e5 轿车，在行驶过程中，发现 DC/DC 转换器时而工作时而不工作，经过维修技师初步检查发现 DC/DC 电路存在故障。为了确定具体故障原因，需对 DC/DC 电路做进一步的检查。那么怎样去进行 DC/DC 电路的检查呢？让我们通过对 DC/DC 电路学习来进一步了解 DC/DC 电路。

【学习目标】

◇ 知识目标

1. 能够掌握 DC/DC 的电路类型。
2. 能够掌握降压型斩波电路结构与原理。
3. 能够掌握升压型斩波电路结构与原理。

◇ 技能目标

1. 能够正确搭建降压型斩波电路。
2. 能够正确搭建升压型斩波电路。

◇ 素养目标

1. 遵守职业道德，树立正确的价值观。
2. 引导崇尚劳动精神，逐步提升服务社会的意识。
3. 弘扬工匠精神，塑造精益求精的品质。
4. 培养协同合作的团队精神，自觉维护组织纪律。

【知识准备】

一、DC/DC 电路类型

1. DC/DC 电路概述

DC/DC 转换器是将一种电频的直流电压转换为另一种电频的直流电压的电力电子装置。转换器的输入端是已经滤波完成之后的直流电压，但是它可以是固定不变的；转换器的输出端是可变的直流电压，可以针对许多应用设计成多种输出电压。除开关器件外，DC/DC 转换器还包含电感和电容等储能元件。功率器件的开关频率一般比较高，部分甚至可以达到几百千赫，所以储能元件的尺寸可以做到很小。

在新能源电动汽车的电力系统和设备中，直流母线不可能满足性能各异、种类繁多的元器件（包括集成组件）对直流电源的电压等级、稳定性等要求。因而必须采用各种 DC/DC 转换器功率转换模块来满足电子系统对直流电源的各种需求。

电动汽车和混合动力汽车中主要有3个地方用到大功率DC/DC转换器：① 用于电力传动的升压转换器；② 用于给12 V电子电路供电的降压转换器；③ 用于电池均衡储能的转换器。非隔离式DC/DC转换器在电动汽车和混合动力汽车上主要用于升压驱动电机带动传动系统工作。新能源汽车中的12 V电子电路主要由降压隔离式DC/DC转换器供电。

2. DC/DC 电路类型

DC/DC电路按照电路类型可分为三大类，分别是基本斩波电路、复合斩波电路和多重斩波电路以及间接DC/DC转换电路。

（1）基本斩波电路。

直流斩波电路包括六种基本斩波电路，分别是降压斩波电路、升压斩波电路、升降压斩波电路、Cuk斩波电路、Sepic斩波电路以及Zeta斩波电路。其中最基本的两种斩波电路是降压斩波电路和升压斩波电路。

降压斩波电路和升压斩波电路在后面的部分会进行重点介绍，在这里就不多赘述了，这里简单介绍一下后面的四种基本斩波电路。

① 升降压斩波电路。

升降压斩波电路（Buck-Boost Chopper）原理及工作波形如图5-2-1所示。

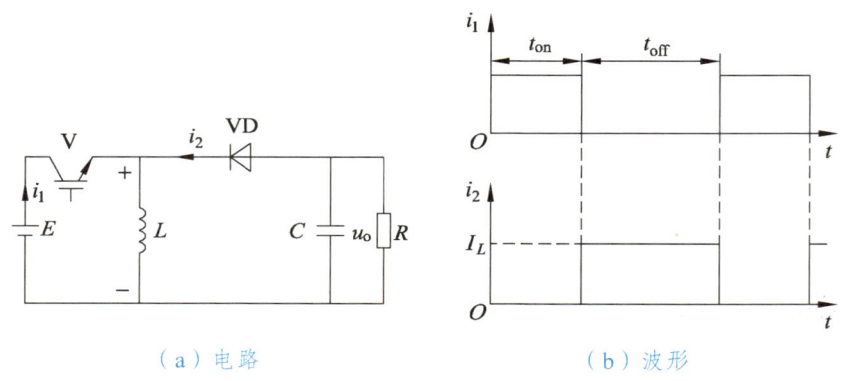

（a）电路　　　　　　　　　（b）波形

图5-2-1　升降压斩波电路原理及工作波形

通过改变占空比 D，输出电压可以比电源电压高，也可以比输出电压低。当 $0<D<1/2$ 的时候为降压斩波电路；当 $1/2<D<1$ 的时候为升压斩波电路。由于此特性，该电路被称为升降压斩波电路。

② Cuk 斩波电路。

Cuk斩波电路原理如图5-2-2所示。

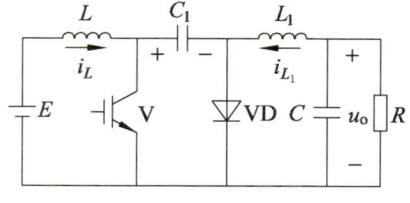

图5-2-2　Cuk斩波电路

Cuk 斩波电路的输出电压极性与电源电压极性相反，其输出电压可以高于输入电压也可以低于输入电压。

Cuk 斩波电路的特点与升降压电路相似，所以也经常有相同的用途，但是 Cuk 斩波电路比较复杂，所以使用范围不太广泛。Cuk 斩波电路有一个明显的优点就是输入电源和输出负载电流都是连续的而且脉动小，有利于对输出进行滤波。

③ Sepic 斩波电路。

Sepic 斩波电路原理如图 5-2-3 所示。

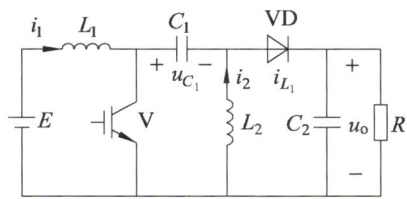

图 5-2-3　Sepic 斩波电路

Sepic 斩波电路主要用于输出电压较低的单相功率因素校正电路。

④ Zeta 斩波电路。

Zeta 斩波电路原理如图 5-2-4 所示。

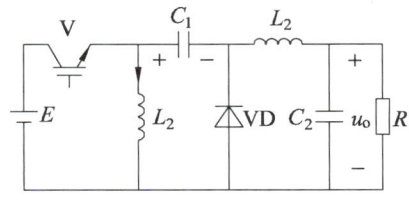

图 5-2-4　Zeta 斩波电路

Zeta 斩波电路的输出、输入电流都是断续的。

（2）复合斩波电路和多重斩波电路。

复合斩波电路是利用降压斩波电路和升压斩波电路两种不同基本斩波电路进行组合而成的一种电路结构，比如电流可逆斩波电路和桥式可逆斩波电路。而多重斩波电路则是利用相同结构基本斩波电路组合而成的一种电路结构，比如三重斩波电路。

① 电流可逆斩波电路。

在直流电动机的斩波控制中，电动机既可以工作在第一象限（电动运行状态），又可以工作在第二象限（能量回馈电源的再生制动状态），从电动状态到再生制动状态的切换需要通过对电路的控制来实现。电流可逆斩波电路是将降压斩波电路和升压斩波电路两种不同的基本斩波电路组合在一起用以拖动直流电动机。电动机的电枢电流可逆（即电流可正可负），但是电压只能是一种极性，所以电动机可以工作在第一象限和第二象限。电流可逆斩波电路原理及工作波形如图 5-2-5 所示。

一个周期内，当一种斩波电路电流断续而为零时，另一个斩波电路工作，让电流反方向流过。如此电动机电枢回路总会有电流流过，且电流不断，响应很快。电流可逆斩波电路只能用作降压斩波器或者升压斩波器运行。

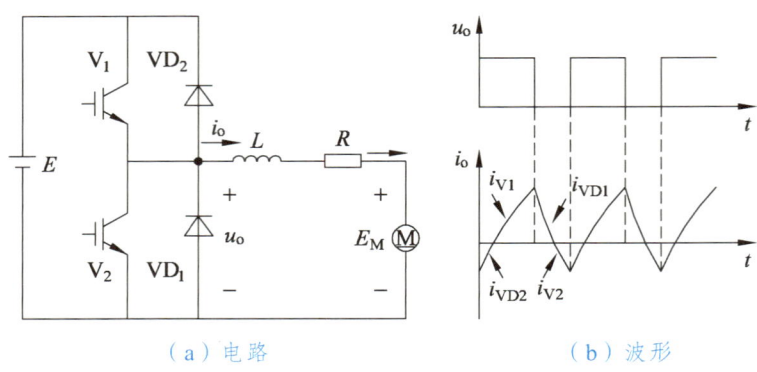

（a）电路　　　　　　　　　（b）波形

图 5-2-5　电流可逆斩波电路原理及波形

② 桥式可逆斩波电路。

电流可逆斩波电路虽然可以让电动机的电枢电流可逆，实现电动机的两象限运行，但是它所提供的电压极性是单向的。当需要电动机可以在正转电动、正转再生制动、反转电动、反转再生制动的四象限工作时，电流可逆斩波电路就不能胜任，此时就可采用桥式可逆斩波电路。桥式可逆斩波电路原理如图 5-2-6 所示。

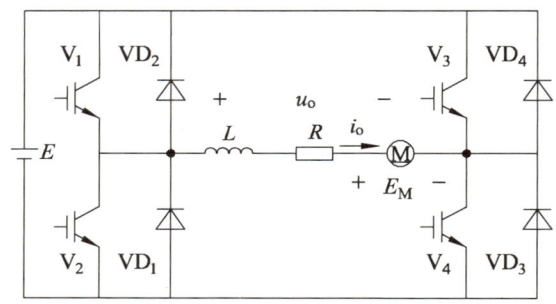

图 5-2-6　桥式可逆斩波电路

③ 多重斩波电路。

多重斩波电路是由多个结构相同的基本斩波电路并联构成。图 5-2-7 左侧所示的电路由三个降压斩波电路并联构成，称为三重降压斩波电路。图 5-2-7 右侧图所示为其工作波形。

三重降压斩波电路的总输出电流为三个斩波电路单元的输出电流之和，平均值为斩波单元输出电流平均值的 3 倍，它的脉动频率也是斩波单元的三倍。由于三个斩波单元的脉动幅值相互抵消，使得总输出的电流脉动幅值变小很多。

多重斩波电路还具有备用功能，当某一斩波单元发生故障时，其余单元可以继续运行，提高了电路的总体可靠性。

（3）间接 DC/DC 转换电路。

与直流电路相比，间接 DC/DC 转换电路中增加了交流环节，因此也被称为直-交-直电路，间接 DC/DC 转换电路结构如图 5-2-8 所示。

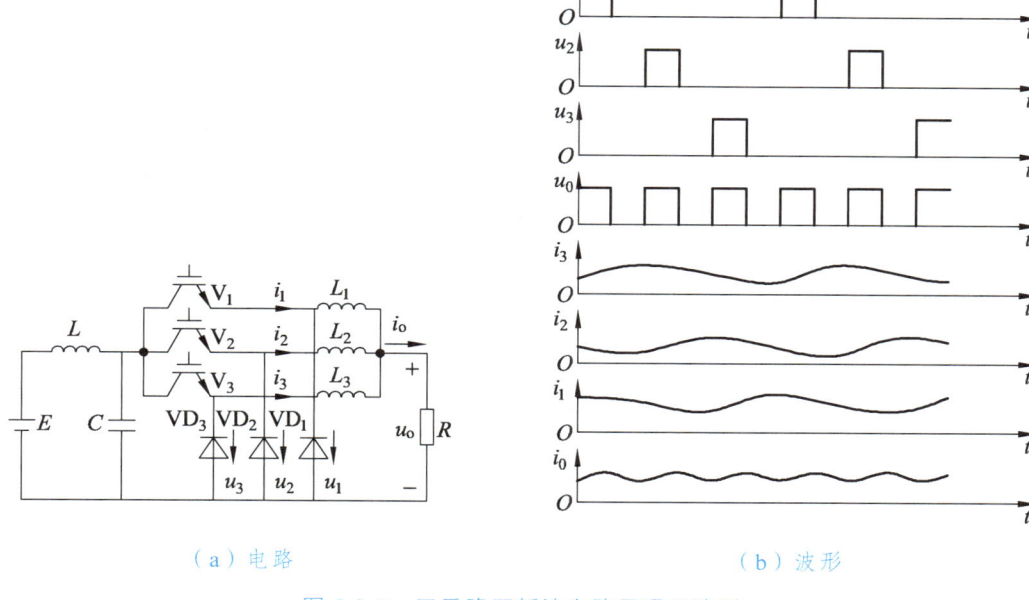

（a）电路　　　　　　　　　　　　　　（b）波形

图 5-2-7　三重降压斩波电路原理及波形

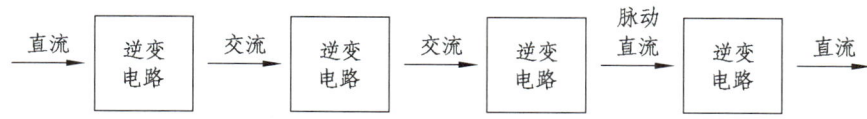

图 5-2-8　间接 DC/DC 转换电路结构

与直流斩波电路相比，间接 DC/DC 转换电路具有以下特点：

① 由于输入端与输出端是隔离的，所以适用于隔离的场合。

② 变压器的二次侧可以有多个绕组，适用于某些需要相互隔离的多路不同电压或相多路同电压输出的场合。

③ 由于变压器的电压比可以远大于 1 或远小于 1，所以适用于输入电压与输出电压的升压、降压比例较大的场合。

④ 交流环节采用较高的工作频率，可以减小变压器和滤波电感、滤波电容的体积和质量，降低转换器的噪声。

⑤ 逆变部分多采用恒压恒频的控制方式，多用于需要恒压输出的场合，如家用电器、微机等的开关电源。

间接直流交流电路可分为单端（Single End）电路和双端（Double End）电路两大类。

① 单端电路。

在单端电路中，变压器中流过的是直流脉动电流。如果开关管导通，电源直接将能量传送至负载的电路则称为正激电路（Forward Conerter）；如果开关管导通，电源将电能转换为磁能存储在电感中，当开关管关断时再将磁能变为电能传递到负载的电路则称为反激电路。所以单端电路便分为两种：正激电路和负激电路。

a. 正激电路。

正激电路原理和理想波形如图 5-2-9 所示。

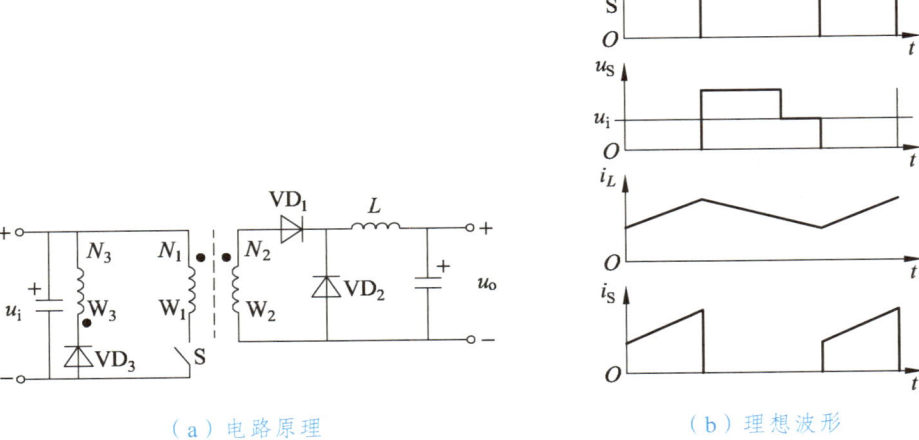

（a）电路原理　　　　　　　　　（b）理想波形

图 5-2-9　正激电路原理和理想波形

正激电路适用于输出功率范围在 1 瓦到数千瓦之间，广泛应用于通信电源等电路中。

b. 反激电路。

反激电路原理和理想波形如图 5-2-10 所示。

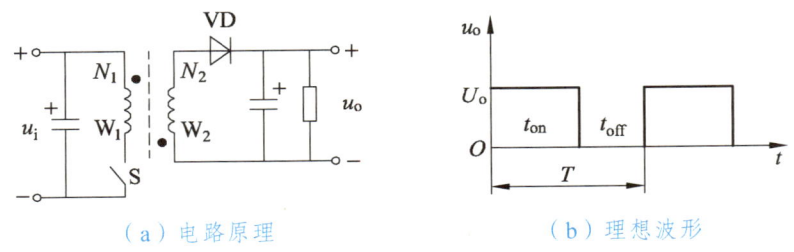

（a）电路原理　　　　　　　　　（b）理想波形

图 5-2-10　反激电路原理和理想波形

由于变压器和扼流圈的作用，理论上反激电路的输出不需要电感，但是在实际的应用上，往往需要在电感器 C 之前加一个电感量很小的平波电感来降低噪声。

② 双端电路。

在双端电路中，变压器的电流是正负对称的交流电流，这使得变压器铁芯的利用率高，铁芯体积减小为等效单端电路变压器的一半。双端电路包括半桥电路、全桥电路以及推挽电路。

a. 半桥电路。

半桥电路原理及工作波形如图 5-2-11 所示。

变压器一次侧的两端分别连接在容量相等的电容 C_1、C_2 的中点和开关 S_1、S_2 的中点，输入电容 C_1、C_2 的中点电压为 $U_i/2$。开关 S_1 和 S_2 的驱动信号分别是两个互为相反的信号，为避免上下两个开关在换流的过程中出现同时导通而造成短路，每个开关各自的占空比不超过 50%，而且要留有一定的余量。

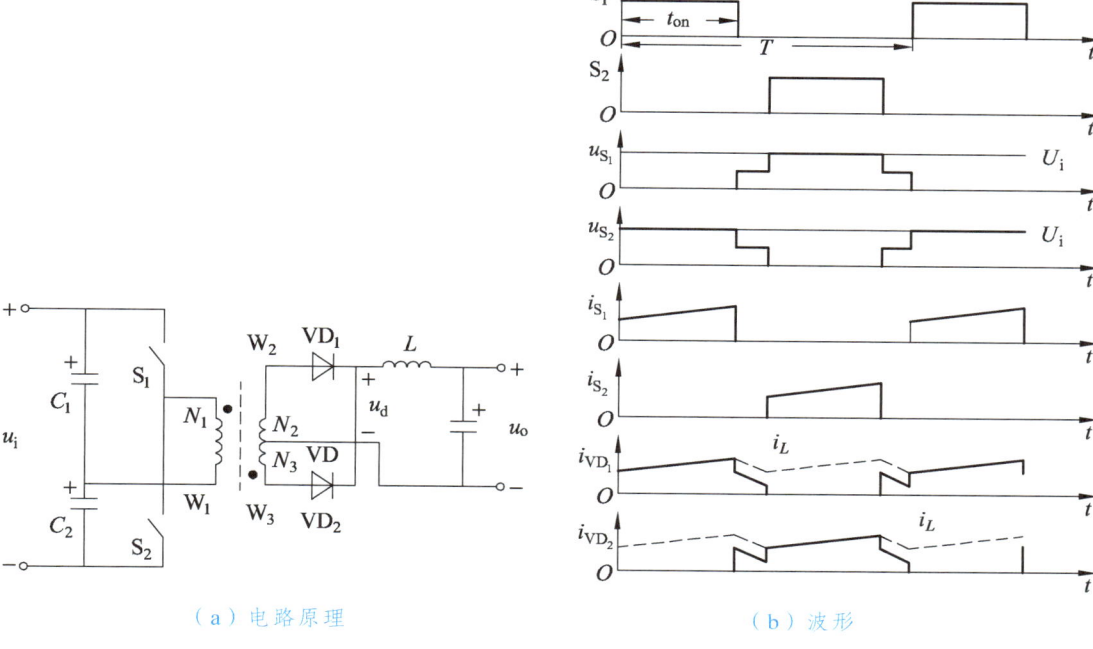

（a）电路原理　　　　　　　　　　　　　（b）波形

图 5-2-11　半桥电路原理及波形

b. 全桥电路。

全桥电路原理及工作波形如图 5-2-12 所示。

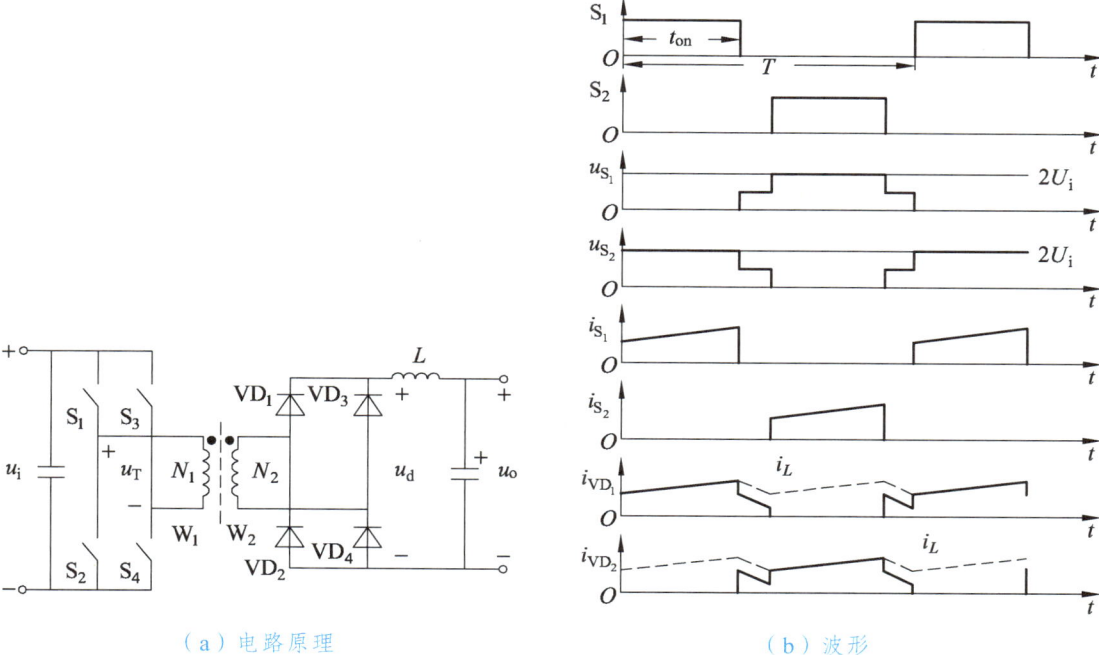

（a）电路原理　　　　　　　　　　　　　（b）波形

图 5-2-12　全桥电路原理及波形

全桥电路中，逆变电路由四个开关组成，S_1、S_4构成一组，S_2、S_3构成一组，而同一侧桥壁上下开关并交替导通，将直流电压逆变成幅值为U_i的交流电压，加在变压器一次侧。改变开关的占空比，就可以改变整流电压U_d的平均值，也就改变了输出电压U_o。

c. 推挽电路。

推挽电路原理及工作波形如图5-2-13所示。

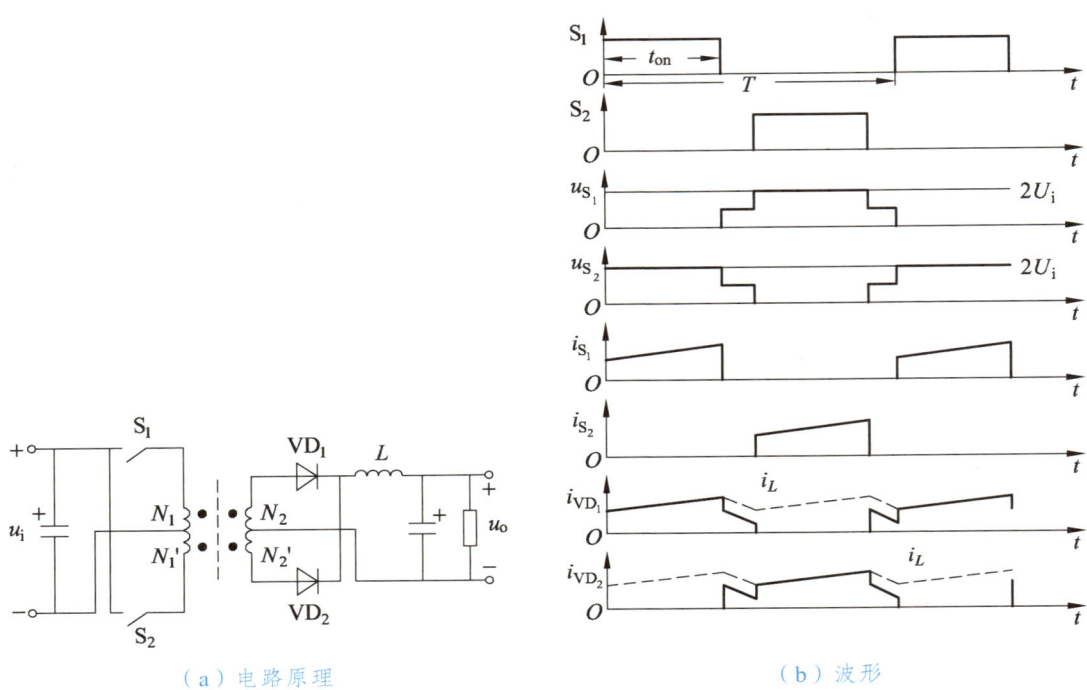

（a）电路原理　　　　　　　　（b）波形

图5-2-13　推挽电路原理及波形

推挽电路可以看作由两个正激电路组成。在每个周期中，两个开关S_1、S_2交替导通，在各自导通的半个周期内，分别将能量传递给负载，所以称为推挽电路。

推挽电路的优点在于输入电源直接加在高频变压器上，因此只用两个高压开关就能获得较大的输出功率。

二、降压型斩波电路结构与原理

1. 降压型斩波电路的特点

降压斩波电路又称为Buck斩波电路，该电路的特点是输出电压比输入电压低，而输出电流则高于输入电流。也就是通过该电路的转换可以将直流电源电压转换为低于其值的输出直流电压，并实现电能的转换。

2. 降压型斩波电路结构与原理

降压斩波电路存在两种工作模式：电流连续工作模式和电流断续工作模式。

（1）电流连续工作模式。

电流连续工作模式的工作原理及工作波形如图 5-2-14 所示。

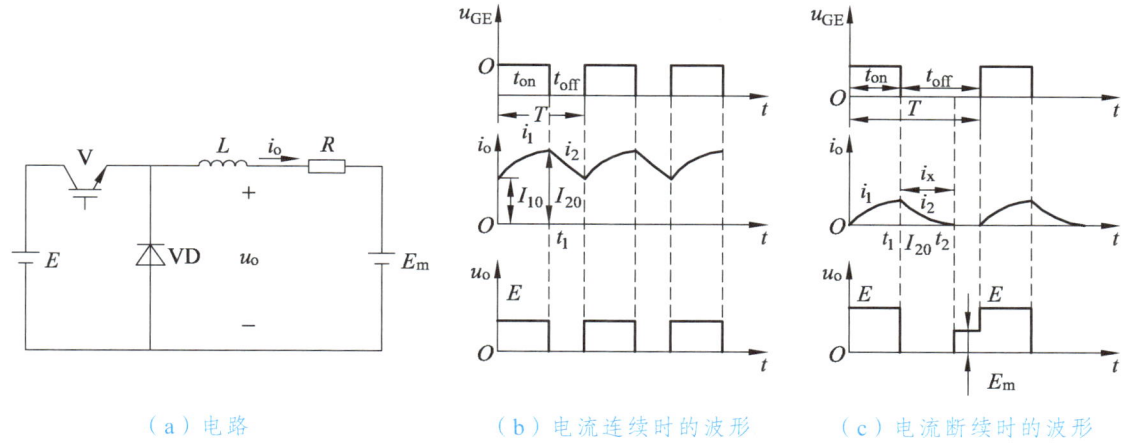

（a）电路　　　　（b）电流连续时的波形　　　　（c）电流断续时的波形

图 5-2-14　降压斩波电路原理及工作波形

$t=0$ 时，驱动 V 导通，t_{on} 为 V 处于通态的时间，在此期间电源 E 向负载供电，负载电流 i_o 按指数曲线上升，V 导通期间负载电压为 $u_o = E$。

$t=t_1$ 时，控制 V 关断，t_{off} 为 V 处于断态的时间，在此期间二极管 VD 续流，负载电流呈指数曲线下降，负载电压 u_o 近似为零。通常电路中串联较大电感 L 使负载电流连续且脉动小。一个周期结束，再驱动 V 导通，重复上一个周期过程。

在稳态条件下，电感两端电压在一个开关周期内的平均值为零。电路处于稳态时，电路中的电压、电流等变量都是按开关周期严格重复的，因此，每一个开关周期开始的电感电流值必然都相等。而电感电流是不能够突变的，故开关周期开始时的电感电流等于上一个开关周期结束时的电感电流值。如图 5-2-14（a）所示的电路工作在稳定状态时，负载电流在一个周期内的初值和终值始终相等。

由图 5-2-14（b）中的输出电压 u_o 的波形图可知，电流连续时负载电压平均值为

$$u_o = \frac{t_{on}}{t_{on}+t_{off}}E = \frac{t_{on}}{T}E = DE \tag{5-2-1}$$

式中，T 为开关周期，$D = t_{on}/T$ 为导通占空比，简称占空比或导通比。

由式（5-2-1）可知，输出到负载的电压平均值 u_o 最大为 E，减少占空比 D，u_o 随之减小。由于 $0 < D < 1$，该斩波电路的输出电压总是小于输入电压，这就是降压斩波电路的由来。

负载的平均电流值为

$$I_o = \frac{U_o - E_m}{R} \tag{5-2-2}$$

以上关系还可以从能量传递关系推导。由于一个周期中，忽略电路中的损耗，则电源提供的能量与负载消耗的能量相等，即

$$EI_o t_{on} = RI_o^2 T + E_m I_o T \tag{5-2-3}$$

两边同除以 I_oT 得到

$$I_o = \frac{DE - E_m}{R} = \frac{U_o - E_m}{R} \quad (5\text{-}2\text{-}4)$$

L 值为无穷大时，负载电流平均值的情况下，假设电源电流平均值为 I_1，则有

$$I_1 = \frac{t_{on}}{T} I_o = DI_o \quad (5\text{-}2\text{-}5)$$

其值小于或等于负载电流 I_o，由式（5-2-5）得

$$EI_1 = DEI_o = U_oI_o \quad (5\text{-}2\text{-}6)$$

即输出功率等于输入功率，因此可将降压斩波器看作直流降压变压器。

由式（5-2-1、）式（5-2-4）及式（5-2-5）可见，直流斩波电路的输出电压、输出电流及电源电流都与驱动信号的，改变占空比 D 有关，改变占空比，就能连续地调节输出电压及输出功率。

改变占空比的方法有下述三种：

① 脉冲宽度调制（PWM）方式，又称为定频调宽控制方式，是指保持开关器件的开关周期 T 不变，调节开关导通时间 t_{on}，从而调节占空比 D 的控制方式。

在这种方式中，PWM 脉冲一般采用直流信号与频率和幅值都固定的三角调制波比较的方法产生，其原理如图 5-2-15 所示。改变控制电压 u_r 的幅值就可以改变 u_c 的脉冲宽度，即采用这种控制方式的斩波器，由于其工作频率是固定的，因此滤去高次谐波的滤波器比较容易设计。

② 脉冲频率调制（PEM）方式，又称为定宽频率控制方式，是指保持开关器件的导通时间 t_{on} 不变，改变周期 T，从而调节占空比 D 的控制方式。这种控制方式由于开关频率是变化的，输出电压的频率也是变化的，因此滤波器的设计比较困难。

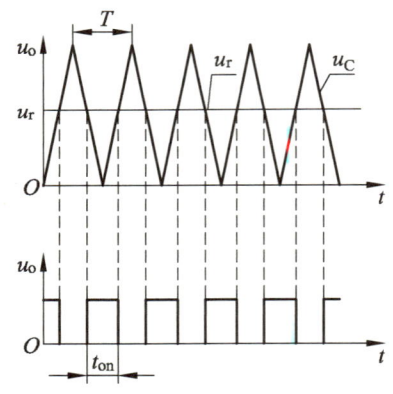

图 5-2-15　直流斩波 PWM 示意

③ 调频调宽混合调制方式，是前两种控制方式的综合，既改变开关周期 T，又改变开关导通时间 t_{on} 的控制方式。通常用于需要大幅度改变输出电压的场合。

连续调节输出电压及输出功率，除上述改变占空比的方式外，还有滞环比较控制等瞬时值控制方式。瞬时值控制方式将希望输出的电流或电压作为给定信号，将实际电流或电压作为反馈信号，通过两者的瞬时值比较来决定斩波电路开关器件的通断，使实际输出跟踪给定值的变化。

（2）电感电流断续工作模式。

若负载中电感 L 值较小，V 关断后到 t_2 时刻，负载电流已衰减到零，出现负载电流断续的情况，由图 5-2-14（c）和图 5-2-15（b）比较可知，负载电压 u_o 平均值被抬高了。

利用分段线性化分析方法可以推导，电流断续时有 I_{10}，且 $t = t_{on} + t_x$ 时，$i_2 = 0$，可求出 t_x 为

$$t_x = \tau l_n \left[\frac{1-(1-m)e^{-\alpha\rho}}{m} \right] \tag{5-2-7}$$

式中，$\tau = L/R$，$\rho = T/\tau$，$m = E_m/E$，$\dfrac{t_1}{\tau} = \dfrac{t_1}{T} \times \dfrac{T}{\tau} = \alpha\rho$。

电流断续时，$t_x < t_{off}$，由此得出电流断续的条件为

$$m > \frac{e^{\alpha\rho}-1}{e^{\rho}-1} \tag{5-2-8}$$

根据这个条件可以判断电路负载电流是否连续。通常在直流电动机的拖动系统中要求电流连续，故对电感的最小值有一定的要求。

三、升压型斩波电路结构与原理

1. 升压型斩波电路的特点

升压斩波电路又称为 Boost 斩波电路，用于将直流电源电压转换为高于其值的直流输出电压，实现能量从低压侧电源向高压侧负载的传递。

2. 升压型斩波电路的工作原理

升压斩波电路的工作原理及工作波形如图 5-2-16 所示。

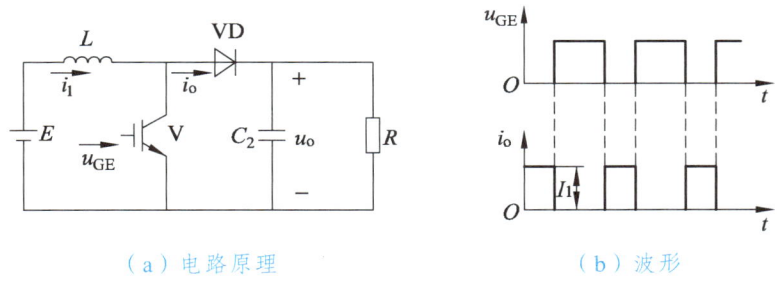

（a）电路原理　　　　　　（b）波形

图 5-2-16　升压斩波电路原理及工作波形

假设电路中的电感 L 和电容 C 值都很大。当全控器件 V 处于通态时，电源 E 向电感 L 充电，电流基本恒定为 I_1，电容 C 向负载 R 供电，输出电压 U_o 恒定。设 V 处于通态的时间为 t_{on}，则此阶段上的电感 L 上积蓄的能量为 $EI_1 t_{on}$。

当全控器件 V 处断态时，电源 E 和电感 L 同时向电容 C 充电，并向负载提供能量。因 C 值很大，输出电压 u_o 基本为恒定值，用 U_o 表示。设 V 处于断态的时间为 t_{off}，则此期间电感释放的能量为 $(U_o - E)I_1 t_{off}$。

当电路工作处于稳态时，一个周期 T 中电感储存的能量和释放的能量相等，则有

$$EI_1 t_{on} = (U_o - E)I_1 t_{off} \tag{5-2-9}$$

化简得

$$U_o = \frac{t_{on}+t_{off}}{t_{off}} E = \frac{T}{t_{off}} E = \frac{1}{1-D} E \tag{5-2-10}$$

由于 $0<D<1$，输出电压高于电源电压，故称该电路为升压斩波电路，也称为 Boost 转换器（Boost Converter）。

升压斩波电路输出电压高于电源电压，关键有两个原因：一是电感 L 储能之后具有使电压泵升的作用；二是电容 C 可将输出电压保持。

如忽略电路中的损耗，则由电源提供的能量仅由负载 R 消耗，即

$$EI_1 = U_o I_o \tag{5-2-11}$$

因此和降压斩波电路一样，升压斩波器也可看作直流变压器。

根据式（5-2-10）可得出输出电流的平均值 I_o 为

$$I_o = \frac{U_o}{R} = \frac{1}{1-D}\frac{E}{R} \tag{5-2-12}$$

根据式（5-2-11）可得出电源电流的平均值 I_1 为

$$I_1 = \frac{U_o}{E} I_o = \frac{1}{(1-D)^2}\frac{E}{R} \tag{5-2-13}$$

3. 升压型斩波器的典型应用

升压斩波器目前的典型应用有三种：一是用于直流电动机驱动系统；二是作为单位功率因数校正电路；三是电池供电设备中的升压电路、液晶背光电源等。

用于直流电动机驱动系统时，通常是直流电动机工作在再生制动状态，将电能回馈给直流电源，这就是新能源汽车的回馈制动。此时电路工作波形如图 5-2-17 所示。

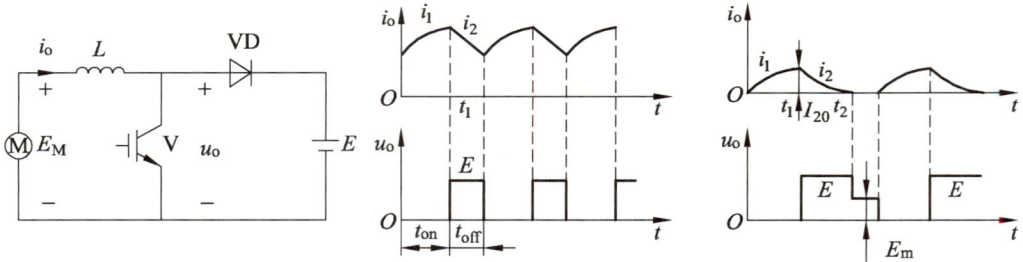

（a）电路原理　　（b）电流连续时的电压和电流波形　（c）电流断续时电压和电流的波形

图 5-2-17　直流电动机再生制动

电动机的反电动势相当于图 5-2-16 中的电源，而此时直流电源相当于图 5-2-16 中的负载。由于该电路中直流电源的电压基本是恒定的，因此不必并联电容器，并假设电路中 L 值很大。

当全控器件 V 处于通态时，E_m 向 L 充电，充电电流恒为 I_1，设 V 处于通态的时间为 t_{on}，此阶段 L 上积蓄的能量为 $E_m I_1 t_{on}$；当全控器件 V 处于断态时，E_m 和 L 共同向 E 供电。设 V 处于断态的时间为 t_{off}，供电电流恒为 I_2，则此期间电感 L 释放的能量为 $(E-E_m)I_2 t_{off}$。

稳态时，一个周期 T 中电感 L 存储能量与释放能量相等，即

$$E_m I_1 t_{on} = (E - E_m) I_2 t_{off} \tag{5-2-14}$$

L 值很大，即为 $I_1 \approx I_2$，因此有

$$E = \frac{t_{on}+t_{off}}{t_{off}}E_m = \frac{T}{t_{off}}E_m = \frac{1}{1-D}E_m \tag{5-2-15}$$

以上讨论是平波电抗器 L 无穷大、负载电流没有脉动的情况。

当电枢电流断续时，输出电压和电流波形如图 5-2-17（c）所示，同样用分段线性化分析法可以推导，电枢电流断续工作状态时：

$$m < \frac{1-e^{-\alpha\rho}}{1-e^{-\rho}} \tag{5-2-16}$$

根据这个条件可以判断电路负载电流是否连续。

【巩固提升】

一、判断题

1. DC-DC 转换电路的输入端与输出端是隔离。（ √ ）
2. Buck 转换器是一种输出电压小于或等于输入电压的单管非隔离式 DC-DC 转换器。（ × ）
3. 升压斩波电路用于将直流电源电压转换为高于其值的直流输出电压。（ √ ）
4. DC-DC 电路即是把交流电压转换为另一数的交流电压，是开关电源技术的一个分支。（ × ）
5. 间接直流交流电路可分为单端电路和双端电路两大类。（ √ ）

二、选择题

1. 以下哪种电路属于单端电路（ A ）。
   A. 正激电路　　B. 电感电路　　C. 激励电路　　D. 脉宽电路
2. DC/DC 电路按输入（ C ）大小划分。可分为降压型和升压型。
   A. 输入电流　　B. 输入电压　　C. 输出电压　　D. 输出电流
3. 降压斩波电路的两个工作模式分别是（ A ）。
   A. 电流连续　　B. 电阻连续　　C. 电压断续　　D. 电阻断续
4. 下列哪种调制方法不能改变占空比？（ D ）
   A. 脉冲宽度调制　　　　　　　　B. 脉冲频率调制
   C. 调频调宽混合调制　　　　　　D. 脉冲幅度调制
5. 下列不属于基本斩波电路的是（ D ）。
   A. 升降压式斩波电路　　　　　　B. Cuk 斩波电路
   C. Zeta 斩波电路　　　　　　　　D. 推挽斩波电路

任务三　比亚迪汽车 DC/DC 转换器故障诊断与排除

【任务描述】

客户赵先生驾驶一辆 2019 款比亚迪 e5 轿车，仪表显示一个蓄电池故障灯和一个系统故障灯。经过维修技师仔细检查发现系统内部输出的故障码为"PLC4711"——DC/DC 执行启动命令超时，判断为 DC/DC 转换器控制电路故障，假如你接到此任务，你知道 DC/DC 转换器如何检修吗？

【学习目标】

◇ 知识目标
1. 能够掌握 DC/DC 转换器的故障。
2. 能够识读 DC/DC 转换器的故障代码。

◇ 技能目标
1. 能够找出 DC/DC 转换器的故障位置。
2. 能够排除 DC/DC 转换器的故障。

◇ 素养目标
1. 遵守职业道德，树立正确的价值观。
2. 引导崇尚劳动精神，逐步提升服务社会的意识。
3. 弘扬工匠精神，塑造精益求精的品质。
4. 培养协同合作的团队精神，自觉维护组织纪律。

【任务实施】

一、比亚迪 e5 纯电动汽车低压系统供电故障检修

◇ 任务准备

1. 工具

（1）专用工具：比亚迪专用故障诊断仪、万用接线盒。
（2）常用工具：世达 150 件工具套装、万用表。

2. 设备

2019 款比亚迪 e5。

3. 防护用品

人员防护套装、车内外防护三件套。

◇ 实施步骤

1. 故障现象

一辆 2019 款比亚迪 e5 在启动后，组合仪表提示"请检查充电系统、请检查低压电池系

统"。自动熄火后车辆无法再上电(即全车没电,点击起动按钮无任何反应),如图 5-3-1 所示。

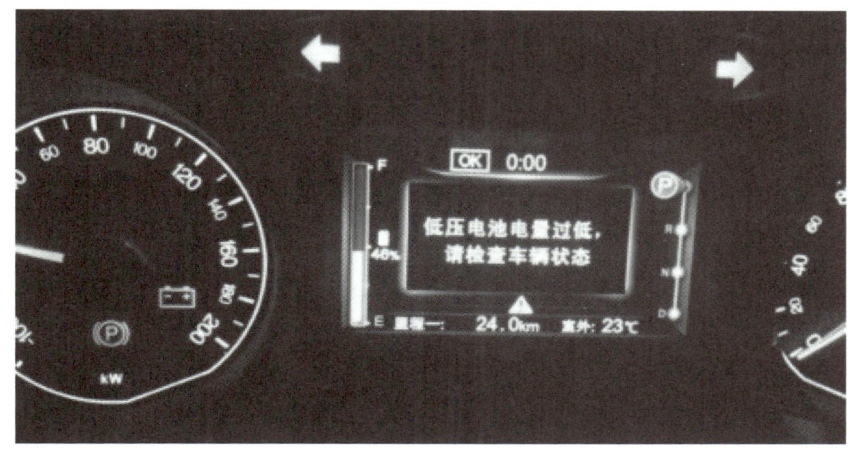

图 5-3-1　比亚迪 e5 故障现象

2. 故障原因分析

从故障现象和诊断结果来看,应是低压电池亏电直接导致的车辆熄火。

造成低压电池亏电的可能原因有两方面:一是低压铁电池内部故障(如 MOS 管故障)导致无法充电;二是低压电源系统故障导致电池电压过低。如果 DC/DC 故障或低压电源线路故障则会导致电池无法充电。

3. 故障诊断修复

(1)连接诊断仪,读取故障码发现扫描到 DC/DC 故障:降压时低压侧电压过低、降压时硬件故障,如图 5-3-2 所示。

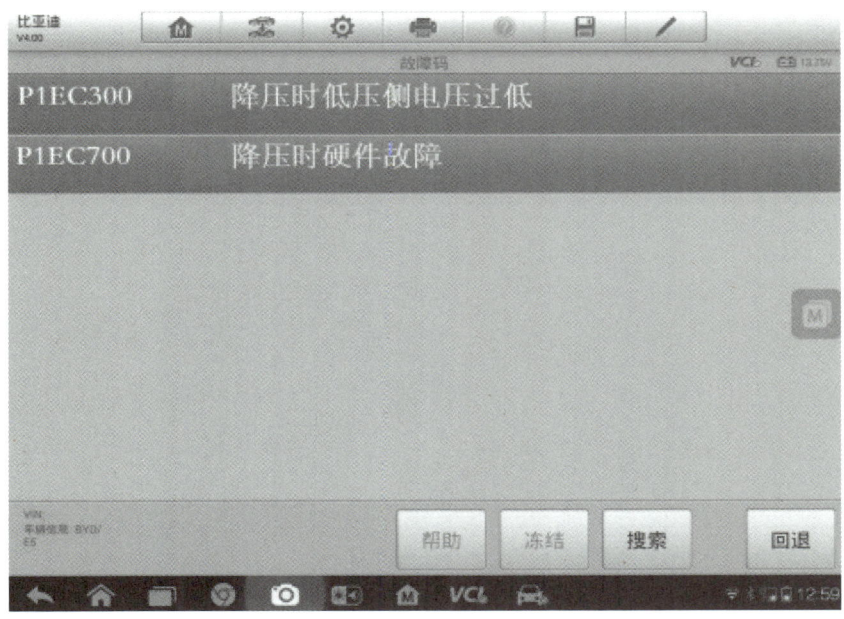

图 5-3-2　读取故障码

（2）读取 DC/DC 数据流：高压侧 635 V，正常；低压侧 11.3 V，异常（正常情况下都在 13.8 V 以上），如图 5-3-3 所示。

名称	值	参考值	单位
□ 工作状态	无效数据		
□ 放电是否允许	允许		
□ DC系统故障状态	正常		
□ DC工作模式	降压状态		
□ 高压侧电压	635	0...1000	伏
□ 高压侧电流	-50	-50...50	安培
□ 低压侧电压	11.3	0...20	伏
□ 低压侧电流	-212	-250...250	安培
□ MOS管温度	44	-40...200	℃

图 5-3-3　DC/DC 数据流

（3）使用万用表测量低压电池正负极柱之间电压为 0 V，判断低压电池因严重亏电已进入超低功耗模式（即正极柱与电池电芯断开进行自我保护而无法对外输出电压）。

（4）并联蓄电池后，可以起动车辆，但仪表上充电系统警告灯点亮，提示"低压电池电量过低、请检查车辆状态"。

（5）用万用表测量高压电控总成（DC/DC）低压输出端的电压，测得电压为 11.86 V，如图 5-3-4 所示。由此可以得出故障点为：DC/DC 的电压输出异常导致低压铁电池亏电，最终引起熄火。

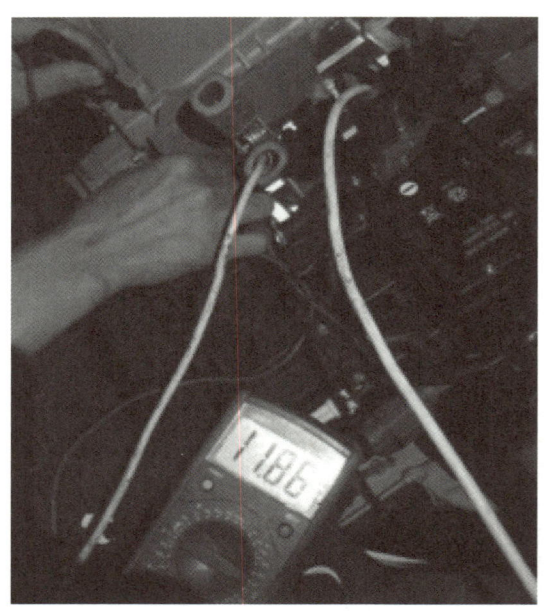

图 5-3-4　低压输出端电压

（6）关闭车辆电源开关，车辆下电，更换高压电控总成。车辆上电，打开车辆电源开关，进行试车操作，组合仪表显示正常，全车有电，故障排除。

二、比亚迪 e2 纯电动汽车低压系统供电故障检修

◇ 任务准备

1. 工具
（1）专用工具：比亚迪专用故障诊断仪、比亚迪专用蓄电池检测仪。
（2）常用工具：世达 150 件工具套装、万用表。

2. 设备
2019 款比亚迪 e2。

3. 防护用品
人员防护套装、车内外防护三件套。

◇ 实施步骤

1. 故障现象
一辆 2019 款比亚迪 e2 纯电动轿车，该车起动车辆后，组合仪表显示"低压供电系统故障，请安全停车并联系服务店"，如图 5-3-5 所示。

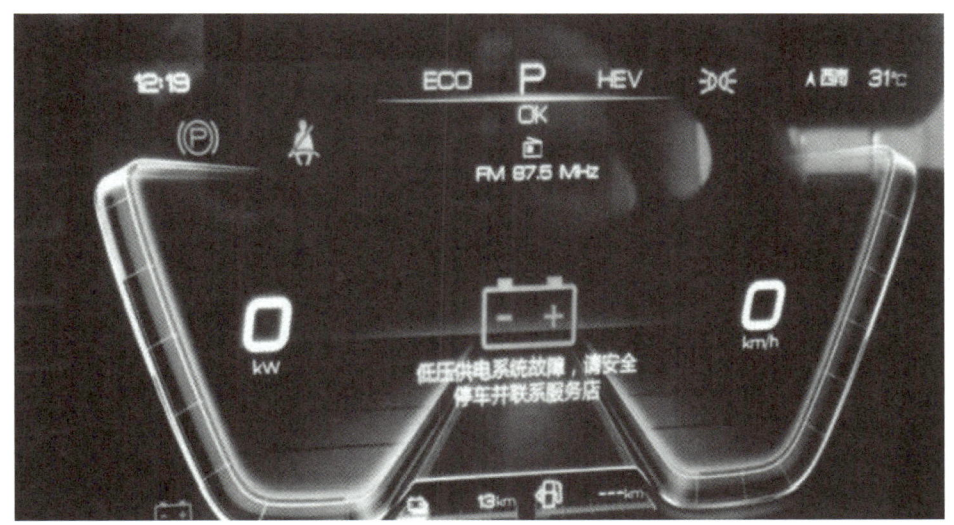

图 5-3-5　组合仪表显示低压供电系统故障信息

2. 故障原因分析
依据上述故障现象和前期所学理论知识对此故障进行分析，原因主要有以下可能：
① DC/DC 损坏；
② 低压蓄电池供电、搭铁线束异常；
③ 低压蓄电池故障。

3. 故障诊断修复
（1）使用比亚迪专用故障诊断仪读取各个系统故障码，发现故障码有：C080002——供电

电压过低、C055000——ECU 故障、B1C2416——仪表板配电盒供电端电压低。

（2）使用万用表检查 DC/DC 供电电压，经测量发现 DC/DC 输出电压为 13.76 V，正常，如图 5-3-6 所示。

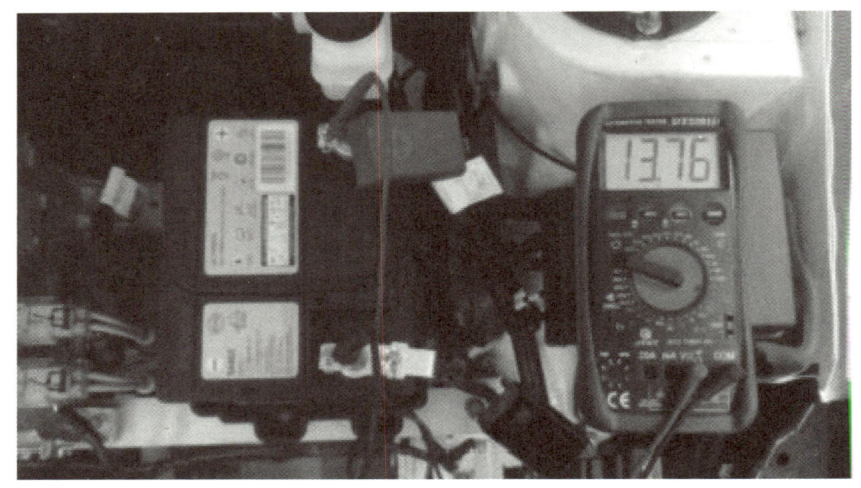

图 5-3-6　万用表测量 DC/DC 供电电压为 13.76 V

（3）使用比亚迪专用蓄电池检测仪测量蓄电池好坏，测量蓄电池结果为更换蓄电池。

（4）询问客户，每次故障发生是否都是车辆起动后，尝试重新启动车辆，故障再现。使用原车蓄电池在启动瞬间蓄电池电压降到 9 V 以下，此时各个系统重启自检，仪表显示检查低压供电系统，车辆上"OK"电 1 分钟后，车辆恢复正常。更换一块全新蓄电池，按此方法操作，蓄电池电压无明显变化，无故障。至此，故障原因被找出，由于蓄电池本身故障，蓄电池内存储的电是虚电，在上电一瞬间，蓄电池内部电压下降较多，各个模块供电电压低，系统重启自检导致。

三、比亚迪唐 DM-i 混合动力汽车低压系统供电故障检修

◇ 任务准备

1. 工具

（1）专用工具：比亚迪专用故障诊断仪。

（2）常用工具：世达 150 件工具套装、万用表。

2. 设备

2021 款比亚迪唐 DM-i。

3. 防护用品

人员防护套装、车内外防护三件套。

◇ 实施步骤

1. 故障现象

一辆 2021 款比亚迪唐 DM-i 混合动力汽车，用户反映组合仪表显示："蓄电池故障，请勿熄火并联系服务店"，如图 5-3-7 所示。

项目五　DC/DC 转换器结构原理与检修

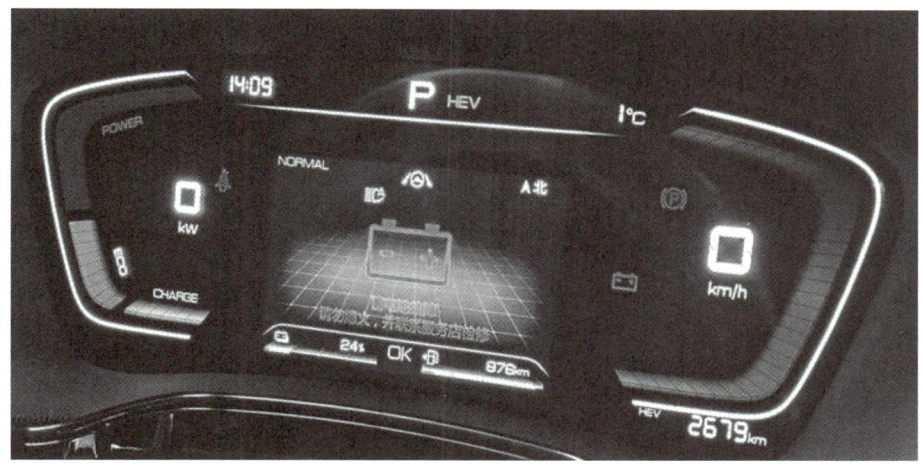

图 5-3-7　组合仪表显示蓄电池故障信息

2. 故障原因分析

依据上述故障现象和前期所学理论知识对此故障进行分析，原因主要有以下可能：

① DC/DC 损坏；

② 低压供电系统相关线路故障；

③ 低压铁电池故障。

3. 故障诊断修复

（1）使用比亚迪专用故障诊断仪进行全车扫描，发现低压电池管理器报故障码 B1FB300 电源电压过高故障，如图 5-3-8 所示。

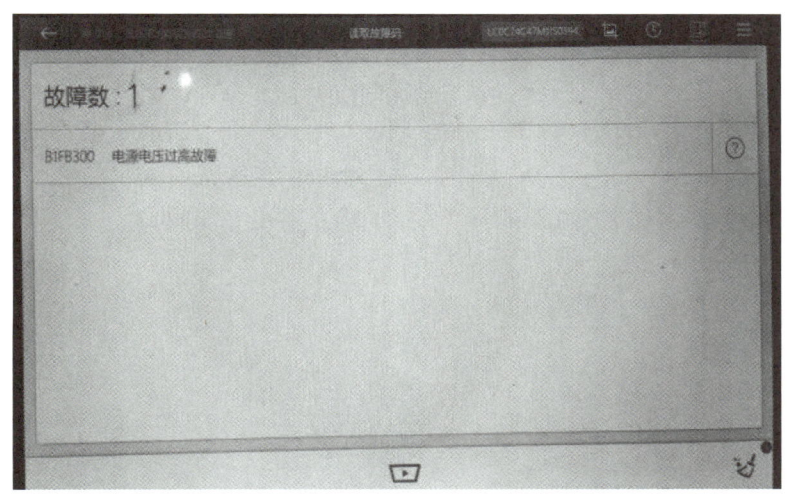

图 5-3-8　低压电池管理器报 B1FB300 故障码

（2）清除故障码，再次读取低压电池管理器故障码发现没有故障码，但是仪表依然报故障。

（3）读取车载电源总成 DC 输出数据流为 13.7 V，实测 DC 输出电压为 13.7 V。读取低压电池总电压为 13.6 V，测量电池正负极两端电压为 13.6 V，可以判定 DC 以及线路工作正常。

（4）根据故障码含义，仔细观察低压电池单节电压发现，有时 4 号单体电压为 3.6 V，3 号单体电压为 3.3 V，单体电池之间电压差异较大，判断为低压电池内部故障，更换低压电池故障排除。

【巩固提升】

一、判断题

1. 比亚迪 E5 纯电动轿车，DC/DC 集成在高压电控总成内部。　　　　　　　　　　（ √ ）
2. DC/DC 正常情况输出电压应在 12 V。　　　　　　　　　　　　　　　　　　（ × ）
3. 造成低压电池亏电的可能原因是低压铁电池内部故障导致无法充电。　　　　　（ √ ）
4. 单体电池之间电压差异较大，可更换低压电池排除故障。　　　　　　　　　　（ √ ）
5. 造成低压电池亏电的可能原因是低压电源系统故障导致电池电压过低。　　　　（ √ ）

二、选择题

1. 纯电动汽车低压系统供电故障的原因有（ ABD ）。
   A. DC/DC 损坏　　　　　　　　　　B. 低压蓄电池供电异常
   C. 激励电路异常　　　　　　　　　D. 低压蓄电池故障
2. DC/DC 高压侧和低压侧，正常情况下都（ C ）。
   A. 小于 3.7 V　　B. 0～3.8 V　　C. 3.8 V 以上　　D. 2.6 V 以下
3. 供电电压过低的故障码为（ A ）。
   A. C080002　　B. C055000　　C. C055001　　D. B1C2416
4. ECU 故障的故障码为（ B ）。
   A. C080002　　B. C055000　　C. C055001　　D. B1C2416
5. B1C2416 的含义是（ C ）
   A. DC/DC 损坏　　　　　　　　　　B. 供电电压过低
   C. 仪表板配电盒供电端电压低　　　　D. 低压蓄电池故障

项目六 其他动力电池结构原理

项目描述

本项目共四个学习任务,分别是:

任务一　超级电容器结构原理
任务二　燃料电池结构原理
任务三　飞轮电池结构原理
任务四　锌空气电池结构原理

通过以上四个任务的学习,熟悉并掌握超级电容器、燃料电池、飞轮电池以及锌空气电池这四种典型动力电池的特性、结构及工作原理。

任务一 超级电容器结构原理

【任务描述】

随着电动汽车技术的发展及其在市场上的广泛使用，对电动汽车的要求越来越高。尽管电池技术从充电速率、容量和电池寿命方面都得到了显著改进，但充分应用于电动汽车仍然有很大的障碍。近年来出现一种新的元器件——超级电容，这种新型的电子器件与一般蓄电池相比，功率密度高十倍以上，充放电功率高 100 倍以上，且对环境无污染。

【学习目标】

◇ 知识目标
1. 掌握超级电容器的主要参数。
2. 了解超级电容器的分类。

◇ 技能目标
1. 掌握超级电容器的结构。
2. 能够理解超级电容器的工作原理。

◇ 素养目标
1. 遵守职业道德，树立正确的价值观。
2. 引导崇尚劳动精神，逐步提升服务社会的意识。
3. 弘扬工匠精神，塑造精益求精的品质。
4. 培养协同合作的团队精神，自觉维护组织纪律。

【知识准备】

一、超级电容器概述

超级电容器（见图 6-1-1），又名电化学电容，是从 20 世纪七八十年代发展起来的通过极化电解质来储能的一种电化学元件。超级电容器是一种介于电解质电容器和电化学蓄电池之间的储能装置，主要依靠双电层和氧化还原赝电容电荷储存电能。但在其储能的过程并不发生化学反应，这种储能过程是可逆的，所以超级电容器可以反复充放电数十万次。

1. 超级电容器主要参数

（1）工作电压。电容器能够连续、长期地保持最大电压。
（2）电流。对电容器进行充电后，为使电容器在某一电压处于稳定状态而从外部施加的一个电流。

图 6-1-1 超级电容器

（3）时间常数。如果一个超大容量电容器能够模拟为一个电容和一个电阻的简单串联组合，则该电容和电阻的乘积便为时间常数，其单位为 s，相当于将电容器恒压充电至满充容量的 63.2%时所需的时间。

（4）等效串联电阻。当一个电容器被模拟为包括电感、电容、电阻的等效模拟电路时，其中的电阻部分即为等效串联电阻。等效串联电阻可以利用交流阻抗技术或电流阶跃技术测试得到。

（5）放电容量。电容器在放电过程中可以放出的全部容量，具体计算方法是将放电过程中一个瞬间的电压与电流的乘积对放电时间进行积分。

（6）理想存储能量。理想存储能量是指电容器存储能量的理想值。对于一个简单的电化学电容器，其理想存储能量值可以通过 $E=0.5CU_W^2$ 来计算，式中，C 为电容器的容量；U_W 为电容器的工作电压。

（7）平均放电功率。平均放电电流和平均放电电压的乘积即为平均放电功率。

（8）最大输出功率。最大输出功率是指当为电容器外接一个合适的负载时，其可以达到的最大输出功率，计算公式为 $P=U^2/(4R)$，式中，U 为电容器的初始电压；R 为电容器的等效串联电阻。

（9）放电效率。在一个特定的充放电循环中，电容器放出的能量占充入的能量的百分比。

2. 超级电容器与蓄电池性能比较

传统电容器能以瞬间高功率将能量短时间放出来，并且在微秒内完成充电，且具有超长的使用寿命，但其极低的比能量无法达到储能元件的需求。电池可将化学能转换成电能，比能量较高，已得到广泛的应用，但转换过程受化学反应动力学限制，充放电时间长，若电池材料发生不可逆变化会导致寿命缩短。与传统电容器相比，超级电容器的比能量是传统电容器的 10 倍以上；与电池相比，具有更高的比功率、充放电时间短、充放电效率高、循环寿命长等优点。传统电容器、超级电容器与电池性能的比较如表 6-1-1 所示。

表 6-1-1 超级电容器性能对比

项目	传统电容器	超级电容器	电池
充电时间	$10^{-6} \sim 10^{-3}$ s	$1 \sim 60$ s	$1 \sim 3$ h
放电时间	$10^{-6} \sim 10^{-3}$ s	$1 \sim 60$ s	$\geqslant 0.5$ h
质量比能量/(W·h/kg)	<0.1	$1 \sim 20$	$20 \sim 100$
比功率/(W/kg)	>1 000	$1\,000 \sim 10\,000$	$50 \sim 300$
充放电效率	约 1.0	$0.9 \sim 1.0$	$0.75 \sim 0.95$
循环寿命/次	$>10^6$	>100 000	$500 \sim 2\,000$

3. 超级电容器分类

（1）根据储能原理分类。

根据储能原理，可将超级电容器分为双电层电容器和法拉第准电容器。

双电层电容器是在电极/溶液界面通过电子或离子的定向排列造成电荷的对峙而产生的。在两个电极上施加电场后，溶液中的阴、阳离子分别向正、负电极迁移，在电极表面形成双电层。而当两极与外电路连通时，电极上的电荷产生迁移而在外电路中形成电流，溶液中的离子迁移到溶液中呈电中性，这便是双电层电容的充放电原理，如图 6-1-2 所示。

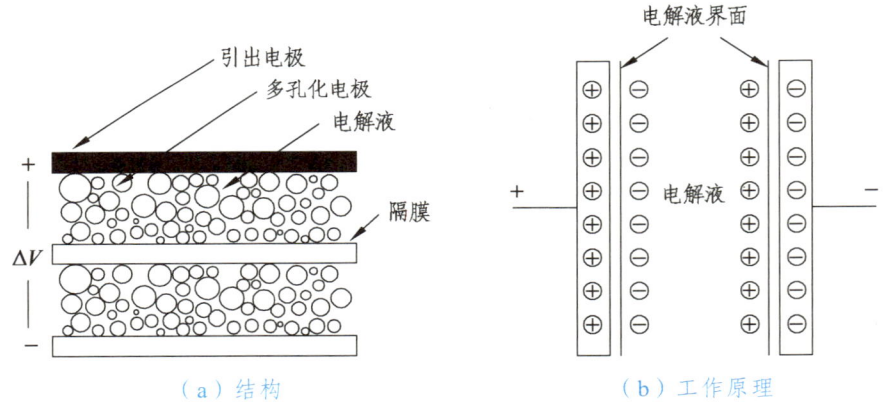

(a) 结构　　　　　(b) 工作原理

图 6-1-2 双电层电容器结构及工作原理

法拉第准电容器是电活性物质在电极表面、近表面或体相中的二维或准二维空间上进行欠电位沉积，发生高度可逆的化学吸脱附和氧化还原反应，产生与电极充电电位有关的电容。当电解液中的离子在外加电场的作用下由溶液中扩散到电极/溶液界面时，会通过界面上的氧化还原反应而进入到电极表面活性氧化物的体相中，从而使得大量的电荷被存储在电极中。

（2）根据电解质种类分类。

根据电解质种类不同，可将超级电容器分为水基溶液超级电容器和有机电解液超级电容器。

水基溶液超级电容最大优点是内阻很低，使其可以获得较高的比功率。另一个优点是提纯和干燥加工工艺简单，降低了超级电容的总成本。缺点在于水的分解电压比较低，水基超级电容电压无法超过 2 V。

有机电解液的优点是可以提高超级电容的单体电压,使之达到 2.0 V 以上,电容电压可以稳定在 2.30 V,瞬时甚至可以达到 2.7 V。因此使用有机电解液的电容比能量比较高,可以达到 18 W·h/kg。缺点是使用有机电解液必须采用特殊的净化工艺,且电极上必须覆盖特定涂层以避免对电极腐蚀;另一个缺点是电解液的电离比较困难,所以电阻比较大,通常是水溶液的 20 倍以上,甚至达到 50 倍,因此比功率指标较低。

二、超级电容器的结构

超级电容器与电池结构相似,超级电容器单体主要由电极、电解质、集电极、隔膜、连接线柱、外壳等组成,如图 6-1-3 所示。其中电极、电解质和隔膜的组成和质量对超级电容器的性能起着决定性的影响,采用何种电极板和电解质材料将决定最终产品的类型与特性。

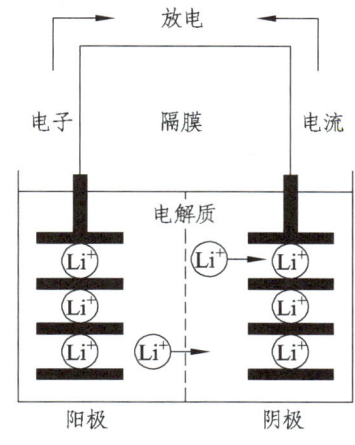

图 6-1-3 超级电容器结构

卷绕式超级电容器组成

电极的作用是产生取电层电容/准电容以及积累电荷,通常用电极活性物质、导电剂、黏结剂、分散剂等按一定的比例混合均匀涂在集流体上经压制而成。

电解质材料可分为固体电解质和液体电解质,其中液体电解质根据所用的溶剂不同,可以分为水溶液、非水有机电解质溶液和室温离子液体等,固体电解质也可分为无机固体电解质和有机固体电解质两类。

隔膜起到机械隔离正、负电极防止短路的作用,常用的有 PP 隔膜、PE 隔膜、PP/PE 复合膜、无纺布、纤维素纸等。

三、超级电容器的工作原理及应用

1. 超级电容器工作原理

超级电容采用活性炭材料制作成多孔电极,同时在相对的碳多孔电极之间充填电解质溶液,当在两端施加电压时,相对的多孔电极上分别聚集正负电子,而电解质溶液中的正负离子将由于电场作用分别聚集到与正负极板相对的界面上,从而形成两个集电层,相当于两个电容器串联,由于活性碳材料可达 2 000 m^2/g 的超高比表面积(即获得了极大的电极面积 A),

而且电解液与多孔电极间的界面距离不到 1 nm（即获得了极小的介质厚度 d），所以双电层电容器比传统的物理电容的容值要大很多，比容量可以提高 100 倍以上，从而使单位质量的电容量可达 100 F/g，并且电容的内阻还能保持在很低的水平，碳材料还具有成本低，技术成熟等优点。从而使利用电容器进行大电量的储能成为可能，且在实际使用时，可以通过串联或并联以提高输出电压或电流，如图 6-1-4 和图 6-1-5 所示。

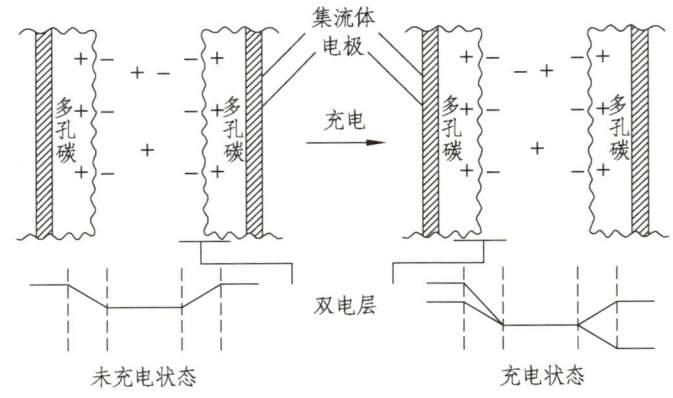

图 6-1-4　双电层电容工作原理 1

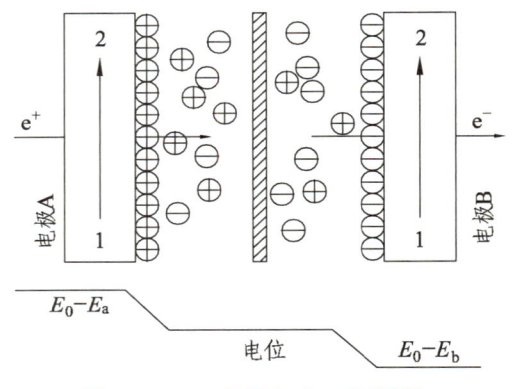

图 6-1-5　双电层电容工作原理 2

2. 超级电容器的应用

（1）高功率性能的峰值功率辅助。

汽车整车系统对峰值功率的需求不断增长。即便是笨重而庞大的电池，只要不影响它们的使用，电池就能够在较长时间里提供相当大的电流。但令人遗憾的是电池不能承受过大波动、反向连接和深度放电等不当操作。此外电池的充放电周期与超级电容器相比也差许多。

电池只能承受数千次充放电周期，而超级电容器则能完成几十万次充放电周期。综合考虑所有这些因素，很显然，超级电容器是高性能峰值功率应用的理想技术。

（2）短时后备电源。

为进一步降低二氧化碳的排放，汽车厂商需要进一步提升汽车的电气化程度。此外舒适安全方面的创新也会带来全新的整车系统架构，以便为这些最新功能提供支持。这些新功能将对驾驶员安全性和整体体验起着关键作用。因此它,为了解决主电源(电池)无法供电的情况,这些设备需要可靠的后备电源解决方案。

超级电容器具有超长使用寿命,很少甚至无需维护,而且还能在宽泛的温度范围内工作,因此成为了汽车应用中后备电源的理想方案。

(3)制动能量回收系统。

制动能量回收系统是先采集能源,然后供后续再利用。采集的能量主要来自车辆制动系统的动能,随后用于加速或是用于支持车辆架构中的辅助性负载。超级电容器作为储能装置,为这些应用提供了理想的解决方案。超级电容器具有高功率能力,可更高效地回收并存储能量,尤其是在猝发能量的条件下。

(4)启停系统。

启停系统以发动机、制动和电源管理等智能组合为基础,能在发生交通阻塞停滞不前时,或是在遇到红灯时关闭内燃机。一旦驾驶员松开离合器或是踩下油门,系统就会自动重新启动发动机。汽车短时停止运动时,停止发动机的运行,之后再迅速启动发动机,则可以避免汽车在静止时发动机怠速而导致的燃油消耗和二氧化碳排放。

将超级电容器利用于启停系统中,当汽车启动,电流过大或电压降过大时,超级电容器运行,这样就能稳定整车的系统电压并能够提供更大的启动电流,使启动过程更快地完成。

Maxwell 科技的超级电容器已经安装到超过 100 万辆采用启停系统的车辆中,可在车辆进行启停操作时支持发动机重新启动,如图 6-1-6 所示。

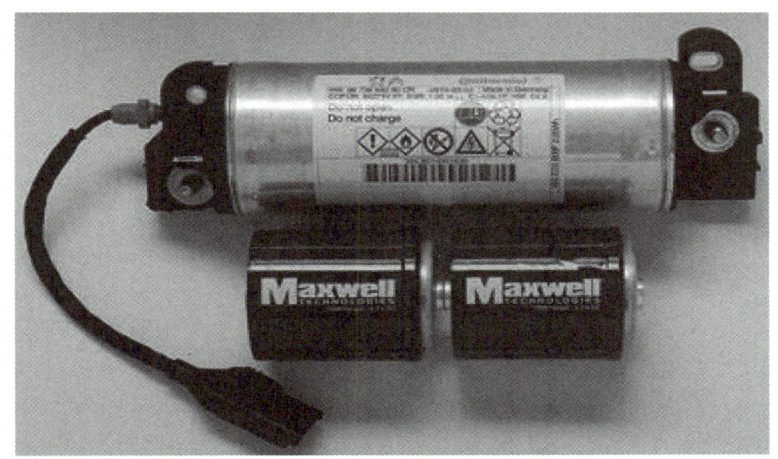

图 6-1-6 Maxwell 超级电容器

3. 动力电池+超级电容器的混合能源系统

采用动力电池+超级电容的混合能源系统时,所选的动力电池必须能够提供高比能量,因为超级电容本身比动力电池具有更高的比功率和更高效回收制动能量的能力。由于超级电容器的工作电压比较低(即使采用多个电容器组合使用,工作电压通常也小于 100 V),所以需要在动力电池和超级电容之间加一个 DC/DC 功率转换器。图 6-1-7 所示为典型的动力电池+超级电容构成的混合能源系统的结构。

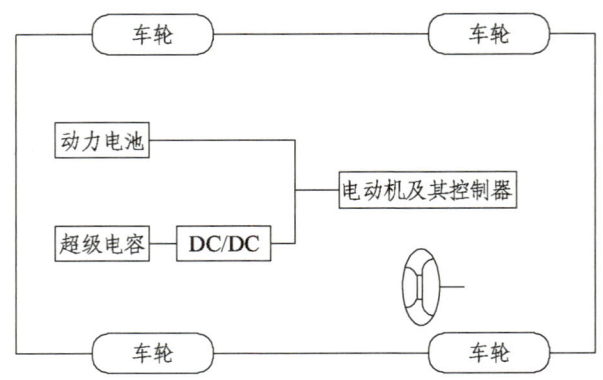

图 6-1-7　动力电池+超级电容混合能源系统结构

【巩固提升】

一、判断题

1. 超级电容器是利用电解质材料离子电荷分离，在电极表面物理吸附形成"双电层"来储存电能的装置。（ √ ）
2. 超级电容器在充放电过程中没有发生电化学反应，其循环寿命可达万次以上。（ √ ）
3. 水基溶液超级电容的最大好处是可以提高超级电容的单体电压。（ × ）
4. 电容器电容值的高低与电极材料的比表面积有密切的关系。（ √ ）
5. 电极起到机械隔离正、负电极防止短路的作用。（ × ）

二、选择题

1. 按照储能原理不同，超级电容器可分为双电层电容和（ C ）。
    A. 水基溶液电容　　　　　　　B. 法拉电容
    C. 法拉第准电容　　　　　　　D. 有机电解液电容
2. 与电池相比，超级电容器具有（ A ）。
    A. 更高的比功率　　　　　　　B. 更低的比功率
    C. 充电效率低　　　　　　　　D. 寿命短
3. 法拉第准电容存储电荷的过程不仅包括双电层上的存储，还包括（ A ）。
    A. 电解液离子与电极活性物质发生的氧化还原反应
    B. 电极活性物质的充放电
    C. 双电层上电荷迁移
    D. 电解液离子的迁移
4. 超级电容器目前除了被用作短时后备能源还应用于（ D ）。
    A. 制动回收系统
    B. 启停系统

C. 高功率性能的峰值功率辅助
D. 以上都是

5. 平均放电电流和平均放电电压的乘积称为（ C ）。

A. 放电容量　　　　　　　　B. 放电效率
C. 平均放电功率　　　　　　D. 最大输出功率

任务二　燃料电池结构原理

【任务描述】

燃料电池是一种化学电池,它直接把物质发生化学反应时释出的能量变换为电能,工作时需要连续地向其供给活物质——燃料和氧化剂。由于它是把燃料通过化学反应释出的能量变为电能输出,所以被称为燃料电池。

【学习目标】

◇ 知识目标

1. 能够描述燃料电池的分类。
2. 能够掌握燃料电池的结构。

◇ 技能目标

1. 能够识读燃料电池工作原理图。
2. 能够理解燃料电池的工作原理公式。

◇ 素养目标

1. 遵守职业道德,树立正确的价值观。
2. 引导崇尚劳动精神,逐步提升服务社会的意识。
3. 弘扬工匠精神,塑造精益求精的品质。
4. 培养协同合作的团队精神,自觉维护组织纪律。

【知识准备】

一、燃料电池概述

燃料电池是一种把燃料所具有的化学能直接转换成电能的化学装置,又称为电化学发电器,如图 6-2-1 所示。它是继水力发电、热能发电和原子能发电之后的第四种发电技术。存在于燃料与氧化剂中的化学能直接转化为电能的发电装置。由于燃料电池是通过电化学反应把燃料的化学能中的吉布斯自由能部分转换成电能,不受卡诺循环效应的限制,因此效率高;另外,燃料电池用燃料和氧气作为原料同时没有机械传动部件,故没有噪声污染,排放出的有害气体极少。由此可见,从节约能源和保护生态环境的角度来看,燃料电池是最有发展前途的发电技术。

1. 燃料电池的性能指标

燃料电池性能指标主要有额定电压、额定电流、额定功率、电流密度、功率密度、寿命、效率和成本等。

(1) 额定电压。额定电压是指在特定工况条件下,在额定功率时燃料电池堆的端电压。

项目六　其他动力电池结构原理

图 6-2-1　燃料电池

（2）额定电流。额定电流是指在特定工况条件下，在额定功率时燃料电池堆的电流。

（3）额定功率。额定功率是指燃料电池堆在特定工况条件下能够持续工作的功率。

（4）电流密度。单个燃料电池的关键指标是电流密度，即单位电极面积上的电流强度（A/cm^2）。但燃料电池的电流强度并不与电极面积成正比，电极面积增大一倍，电流强度并不增加一倍，这与燃料电池的类型和电池的设计等因素有关。

（5）功率密度。燃料电池具有一定的功率、质量和体积，关键指标是功率密度和比功率。功率密度是指电池单位活性面积的功率（W/cm^2）；体积比功率是指电池单位体积的功率（W/m^3）；质量比功率是指电池单位质量的功率（W/kg）。

（6）寿命。燃料电池的寿命通常是指电源工作的累积时间（h）。当燃料电池不能输出额定功率时，它的寿命就已达到上限。例如，一个额定功率为 1 kW 的燃料电池电源，出厂时的输出功率一般比额定电压高 20%，即 1.2 kW。当该电源的输出功率小于 1 kW 时，它就失效了。

（7）效率。同其他发电装置一样，效率是燃料电池电源的重要指标，与能源利用率密切相关。

（8）成本。燃料电池的成本是制约其应用的最重要指标。

对于燃料电池电动汽车，最重要的指标是功率密度和成本。

2. 燃料电池的特点

燃料电池涉及化学热力学、电化学、电催化、材料科学、电力系统及自动控制等学科的有关理论。燃料电池不受卡诺循环的限制，发电效率高，为 45%~60%，火力发电和核电的效率仅为 30%~40%，其能量转换率为内燃机的 3 倍以上，且安装位置灵活、负荷响应快，运行质量高，在数秒内就可以从最低功率变换到额定功率。

（1）燃料电池的优点。

① 节能、转换效率高。

② 排放基本达到了零污染。
③ 无振动和噪声，使用寿命长。
④ 结构简单、运行平稳。
（2）燃料电池的缺点。
① 使用的燃料种类单一（氢气的生成、储存和运输等复杂）。
② 要求对燃料进行高质量的密封；制造成本高，致使电池价格昂贵。
③ 需要配备辅助电池系统才能使燃料电池工作。

3. 燃料电池的分类

根据燃料和电解质的不同，燃料电池可分为质子交换膜燃料电池、碱性燃料电池、磷酸燃料电池、熔融碳酸盐燃料电池、固体氧化物燃料电池和直接甲醇燃料电池。

（1）质子交换膜燃料电池。

质子交换膜燃料电池采用可传导离子的聚合膜作为电解质，所以也叫作聚合物电解质燃料电池、固体聚合物燃料电池或固体聚合物电解质燃料电池，是目前应用最广泛的燃料电池，如图6-2-2所示。

图 6-2-2　质子交换膜燃料电池

（2）碱性燃料电池。

碱性燃料电池以强碱（如 KOH、NaOH）为电解质，H_2 为燃料，纯氧或脱除微量 CO_2 的空气为氧化剂，采用对氧电化学还原具有良好催化活性的 Pt/C、Ag、Ag-Au、Ni 等为电催化剂制备的多孔气体扩散电极为氧化极，以 Pt-Pd/C、Pt/C、Ni 或硼化镍等具有良好催化氢电化学氧化的电催化剂制备的多孔气体电极为氢电极。以无孔炭板、镍板或镀镍甚至镀银、镀金的各种金属板（如铝、镁、铁等）为双极板材料，在板面上可加工各种形状的气体流动通道构成双极板，如图6-2-3所示。

（3）磷酸燃料电池。

磷酸燃料电池是以酸为导电电解质的酸性燃料电池。磷酸燃料电池被称为继火电、水电、核电之后的第4种发电方式，它是目前唯一进行了商业化运行的燃料电池，如图6-2-4所示。

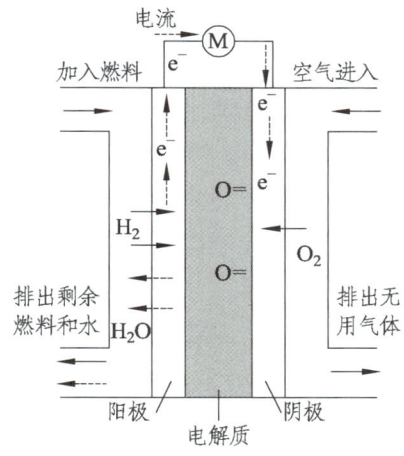

图 6-2-3 碱性燃料电池

图 6-2-4 磷酸燃料电池

（4）熔融碳酸盐燃料电池。

熔融碳酸盐燃料电池是由多孔陶瓷阴极、多孔陶瓷电解质隔膜多孔金属阳极、金属极板构成的燃料电池，如图 6-2-5 所示。

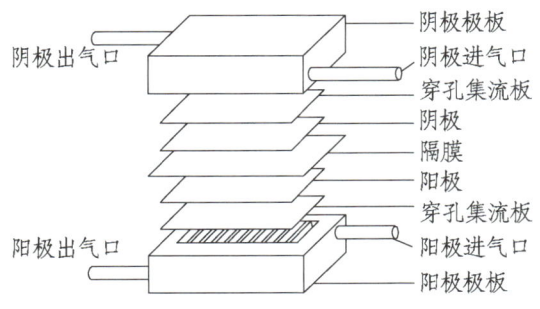

图 6-2-5 熔融碳酸盐燃料电池

（5）固体氧化物燃料电池。

固体氧化物燃料电池属于第三代燃料电池，是一种在中高温下直接将储存在燃料和氧化剂中的化学能高效、环境友好地转化成电能的全固态化学发电装置，被普遍认为是在未来会与质子交换膜燃料电池一样得到广泛普及与应用的一种燃料电池，如图6-2-6所示。

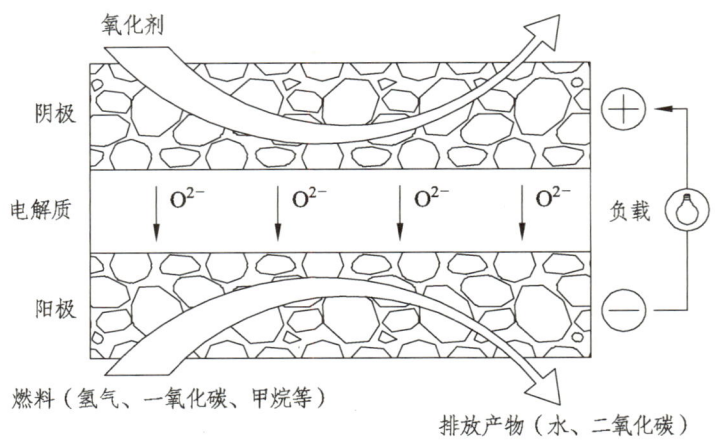

图 6-2-6　固体氧化物燃料电池

（6）直接甲醇燃料电池。

直接甲醇燃料电池属于质子交换膜燃料电池中的一类，是直接使用水溶液及蒸气甲醇为燃料供给来源，而不需通过重整器重整甲醇、汽油及天然气等再取出氢以供发电，如图6-2-7所示。

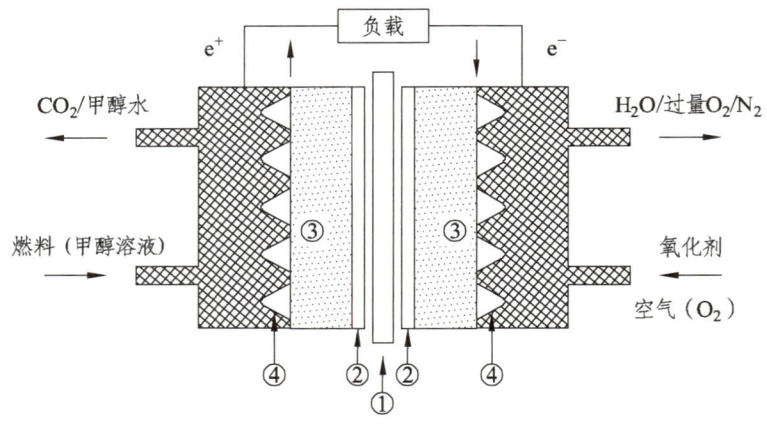

① 质子交换膜　② 催化层　③ 扩散层　④ 极板流场

图 6-2-7　直接甲醇燃料电池

二、燃料电池的结构

燃料电池是一个大的发电系统。车用质子交换膜燃料电池由燃料供应系统、氧化剂系统、发电系统、水管理系统、热管理系统、电力系统以及控制系统等组成。

1. 燃料电池电堆

燃料电池电堆由双极板、膜电极组件、催化剂、质子交换膜组成。燃料电池电堆可以给燃料电池提供燃料，如氢气、天然气、甲醇等，如图6-2-8所示。

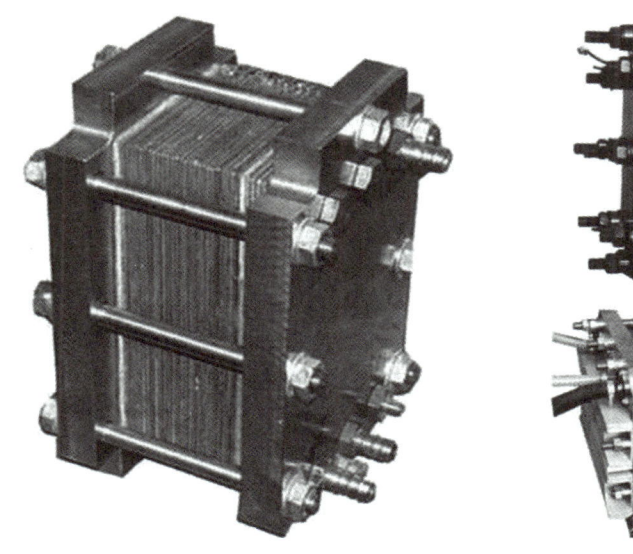

图6-2-8　质子交换膜燃料电池电堆实物　　　　　　　　　燃料电池组结构

2. 辅助子系统

（1）氧化剂系统。

氧化剂系统主要是给燃料电池提供氧气。可以从空气中获取氧气，也可以从氧气罐中获取氧气。空气需要用压缩机来提高压力，以增加燃料电池反应的速度。

（2）发电系统。

发电系统是指燃料电池本身，它将燃料和氧化剂中的化学能直接变成电能，而不需要经过燃烧的过程，它是一个电化学装置。

（3）水管理系统。

由于质子交换膜燃料电池中质子是以水合离子状态进行传导，所以燃料电池需要有水，水少会影响电解质膜的质子传导特性，从而影响电池的性能。

（4）热管理系统。

大功率燃料电池在发电的同时，由于电池内阻的存在，不可避免地会产生热量，通常产生的热与其发电量相当。而燃料电池的工作温度是有一定限制的，如对质子交换膜燃料电池而言，应控制在80 ℃，因此需要及时将电池产生的热量带走，否则电池会发生过热，导致电解质膜被烧坏。水和空气通常是常用的传热介质。

（5）直流-交流逆变系统。

此系统可以将燃料电池发出的直流电变为适合用户使用的电能。燃料电池所产生的是直流电，需要经过 DC/DC 变换器进行调压，在采用交流电机的驱动系统中，还需要用逆变器将直流电转换为三相交流电。

（6）控制系统。

控制系统的主要作用是控制电池系统的启动与停止；控制维持电池系统稳定运行的各操作参数；对电池运行状态进行监测、判断等。

（7）安全系统。

由于氢是燃料电池的主要燃料，氢的安全十分重要，由氢气探测器、数据处理系统以及灭火设备等构成氢的安全系统。

三、燃料电池的工作原理

燃料电池基本工作原理与燃料电池和铅酸蓄电池、锂电池等二次电池不同，它的特点是只要供应燃料就能够通过电化学反应来取出电能。如上文中所述，根据燃料和电解质的不同，燃料电池可分为好几种类型，在此主要对汽车用的质子交换膜燃料电池（见图 6-2-9）予以说明。

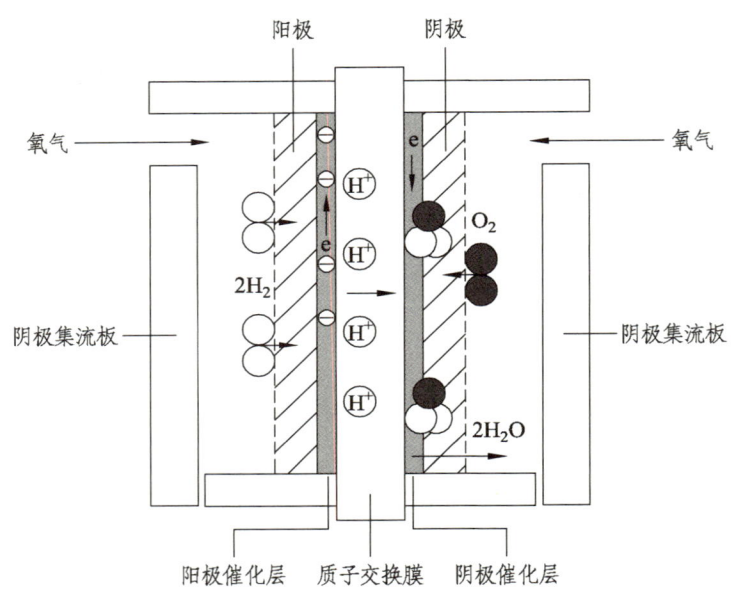

图 6-2-9　质子交换膜燃料电池结构

如图 6-2-10 所示，燃料与空气被分别送进燃料电池，在其两极产生电动势，若将外电路连接起来就产生电流。燃料电池与传统的电池一样有正、负电极，正、负电极板被电解质分开。为了加快化学反应的速率，正、负电极板上附有催化剂，以促进化学反应进行。氢气通过双极板上的导气通道到达电池的阳极，通过电极上的扩散层到达质子交换膜，在阳极催化剂的作用下解离为 2 个氢离子，即质子，并且释放出 2 个电子。

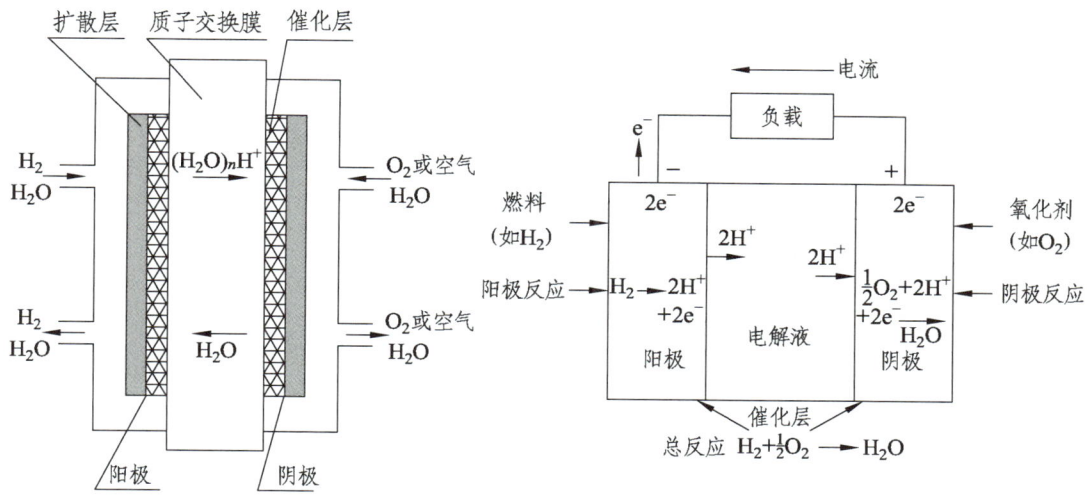

图 6-2-10　质子交换膜燃料电池工作原理

正极反应：$H_2 \longrightarrow 2H^+ + 2e^-$

在电池的另一端，氧气或空气通过双极板上的导气通道到达电池的阴极，通过电极上的扩散层到达质子交换膜。同时，氢离子与电解质膜发生质子交换产生的氢离子到达阴极，电子通过外电路也到达阴极。在阴极催化剂的作用下，氧与氧离子和电子发生反应生成水。

质子燃料电池工作原理

负极反应：$\frac{1}{2}O_2 + 2H^+ + 2e^+ \longrightarrow H_2O$

总的化学反应：$\frac{1}{2}O_2 + H_2 \longrightarrow H_2O$

与此同时，电子在外电路中形成电流，通过适当连接可以向负载输出电能，生成的水通过电极随反应尾气排出。

通常单个质子交换膜燃料电池的输出电压很低，只有 0.7 V 左右，为了满足需要，实际应用中都是将多个质子交换膜燃料电池串联或并联连在一起组成电池堆使用。值得一提的是，质子交换膜燃料电池的电池堆输出为直流。然而，当需要给交流设备供电时，电池堆的输出需要通过 DC/AC 变换器进行转换，以将直流电转换为交流电输出。

四、燃料电池电动汽车技术

1. 燃料电池电动汽车的结构及原理

燃料电池电动汽车主要由燃料电池、高压储氢罐、辅助动力源、DC/DC 转换器、驱动电机和整车控制器等组成，如图 6-2-11 所示。

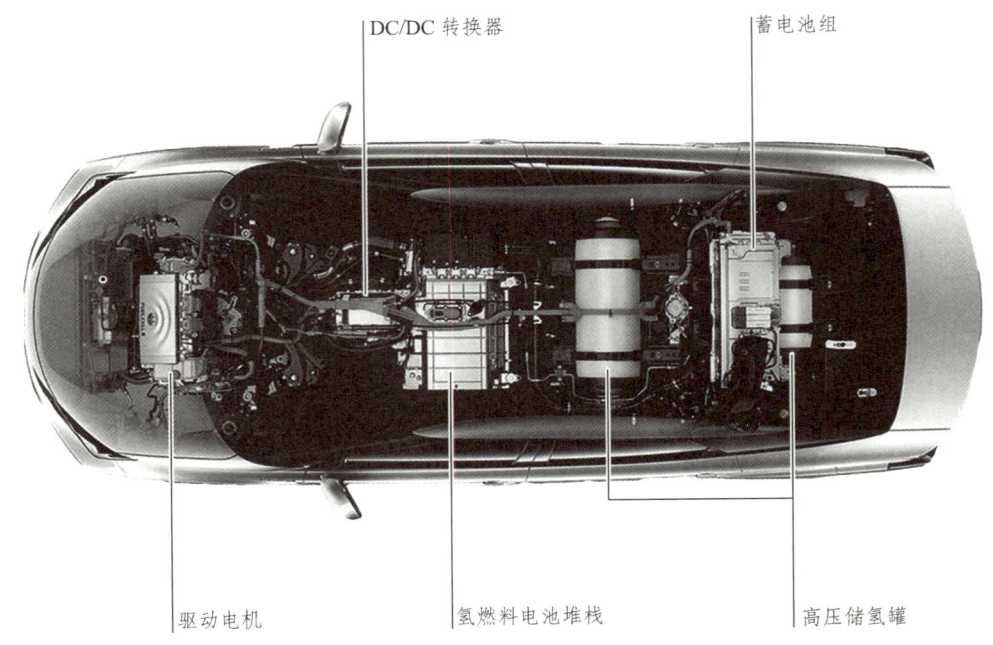

图 6-2-11 燃料电池电堆汽车结构

高压储氢罐是气态氢的储存装置，用于给燃料电池供应氢气。为保证燃料电池电动汽车一次充气有足够的续驶里程，就需要多个高压储气罐来储存气态氢气。一般轿车需要 2~4 个高压储气罐，大客车上需要 5~10 个高压储气罐。

辅助动力源根据 FCEV 的设计方案不同，其所采用的辅助动力源也有所不同，可以用蓄电池组、飞轮储能器或超大容量电容器等共同组成双电源系统。

DC/DC 转换器的主要功能有调节燃料电池的输出电压，能够升压到 650 V；调节整车能量分配；稳定整车直流母线电压。FCEV 的燃料电池需要装置单向 DC/DC 转换器，蓄电池和超级电容器需要装置双向 DC/DC 转换器。

燃料电池电动汽车用的驱动电机主要有直流电机、交流电机、永磁同生电机和开关磁阻电机等，具体选型必须结合整车开发目标，综合考虑电机的特点。

整车控制系统是燃料电池电动汽车的大脑，由燃料电池管理系统、电池管理系统、驱动电机控制器等组成，它一方面接收来自驾驶员的需求信息（如点火开关油门踏板、制动踏板、挡位信息等）实现整车工况控制；另一方面基于反馈的实际工况（如车速、制动、电机转速等）以及动力系统的状况（燃料电池及动力蓄电池的电压、电流等），根据预先匹配好的多能源控制策略进行能量分配调节控制。

燃料电池电动汽车的工作原理如图 6-2-12 所示，高压储氢罐中的氢气和空气中的氧气在汽车搭载的燃料电池中发生氧化还原化学反应，产生出电能，驱动电机工作，驱动电机产生的机械能经减速机构传给驱动轮，驱动汽车行驶。

项目六　其他动力电池结构原理

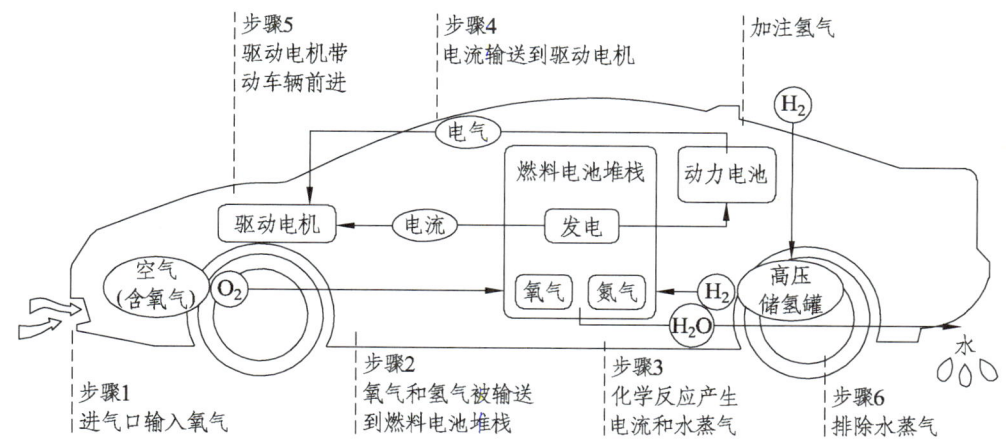

图 6-2-12　燃料电池电动汽车工作原理

2. 动力电池+燃料电池的混合能源系统

动力电池+燃料电池的混合能源系统是目前燃料电池汽车最常见的结构型式。原因是燃料电池虽然具有非常高的比能量，但构成的混合能源系统的结构比功率低并且难以实现再生能量回收。因此我们常常选择使用动力电池+燃料电池的混合能源系统，其中动力电池可以弥补燃料电池的缺点。图 6-2-13 所示为典型的动力电池+燃料电池构成的混合能源系统的结构形式。

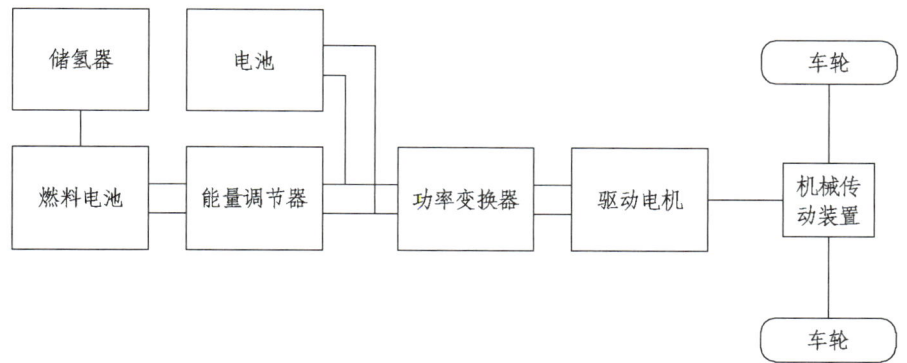

图 6-2-13　动力电池+燃料电池混合能源系统结构

【巩固提升】

一、判断题

1. 燃料电池的电流强度与电极面积成正比，这与燃料电池的类型和设计等因素有关。
   （ × ）
2. 质子交换膜燃料电池采用可传导离子的聚合膜，是目前应用最广泛的燃料电池。
   （ √ ）
3. 磷酸燃料电池是目前唯一进行了商业化运行的燃料电池。　　　　　　　　（ √ ）

4. 双极板起到分隔氧化剂与还原剂、收集电流和传导反应的热量等作用。（ √ ）
5. 质子交换膜燃料电通常采用氮气和氧气作为反应气体。（ × ）

二、选择题

1. 燃料电池是一种把燃料所具有的（ C ）直接转换成电能的化学装置。
   A. 水能　　　　　　　B. 热能　　　　　　　C. 化学能　　　　　　　D. 原子能
2. 对于燃料电池电动汽车，最重要的指标是（ A ）和成本。
   A. 功率密度　　　　　B. 效率　　　　　　　C. 额定功率　　　　　　D. 电流密度
3. 下列不是燃料电池优点的是（ D ）。
   A. 节能、转换效率高　　　　　　　　　B. 结构简单、运行平稳
   C. 无振动和噪声　　　　　　　　　　　D. 无污染，零排放
4. 下列不是燃料电池缺点的是（ D ）。
   A. 使用燃料种类单一　　　　　　　　　B. 需配备辅助电池系统
   C. 制造成本高　　　　　　　　　　　　D. 燃料不需密封
5. 直接使用水溶液以及蒸气甲醇为燃料供给来源的燃料电池是（ B ）。
   A. 固体氧化物燃料电池　　　　　　　　B. 直接甲醇燃料电池
   C. 熔融碳酸盐燃料电池　　　　　　　　D. 磷酸燃料电池

任务三 飞轮电池结构原理

【任务描述】

飞轮电池是 20 世纪 90 年代提出的新概念电池，它突破了化学电池的局限，用物理方法实现储能。飞轮电池的概念是伴随着当时能源危机导致的电动汽车研发热潮出现的，随着磁轴承技术的发展，超高速飞轮储能电池显示出广阔的应用前景。由于飞轮电池的比功率和比能量远大于化学电池，所以目前飞轮电池已成为许多科研工作者的研究重点。

【学习目标】

◇ 知识目标
1. 能够掌握飞轮电池定义及特点。
2. 能够掌握飞轮电池的结构及工作原理。

◇ 技能目标
1. 能够描述飞轮电池的主要特点及应用场合。
2. 能够识读飞轮电池的工作原理图。

◇ 素养目标
1. 遵守职业道德，树立正确的价值观。
2. 引导崇尚劳动精神，逐步提升服务社会的意识。
3. 弘扬工匠精神，塑造精益求精的品质。
4. 培养协同合作的团队精神，自觉维护组织纪律。

【知识准备】

一、飞轮电池概述

1. 飞轮电池的定义

飞轮电池（见图 6-3-1）是一种新型的机械储能装置，它利用高速旋转的飞轮将能量以动能的形式存储起来。与蓄电池相比较，飞轮电池具有更高的比能量和比功率，充电时间短，使用寿命长，无过度充放电问题。因此，可将飞轮电池应用于电动汽车中，使飞轮电池和蓄电池共同提供或吸收汽车运行中的峰值功率。

使用飞轮以机械能的形式存储能量并不是一个新的设计理念。早在 20 世纪 50 年代，瑞士 0erlikon 工程公司就设计出了首辆使用飞轮作动力的客车，该飞轮质量为 1 500 kg、工作转速 3 000 r/min。普通的飞轮采用厚重的钢材质转子，总质量有上百千克而工作转速仅有每分钟几百转；相反，先进的飞轮设计使用轻质复合材料转子，质量仅有几十千克而转速可达每分钟上万转，因此被称为飞轮电池。

图 6-3-1　飞轮电池

2. 飞轮电池的特点

飞轮电池是实现电动汽车储能要求的一种有效方式，它具有高比能量、高比功率、长循环寿命、高能量效率、能快速充电和免维护等优点，是远期储能装置的一种选择。使用飞轮电池作辅助能量源的混合动力电动汽车具有和使用超级电容器作辅助能量源的混合动力电动汽车相同的优点。首先，减弱了对电池比能量和比功率之间的要求，有利于优化电池的比能量密度和循环寿命设计；其次，由于飞轮的负载均衡作用，降低了电池的输出功率以及放电电流，电池的可利用能量、使用寿命得到了提高；最后，在车辆低功率行驶以及再生制动时，飞轮可以高效率地实现补充充电。由于负载均衡装置和主能源之间的协调工作和再生制动时的能量回收，车辆的续驶里程明显提高。

飞轮电池还可以像蓄电池和燃料电池一样，作为独立的能源系统向电动汽车供电，并有可能成为电动汽车应用的远期目标。飞轮有望具有比其他任何电池都高的比能量和比功率，甚至有可能超过内燃机，另外，飞轮的使用寿命不受限制（至少高于车辆寿命），解决了其他能量源存在的使用寿命有限的问题。

3. 飞轮电池性能比较

目前使用最多最广的储能电池无疑是化学电池，它价格低廉，技术成熟，但污染严重，效率低下，充电时间长，用电时间短，使用过程中电能不易控制。其次是超导电池，它把电能转化为磁能储存在超导线圈的磁场中，由于超导状态下线圈没有电阻，所以能量损耗非常小，效率也高，对环境污染也小。但由于超导状态是线圈处于极低温度下才能实现，维持线圈处于超导状态所需要的低温需耗费大量能源，而且维持装置过大，不易小型化，所以家用市场前景不强。

而飞轮电池兼顾了以上两者的优点，虽然近阶段的价格较高，但伴随着技术的进步，必将有一个非常广阔的前景。下面我们通过表6-3-1来具体比较三者的优缺点。

表6-3-1 飞轮电池性能比较

参数	飞轮电池	化学电池	超导电池
储能方式	机械能	化学能	电磁能
使用寿命/年	≥20	3~5	~20
技术	验证	成熟	验证
温度范围	不限	限制	不限
相对尺寸（同功率）	最小	大	中等
储能密度	大	小	大
储能深度	深	浅	深
价格	高	低	较高
环境影响	无污染	污染	无污染

二、飞轮电池的结构和工作原理

典型的飞轮储能系统由飞轮本体、轴承、电动机/发电机、电力电子装置和真空室5个主要组件构成，如图6-3-2所示。在实际应用中，飞轮储能系统的结构有很多种。飞轮储能系统的核心部件是飞轮本体，作用是提高转子的极限角速度，减轻转子质量，最大限度地增加飞轮储能系统的储能量。

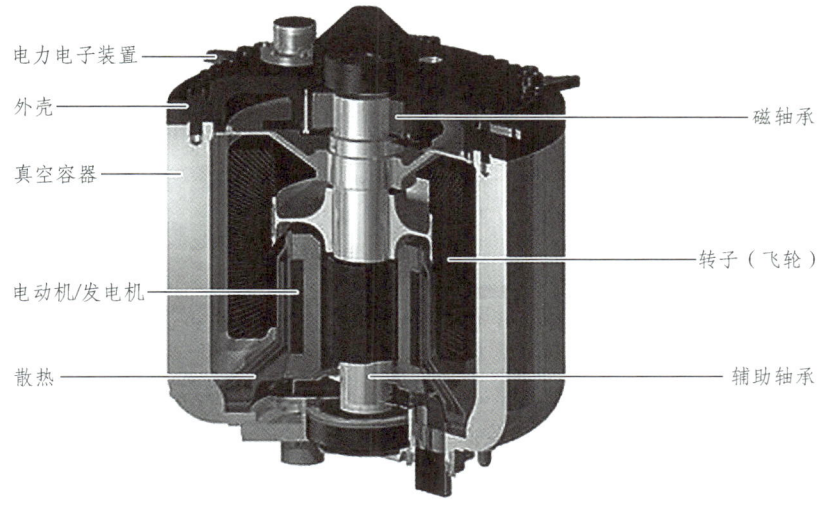

图6-3-2 飞轮电池的结构

从结构图可看出，整个飞轮储能系统实现了电能的输入、储存和输出。电力电子装置从外部输入电能驱动电动机旋转，电动机带动飞轮旋转，飞轮储存动能（机械能）。当外部负载需要能量时，用飞轮带动发电机旋转，将动能转换为电能，再通过电力电子装置变成负载所需要的各种频率、电压等级的电能，以满足不同的需求。由于输入、输出是彼此独立的，设计时常将电动机和发电机用一台电机来实现，输入输出变换器也合并成一个，这样就可以大大减少系统的大小和质量。由于在实际工作中，飞轮的转速可达 40 000～50 000 r/min，一般金属制成的飞轮无法承受这样高的转速，所以飞轮一般都采用碳纤维制成，以减少整个系统的质量。为了减少充放电过程中的能量损耗（主要是摩擦力损耗），电机和飞轮都使用磁悬浮轴承以减少机械摩擦，同时将飞轮和电机放置在真空容器中，以减少空气摩擦，这样飞轮电池的输入、输出效率可达 95%左右，如图 6-3-3 所示。

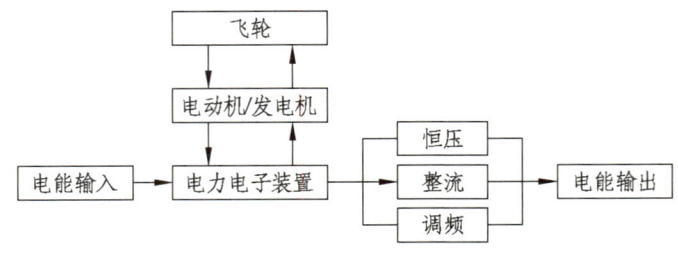

图 6-3-3　飞轮电池工作原理

三、飞轮电池的应用

由于技术和材料价格的限制，飞轮电池的价格相对较高，在小型场合还无法体现其优势。但在下列一些需大型储能装置的场合，使用化学电池的费用也非常高昂，而飞轮电池就得到了逐步应用。

1. 交通运输

飞轮电池在交通运输中的应用包括火车和汽车，这种车辆采用内燃机和电机混合推动，飞轮电池充电快，放电完全，非常适合应用于混合能量推动的车辆中。车辆在正常行驶时和刹车制动时，给飞轮电池充电，飞轮电池则在加速或爬坡时，给车辆提供动力，保证车辆运行在一种平稳、最优的状态下的转速，可减少燃料消耗、空气和噪声污染、发动机的维护，延长发动机的寿命。飞轮电池电动汽车利用储存在随车飞轮中的机械能驱动汽车前进。它的推进系统由飞轮电池、电机控制器、电机和传动系统等组成。

2010 年 10 月美国勒芒系列赛最后一轮中，保时捷 911GT3 混合动力赛车首次正式使用了飞轮电池技术，如图 6-3-4 所示。在两前轮安装有飞轮装置，用于收集制动时的动能并转换为电能，然后将能量储存于一个飞轮电池之中。在加速过程中，该能量将转移至前轮，大大减少燃料消耗，在比赛中减少加油次数，赢得了比赛时间。

（a）保时捷911GT3跑车外观　　　　　（b）保时捷911GT3跑车内部结构

图6-3-4　保时捷911GT3混合动力跑车及内部结构

2. 太　空

飞轮电池在太空中的应用包括人造卫星、飞船、空间站。飞轮电池一次充电可以提供同质量化学电池两倍的功率，同负载的使用时间为化学电池的3~10倍。同时，因为它的转速是可测可控的，故可以随时查看电能的多少。美国太空总署已在空间站安装了48个飞轮电池，联合在一起可提供超过150 kW的电能。据估计，相比化学电池，使用飞轮电池可节约200万美元左右（约合人民币14 543 000元）。

3. 不间断电源

不间断电源能确保不间断供电和供电质量，所以在通信枢纽、国防指挥中心、工业生产控制中心等地方得到了广泛使用。而飞轮因其大储能量、高储能密度、充电快捷、充放电次数无限等优点，在不间断电源系统领域有良好的应用前景。由德国制造的一种使用飞轮电池的不间断电源（UPS），能在5 s内提供或吸收5 MW的电能，如图6-3-5所示。

图6-3-5　飞轮储能UPS发电车

4. 军用车辆

美国国防部预测未来的军用车辆在通信、武器和防护系统等方面都广泛需要电能，飞轮电池由于其快速的充放电，独立而稳定的能量输出，质量轻，能使车辆工作处于最优状态，减少车辆的噪声，提高车辆的加速性能等优点，已成为美国军方首要考虑的储能装置。

【巩固提升】

一、判断题

1. 飞轮电池的比能量和比功率比蓄电池更高。（ √ ）
2. 在需要大型储能装置的场合，由于使用化学电池的费用非常高昂，而飞轮电池就得到了逐步应用。（ √ ）
3. 飞轮电池是化学电池和超导电池的结合，兼顾两者的优缺点。（ × ）
4. 飞轮的负载均衡作用可提升电池的输出功率以及放电电流。（ × ）
5. 整个飞轮储能系统可实现电能的输入、储存和输出。（ √ ）

二、选择题

1. 飞轮电池的应用包括（ C ）。
① 交通运输　② 人造卫星　③ 空间站　④ 军用车辆　⑤ 间断电源
　　A. ①②④⑤　　　　B. ②③④⑤　　　　C. ①②③④　　　　D. 以上都是

2. 典型的飞轮储能系统由飞轮、轴承、真空室和（ A ）5个主要组件构成。
　　A. 发电机、电力电子装置　　　　B. 发动机、电力电子装置
　　C. 发动机、控制系统　　　　　　D. 外壳、电力电子装置

3. 飞轮电池在交通运输中的运用包括火车和汽车，主要采用（ D ）推动。
　　A. 内燃机　　　　　　　　　　　B. 电机
　　C. 燃料电池和超级电容器　　　　D. 内燃机和电机混合

4. 飞轮电池一次充电可以提供同重量化学电池（ B ）的功率。
　　A. 3倍　　　　B. 2倍　　　　C. 1.5倍　　　　D. 10倍

5. 以下属于飞轮电池优点的有（ A ）。
① 高比能量　② 高比功率　③ 维护次数少　④ 高能量效率　⑤ 快速充电
　　A. ①②④⑤　　　　B. ②③④⑤　　　　C. ①②③④　　　　D. 以上都是

任务四　锌空气电池结构原理

【任务描述】

锌空气电池原理发现于 19 世纪末。利用锌燃料与空气中的氧化反应，锌空气电池就能输出电能并供应电机驱动电动车辆。锌空气电池具有安全、零污染、高能量、大功率、低成本及材料可再生等优点，因此被认为是电动汽车的一种理想动力电源。

【学习目标】

◇ 知识目标
1. 能够掌握锌空气电池定义及特点。
2. 能够掌握锌空气电池的结构及工作原理。

◇ 技能目标
1. 能够识读锌空气电池的工作原理图。
2. 能够描述锌空气电池的主要特点及应用场合。

◇ 素养目标
1. 遵守职业道德，树立正确的价值观。
2. 引导崇尚劳动精神，逐步提升服务社会的意识。
3. 弘扬工匠精神，塑造精益求精的品质。
4. 培养协同合作的团队精神，自觉维护组织纪律。

【知识准备】

一、锌空气电池概述

锌空气电池也称为锌-氧空气电池，是一种体积小、电荷容量大、质量小、能在宽广的温度范围内正常工作、无腐蚀且工作安全可靠的环保电池，如图 6-4-1 所示。

图 6-4-1　锌空气电池

过去的几十年中，锌空气电池在一次性碱性电池的负极材料中发挥了重要作用，并与一系列正极活性物（包括镍、氢和空气）结合使用。与传统电池相比，锌空气电池具有更高的能量密度，是目前市场上使用的化学电池之一。

1. 锌空气电池的分类

根据其充电的方式及在电动车辆应用的特点，锌空气电池可分为三类：直接再充式锌空气电池、机械充电式锌空气电池以及注入式锌空气电池。

（1）直接再充式锌空气电池。

直接再充式锌空气电池容易出现电极变形、枝晶生长、自腐蚀及钝化等现象，导致电极失效。因此，直接再充式锌空气电池的应用受到了一定的限制。

（2）机械充电式锌空气电池。

机械充电式锌空气电池是指在电池完全放电后，将电池中用过的锌电极取出，换入新的锌电极，或者将整个电池组进行完全更换，整个过程控制在较短的时间内（3~5 min）。使用过的锌电极或锌空气电池可在专门锌回收利用厂进行回收再加工，实现绿色环保无污染生产。

（3）注入式锌空气电池。

注入式锌空气电池是将配制好的锌膏源源不断地通过挤压或压力输送至电池内，同时将反应完毕的混合物抽取到电池外，这样在电动车辆上应用时电池系统只需携带盛放锌膏的燃料罐，燃料罐加注足够的锌膏燃料就可实现车辆的连续行驶。

2. 锌空气电池的优点

（1）容量大。

锌空气电池的空气电极的活性物质——氧气，来自周围的空气，材料不占用电池空间，在相同体积、质量的情况下，锌空气电池就储存了更多的反应原料，因而容量就会高出很多。

（2）能量密度高。

锌空气电池的能量密度理论可达 1350 W·h/kg，目前已研制成功的锌空气电池比能量已经可以达到 200 W·h/kg 以上，是铅酸电池的 5 倍。

（3）储存寿命好。

锌空气电池在储存过程中均采用密封措施，将电池的空气孔与外界隔绝，因而电池的容量损失极小，储存寿命好。

（4）价格低廉。

阴极活性物质——氧气，来自空气，除了空气催化电极之外，不需要任何高成本组件；阳极活性物质——锌，来源充足，资源丰富，价格便宜，并且锌可回收利用，价格可进一步降低。

（5）绿色环保。

锌空气金属燃料电池负极物质放电完毕后变成氧化锌，可通过电解还原成锌。在使用完毕后，正负极物质容易分离，便于集中回收，对于某些不便回收的场合，由于锌空气金属燃料电池内无有害物质即使抛弃也不会造成环境污染。

3. 锌空气电池的缺点

（1）使用成本相对高，充电过程相对复杂。

锌空气电池通常都是机械充电方式，所以要求将锌电极取出并在专用充电槽中充电。只有专业人员才能进行以上操作，这给锌空气电池的使用带来了麻烦，同时也提高了人工费用，造成实际运行成本的附加值的增加。

（2）实际使用寿命短。

锌空气电池的实际使用寿命只有1～2年，这主要是电池的结构带来的影响。比如，电池的外壳是由塑料包覆空气电极而成，并不是完整的塑料槽，这给电池的密封带来了困难，不少电池在使用一定时间后就出现漏液现象。其次，锌空气电极必须制成多孔状，多孔的电极在吸附氧气的同时也吸附部分二氧化碳，使电解液碳酸盐化，致使电池的效率大大下降。

（3）批量生产加工工艺不够成熟。

目前锌空气电池的批量生产加工工艺仍然有技术限制，这主要是由于锌空气电池的催化膜和防水透气膜的制造，大多需要半机械操作，存在一些手工因素，就导致电极性能有差异。

二、锌空气电池的结构与原理

锌空气电池主要由空气电极、电解液和锌阳极构成。

空气中的氧为正极活性物质，金属锌作为负极活性物质，多孔活性炭作为正极，铂或其他材料作为催化剂，使用碱性电解质，如图6-4-2所示。

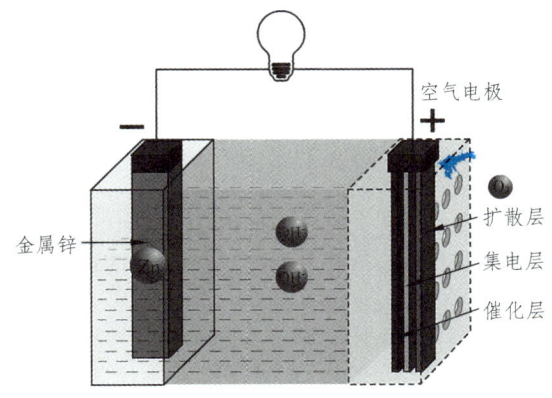

图6-4-2　锌空气电池的结构

氧气经多孔电极扩散层扩散到达催化层，在催化剂微团表面的三相界面处与水发生反应，吸收电子，生成OH^-，阳极的锌与电解液中的OH^-发生电化学反应，生成ZnO和H_2O，并释放出电子，电子被集电层收集起来，在外电路中产生电流，如图6-4-3所示。

反应式为：$O_2 + 2H_2O + 4e^- \longrightarrow 4OH^-$

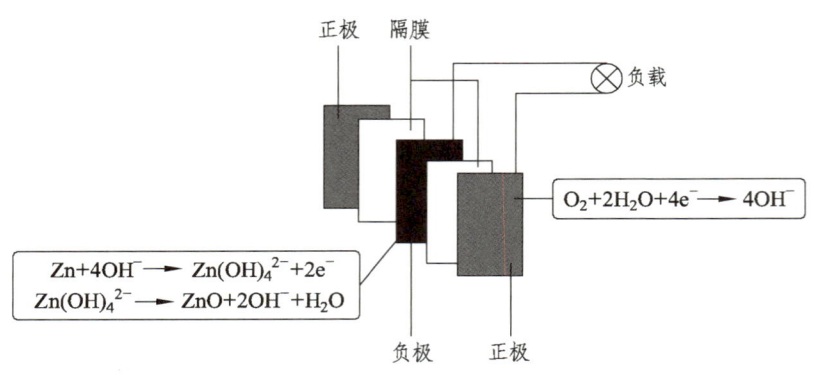

图 6-4-3 锌空气电池的工作原理

锌空气电池工作原理

锌空气电池相当于燃油车辆的油箱，在电动车辆上只有被充装了锌燃料后，才构成为锌能源。锌燃料放电后变成氧化锌，其可在电沉积成套专用设备中再生还原为锌燃料。因此，锌能源发电所消耗的不是锌燃料，而是电能。锌燃料只是电能的载体。加工氧化锌成为锌燃料所需的交流电能，可来自水能、风力、太阳能光伏、燃煤发电厂或输配电网等多种来源。因而，锌燃料可离网运载已成为直流电能的交流电能。其加工氧化锌生成锌燃料或再生锌燃料的过程，就是锌燃料吸储各种来源电能的过程。锌燃料电池生产和应用流程如图 6-4-4 所示。

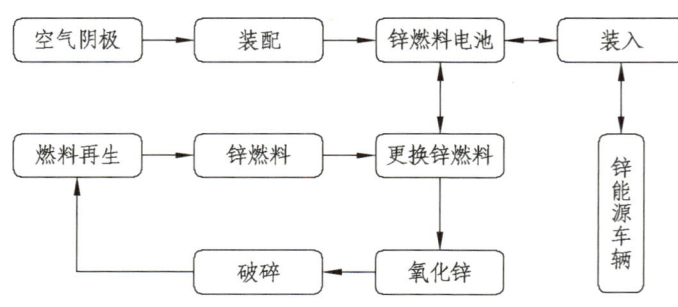

图 6-4-4 锌空气电池的生产和应用流程

锌能源能量是储存在与锌空气电池本身完全分离状态下的锌燃料中，而锌燃料只在锌空气电池进入电动车辆时，才被装进锌空气电池中，与其共同构成锌能源驱动车辆。

【巩固提升】

一、判断题

1. 锌能源能量是储存在与锌空气电池本身完全分离状态下的锌燃料中。　　　　（ √ ）
2. 锌能源发电所消耗的是电能。　　　　（ √ ）
3. 传统电池的能量密度高于锌空气电池。　　　　（ × ）
4. 注入式锌空气电池原理是将混合物输送至电池内，再将配制好的锌膏抽取到电池外。　　　　（ × ）
5. 锌空气电池主要由空气电极、电解液和锌阳极构成。　　　　（ √ ）

二、选择题

1. 锌空气电池也称为（ C ）。
   A. 中性锌空气电池　　　　　　　B. 铝空气电池
   C. 锌-氧空气电池　　　　　　　　D. 以上都对

2. 根据其充电的方式及在电动车辆应用的特点，锌空气电池可分为（ B ）、（ A ）和（ D ）。
   A. 机械充电式锌空气电池　　　　B. 直接再充式锌空气电池
   C. 纽扣式锌空气电池　　　　　　D. 注入式锌空气电池

3. 机械充电式锌空气电池的锌电极更换过程控制在（ A ）内。
   A. 3~5 min　　B. 1~2 min　　C. 5~7 min　　D. 10 min

4. 锌空气金属燃料电池负极物质放电完毕后变成氧化锌，可通过（ A ）还原成锌。
   A. 电解　　　　B. 氧化　　　　C. 碳化　　　　D. 硫化

5. 锌电池的空气电极由（ D ）组成。
   ① 扩散层　② 催化层　③ 集电层
   A. ①②　　　　B. ②③　　　　C. ①③　　　　D. 以上都是

参考文献

[1] 熊瑞. 动力电池管理系统核心算法[M]. 北京：机械工业出版社，2019.
[2] 谭晓军. 电动汽车智能电池管理系统技术[M]. 北京：机械工业出版社，2020.
[3] 余茂生. 电动汽车结构与检修[M]. 北京：机械工业出版社，2020.
[4] 张斌，赵良红. 新能源汽车动力电池及充电系统检修[M]. 北京：机械工业出版社，2018.
[5] 李敬福，王洪佩. 新能源汽车关键技术研究[M]. 北京：北京理工大学出版社，2017.
[6] 曾鑫，刘涛. 新能源汽车动力电池与驱动电机[M]. 北京：人民交通出版社，2017.
[7] 陈社会，陈旗. 新能源汽车构造与维护[M]. 南京：江苏凤凰教育出版社，2018.
[8] 刘炳胜，魏永钦，杨国臣. 新能源汽车认识[M]. 北京：中国原子能出版社，2020.
[9] 曾小华，王庆年. 新能源汽车关键技术[M]. 北京：化学工业出版社，2017.
[10] 蒋鸣雷，赵群芳. 新能源汽车动力电池结构与检修[M]. 北京：机械工业出版社，2018.